완벽한 비교를 위해 새로 번역한

사복음서

정훈택

도서출판 민영사

머리말

병행 사복음서를 가지고 복음서의 내용을 비교, 대조, 연구하다 보면 복음서라는 큰 틀, 즉 완성된 네 권의 책이 신약성경에 모여 있다는 사실을 잊어버리고 각종 사건의 단편적 기록이나 교훈, 설교 등이 모여서 복음서라는 모자이크를 구성하고 있다는 착각에 빠지기 쉽다. 이것은 공관복음이나 사복음서 연구자들이 흔히 빠져서 헤어 나오지 못하는 신학적 함정이다.

그 이유는 무엇일까? 복음서가 길고 복잡하기 때문에 비교연구란 항상 부분에서 단편적으로 이루어지기 때문이다. 복음서를 전체적으로 즉 큰 숲을 보는 것과 같은 안목으로 비교하는 것은 거의 불가능하다. 또 작은 조각들의 비교연구에 몰입하다 보면 책임 있는 저자가 완성하여 전달한 책보다는 책을 이루는 작은 조각들에 더 익숙해지고 이런 자료들이 모여서 책으로 자라났다는 느낌, 추정, 확신을 가지게 되는 것이다.

현 정경 복음서들이 지금의 형태로 만들어지기 이전에 작은 단위의 얘기나 교훈 등으로 존재했다고 생각하며 이를 증명하거나 자신 또는 집단적 추론에 근거하여 새로운 복음을 만들어내고 주석하고 진짜 예수, 진정한 기독교 등을 나름대로 만들어내고 신봉하는 사람들이 적지 않지만 현존하는 증거는 원복음서설, 구전설, 조각설, 상호문서 의존설 등을 지지하지 않는다. 이 모두가 이론과 학설의 영역에 머물러 있을 뿐이다.

이에 비해 복음서들이 지금과 같은 형태의 책으로 존재했다는 증거는 2세기 초, 또는 1세기까지 별 어려움 없이 거슬러 올라간다. 교회는 언제부턴가 지금과 같은 복음서들을 사용하기 시작했다고 말하는 데 별 어려움이 없다. 복음서들 사이의 차이나 일치의 문제는 처음부터 큰 일치 또는 통일 사이의 작은 차이로 인식되어 왔고 교회는 처음부터 각 복음서를 하나의 완성된 책으로 읽어왔다.

이러한 이유로 병행 사복음서를 통해 복음서의 세부 내용을 비교 연구하면서도 한 복음서의 통일성과 한 복음서 내 자료들의 유기적 상호 관련성을 잃지 않기 위해 복음서를 책으로 읽어가는 과정이 필요하다. 비교 연구가 활발하면 할수록 이 요구는 더 강하고 급하게 부상한다. 이 목적을 위하여 병행 사복음서를 만들 때 사용한 새로운 번역을 묶어 따로 편찬하였다.

그러면서도 병행 사복음서와 함께 사용할 수 있도록 본문 앞에 두 가지 기호를 사용하였다. 이 기호는 유세비우스 캐논과 유사하지만 이해하기 쉽도록 수정한 것이다.

■ 처음에 나오는 아라비아 숫자(1-367)는 그 단락의 고유번호이다. 이 번호를 이용하여 병행 사복음서에서 그 단락을 쉽게 찾아 다른 복음서의 내용과 비교할 수 있다. 단락번호는 복음서에 수록된 순서대로 붙였지만 두 번, 세 번 수록된 경우 ( )속에 이를 표시하였다.

■ 두 번째 줄에 나오는 로마 숫자(I,II,III,IV)는 그 단락의 유형이다. 즉 I은 그 단락의 내용이 한 복음서에만, II는 두 복음서에, III은 세 복음서에, IV는 네 복음서에 나온다는 뜻이다.

로마 숫자 뒤에 나오는 복음서의 약자는 II와 III에만 붙어 있다. I이 붙은 내용은 해당 복음서에만 나오고, IV가 붙은 내용은 모든 복음서에 나오기 때문에 별도로 기호를 붙이지 않아도 충분히 알 수 있기 때문이다.
II 뒤에 나오는 복음서의 약자는 해당복음서와 함께 병행을 이루는 복음서를 뜻하고, III 뒤에 나오는 복음서의 약자는 그 내용이 나오지 않는 복음서를 뜻한다.

예를 들면,

◇ 누가복음 1:5-25 앞에 2라는 단락번호가 붙어 있고 그 밑에 I이란 로마 숫자가 있는데 세례자 요한의 출생 예고 기사는 누가복음 이곳에만 있다는 표시이다.

◇ 예수의 족보는 마태복음 1:2-17과 누가복음 3:23-38에 나오는데 이곳을 찾아보면 6이라는 단락번호와 그 아래 II눅(마 1:2 앞), II마(눅 3:23 앞)라는 기호가 있다. 마태복음을 읽을 때 비슷한 족보가 누가복음에, 누가복음을 읽을 때 비슷한 족보가 마태복음에 나온다는 것을 알려주는 것이다.

◇ 예수님의 시험은 마태복음, 마가복음, 누가복음에 기록되어 있는데 해당 본문 앞에 20이라는 단락번호와 그 아래 III요라는 기호가 붙어 있다. 같은 기사가 요한복음을 제외한 나머지 세 복음서에 나온다는 뜻이다.

◇헬라어 비평원문과 비평자료에 사용하는 기호를 한글 번역성경에도 사용해 보았다. 그 사용은 다음과 같이 최소화하였다.

1) 본분에 사용된 [   ]는 이 속의 내용이 원문에 없었을 것이라는 표시이다.

2) (   )는 이 안의 내용이 한글 번역을 위해 첨가되었다는 표시이다.

3) ° 뒤의 단어가 어떤 중요 사본에 없다는 표시이다. 두 단어 이상일 때에는 끝에 ˋ를 첨가하였다.

ᵀ 어떤 사본에는 이 자리에 각주에 소개한 단어/구/문장이 더 있다는 표시이다.

⸢ 뒤의 단어가 어떤 중요 사본에 다르게 나온다는 표시로 두 단어 이상일 때에는 끝에 ˋ를 첨가하고 다른 단어나 구를 각주에 소개하였다.

※ 뒤의 단어나 구의 원 의미, 가능한 다른 번역을 밝힐 때 사용하였는데 두 단어 이상일 때에는 끝에 ˋ를 첨가하고 다른 단어나 구를 각주에 소개하였다.

복음서의 내용을 깊이 있게 연구할수록 복음서를 통일된 한 권의 책으로 읽어가는 습관을 더 강하게 만들어가기를 바라며 이 사복음서와 병행사복음서가 신학생 및 모든 독자에게 복음서를 더 잘 알게 해줄 것을 소원한다.

2013년 3월 1일

정 훈 택

차 례

마태복음

1

1 IV [1]아브라함의 아들이요 다윗의
아들이신 예수 그리스도의 계
보이다.
6 II눅 (19) [2]아브라함은 이삭을 낳았고, 이삭은 야곱을
낳았고, 야곱은 유다와 그의 형제들을 낳았
고, [3]유다는 다말에게서 베레스와 세라를
낳았고, 베레스는 헤스론을 낳았고, 헤스론
은 람을 낳았고, [4]람은 아미나답을 낳았고,
아미나답은 나손을 낳았고, 나손은 살몬을
낳았고, [5]살몬은 라합에게서 보아스를 낳았
고, 보아스는 룻에게서 오벳을 낳았고, 오벳
은 이새를 낳았고, [6]이새는 다윗 왕을 낳았
고, 다윗은 우리야의 아내에게서 솔로몬을
낳았고, [7]솔로몬은 르호보암을 낳았고, 르
호보암은 아비야를 낳았고, 아비야는 「아삽
을 낳았고, [8]「아삽은 여호사밧을 낳았고,
여호사밧은 요람을 낳았고, 요람은 ⊤ 웃시
야를 낳았고, [9]웃시야는 요담을 낳았고, 요
담은 아하스를 낳았고, 아하스는 히스기야
를 낳았고, [10]히스기야는 므낫세를 낳았고,
므낫세는 「아모스를 낳았고, 「아모스는 요
시야를 낳았고, [11]요시야는 ⊤ 바벨론 이주
때에 여고냐와 그의 형제들을 낳았고, [12]바
벨론 이주 후에 여고냐는 스알디엘을 낳았
고, 스알디엘은 스룹바벨을 낳았고, [13]스룹
바벨은 아비훗을 낳았고, 아비훗은 엘리아
김을 낳았고, 엘리아김은 아소르를 낳았고,
[14]아소르는 사독을 낳았고, 사독은 아킴을
낳았고, 아킴은 엘리웃을 낳았고, [15]엘리웃
은 엘르아살을 낳았고, 엘르아살은 맛단을
낳았고, 맛단은 야곱을 낳았고, [16]야곱은 마
리아의 남편 요셉을 낳았고, 마리아에게서
그리스도라고 불리는 예수가 나셨다. [17]그
러므로 모든 세대가 아브라함부터 다윗까지
열네 대요, 다윗부터 바벨론 이주까지 열네
대요, 바벨론 이주부터 그리스도까지 열네
대이다.
7 II눅 [18]예수 그리스도의 탄생은 이러하였다. 그
의 어머니 마리아가 요셉과 약혼한 후, 그
들이 함께 살기 전에, 성령으로 잉태한 것
이 드러났다. [19]그녀의 남편 요셉은 의로운
사람이고 그녀를 본보기로 세우고 싶지 않
아서 조용히 그녀와 갈라서려고 하였다.
[20]그가 이런 것들을 생각하는데, 보라, 주님
의 천사가 꿈에 그에게 나타나서 말하였다.
"다윗의 아들 요셉아, 네 아내 마리아 데려
오기를 두려워하지 마라. 그녀 안에 생긴
아기는 성령으로 말미암았기 때문이다. [21]그
녀는 아들을 낳을 것이다. 그러면 너는 그
의 이름을 예수라고 부르라. 그가 자기 백
성을 그들의 죄에서 건져낼 것이기 때문이
다." [22]주님이 ⊤ 선지자를 통하여 (이렇게)
말씀하신 것이 이루어지게 하려고 이 모든
일이 일어났다. [23]"보라, 처녀가 잉태하여
아들을 낳을 것이요, 사람들이 그의 이름을
임마누엘이라고 부를 것이다." 이것을 번역

7 「 아사를
8 「 아사는
⊤ 오호시아를 낳았고 오호시아는 요아스를 낳았고 요아스는 아마샤를 낳았고 아마샤는
10 「 아몬을, 아몬은
11 ⊤ 요이김을 낳았고, 요이김은

22 ⊤ 이사아

하면 '우리와 함께 (하시는) 하나님' 이라는
뜻이다. [24] 요셉은 잠에서 깨어나서 주님의
천사가 그에게 시킨 대로 하여 그의 아내를
데려왔지만 [25] 아들을 낳을 때까지 그녀와
함께 자지 않았고 그의 이름을 예수라고 불
렀다.

8 III막 **2** [1] 헤롯 왕 때에 예수께서 유대
베들레헴에서 태어나시자, 보
라, 동방에서 ※박사들이 예루
살렘으로 와서 [2] 말하였다. "갓 태어나신 유
대인의 왕이 어디 계십니까? 우리가 동방에
서 그의 별을 보고 그에게 경배하러 왔습니
다." [3] 왕 헤롯이 듣고 어리둥절해 하였고,
온 예루살렘이 그와 함께 술렁거렸다. [4] 그
는 백성의 대제사장들과 율법학자들을 모두
모은 후 그리스도가 어디에서 태어나시는지
를 물었다. [5] 그들이 그에게 말하였다. "유대
베들레헴입니다. 선지자에 의하여 이렇게 적
혀 있기 때문입니다. [6] '또 너, 유대 땅, 베
들레헴아, 너는 유대의 통치자들 가운데서
결코 가장 작지 않다. 왜냐하면 네게서 한
통치자가 나와서 나의 백성 이스라엘을 먹
일 것이기 때문이다.'" [7] 그때 헤롯은 ※박사
들을 가만히 불러서 별이 나타난 때를 그들
에게 캐묻고 [8] 그들을 베들레헴으로 보내며
말하였다. "가서 그 아기에 관하여 자세히
알아보시오. 찾으면, 나도 가서 그에게 경배
하도록 나에게 알려주시오." [9] 그들은 왕의
(말을) 듣고 갔다. 그러자, 보라, 그들이 동방
에서 본 그 별이 그들을 앞에서 인도하다가
아기가 있는 곳 위에 가서 멈추었다. [10] 그
들은 그 별을 보고 아주 크게 기뻐하였고
[11] 그 집 안으로 들어가서 그의 어머니 마리
아와 함께 있는 아기를 보고 엎드려 그에게
경배하였으며 그들의 보물 상자를 열어서
예물들, 곧 황금과 유향과 몰약을 그에게
바쳤다. [12] 그들은 꿈에 헤롯에게 돌아가지
말라는 지시를 받고 다른 길로 그들의 나라
로 떠났다.
10 I [13] 그들이 ⊤ 떠난 후에, 보라, 주님의 천사가
꿈에 요셉에게 나타나서 말하였다. "일어나
서 아기와 그의 어머니를 데리고 이집트로
피하고 내가 네게 말할 때까지 거기 있어
라. 헤롯이 아기를 죽이려고 그를 찾을 것
이기 때문이다." [14] 그는 일어나서 밤에 아기
와 그의 어머니를 데리고 이집트로 떠났고
[15] 주님께서 선지자를 통하여 "내가 나의 아
들을 이집트 밖으로 불러내었다" 라고 말씀
하신 것이 이루어지게 하려고 헤롯이 죽기
까지 거기 있었다. [16] 그때 헤롯은 자신이
※박사들에게 속은 줄을 알고 매우 성이 났
고 (사람들을) 보내어서 베들레헴과 그 지
역 일대에 있는 사내아이들을, 자기가 ※박
사들에게 캐물은 시간을 따라서 두 살부터
그 아래로 모두 죽였다. [17] 그때 선지자 예
레미야를 통하여 (이렇게) 말씀하신 것이
이루어졌다. [18] "어떤 소리가 라마에 들렸다.
⊤ 우는 소리, 큰 통곡 소리이다. 라헬이 자기
아이들 때문에 울며 위로를 받으려 하지 않
았다. 그들이 있지 않기 때문이다." [19] 헤롯
이 죽은 후에, 보라, 주님의 천사가 이집트
에서 꿈에 요셉에게 나타나서 [20] 말하였다. "
일어나서 아기와 그의 어머니를 데리고 이
스라엘 땅으로 가라. 아기의 목숨을 노리던
사람들이 죽었기 때문이다." [21] 그가 일어나

1 ※점성가들이
7 ※점성가들을

13 ⊤자기들의 나라로
16 ※점성가들에게 ※점성가들에게
18 ⊤애가와

서 아기와 그의 어머니를 데리고 이스라엘
땅으로 들어왔다.
11 22 그러나 아켈라오가 그의 아버지 헤롯을
II눅 이어서 유대의 왕이 되었다는 것을 듣고 그
리로 가기를 두려워하였는데 꿈에 지시를
받고 갈릴리 지방으로 떠났으며, 23 나사렛
이라 하는 성에 가서 살았다. 선지자들을
통하여 "그는 나사렛 사람으로 불릴 것이다"
라고 말씀하신 것이 이루어지게 하려는 것
이었다.

13 **3** 1 그 즈음에 세례자 요한이 유
IV 대 황야에 나타나서 (이렇게)
선포하였다. 2 "하늘나라가 가
까이 왔으므로 회개하여라." 3 이 사람은 선
지자 이사야를 통하여 (이렇게) 말씀하신
사람이다. "황야에서 외치는 사람의 소리가
있다. '너희는 주님의 길을 마련하여라. 그
의 좁은 길들을 곧게 만들어라.'" 4 바로 그
요한이 그의 옷을 낙타의 털로 (만들어) 입
고 그의 허리에 가죽 띠를 띠고 있었다. 그
의 음식은 메뚜기와 들꿀이었다. 5 그때 예
루살렘과 온 유대와 요단강 주변 전역에서
(사람들이) 그에게로 나와서 6 자신들의 죄
를 고백하며 요단강에서 그에게 세례를 받
았다.
14 7 그러나 그는 많은 바리새인들과 사두개인
II눅 들이 그의 세례를 (받으러) 오는 것을 보고
그들에게 말하였다. "독뱀 새끼들아! 오고
있는 진노를 피하라고 누가 너희한테 알려
주었느냐? 8 그러므로 너희는 회개에 들어맞
는 열매를 맺고 9 너희 속으로 '아브라함이
우리 아버지이시다' 라고 말할 생각도 하지
마라. 내가 너희에게 말하는데, 하나님은 이
돌들로 아브라함의 자녀들을 만드실 수 있
기 때문이다. 10 도끼가 이미 나무 뿌리를
향해 놓여 있으므로 좋은 열매를 맺지 않는
나무마다 찍혀서 불 속에 던져진다.
16 11 나는 (너희가) 회개하도록 너희에게 물로
IV 세례를 준다. 그러나 내 뒤에 오시는 분은
나보다 더 강하셔서 나는 그분의 신발을 받
들 자격도 없다. 그분은 너희에게 성령과 불
로 세례를 주실 것이다. 12 그분의 키가 그
분의 손에 있다. 그분은 자기 타작마당을
깨끗하게 하시는데 자신의 알곡은 곳간에
모으시지만 쭉정이는 꺼지지 않는 불로 태
우실 것이다."
18 13 그때 예수께서 요한에게 세례를 받으시려
IV 고 갈릴리로부터 요단강으로 그에게 오셨다.
14 그러나 요한은 그를 말리며 말하였다. "제
가 당신께 세례를 받아야 하는데 당신이 저
에게 오십니까?" 15 예수께서 그에게 대답하
셨다. "지금 허락하여라. 이렇게 모든 의를
이루는 것이 우리에게 적절하기 때문이다."
그제야 그가 예수께 허락하였다. 16 예수께
서 세례를 받으시고 곧바로 물에서 올라오
시자, 보라, ○그에게 하늘이 열렸고, 그는
하나님의 영이 비둘기처럼 내려와서 자기
위에 오는 것을 보셨다. 17 그리고, 보라, 하
늘에서 소리가 (났다). "이 사람은 내 사랑
하는 아들이다. 내가 그를 기뻐하였다."

20 **4** 1 그때 예수께서 마귀에게 시
III요 험을 받으시려고 성령에 의해
황야로 이끌려 가셨고 2 밤낮
사십 일 동안 굶으시고 나서 마침내 주리셨
다. 3 시험하는 자가 다가와서 그에게 말하
였다. "네가 만일 하나님의 아들이라면 이
돌들이 빵이 되라고 말해 보아라." 4 예수께
서 대답하셨다. "'사람이 빵으로만 살지는
못하고 하나님의 입에서 나오는 모든 말씀
으로 살 것이다' 라고 적혀 있다." 5 그때 마

귀는 그를 거룩한 성 안으로 데려가서 그를
성전 꼭대기에 세우고 6 그에게 말하였다.
"네가 만일 하나님의 아들이라면 [T] 아래로
뛰어내려 보아라. '그가 자기 천사들에게 너
에 관하여 명령하시고, 그들이 손으로 너를
받들어서 네 발이 결코 바위에 부딪치지 않
을 것이다' 라고 적혀 있기 때문이다." 7 예
수께서 그에게 말씀하셨다. "또 '주 너의 하
나님을 시험하지 마라' 라고 적혀 있다." 8 마
귀가 다시 그를 아주 높은 산으로 데려가서
그에게 세상의 모든 나라들과 그 영광을 보
여주면서 9 그에게 말하였다. "만일 내게 엎
드려 절하면 이 모두를 네게 주겠다." 10 그
때 예수께서 그에게 말씀하셨다. " [T] 물러가
라. 사탄아. '주 너의 하나님께 경배하고 그
분만 섬겨라' 라고 적혀 있기 때문이다." 11
그러자 마귀는 그를 놓아주었고, 보라, 천사
들이 다가와서 그를 시중들었다.
30 IV 12 (예수께서) 요한이 잡혔다는 말을 들으시
고 갈릴리로 돌아가셨고
32 IV 13 나사렛을 떠나서 스불론과 납달리 지역의
바닷가에 있는 가버나움에 가서 사셨다. 14 이
것은 선지자 이사야를 통하여 (이렇게) 말
씀하신 것이 이루어지게 하려는 것이었다.
15 "스불론 땅과 납달리 땅, 바닷가의 길,
요단 건너편에 있는 이방인들의 갈릴리여,
16 어둠 속에 앉아 있는 백성이 큰 빛을 보
았고, 죽음의 땅과 그늘에 앉아 있는 사람
들, 그들에게 빛이 솟았다." 17 그때부터 예
수께서 "하늘나라가 가까이 왔으므로 회개하
여라" 라고 선포하며 말씀하기 시작하셨다.
34 II막 18 (예수께서) 갈릴리 바닷가를 걸어가시다
가 두 형제, 곧 베드로라고 하는 시몬과 그

6 [T] 여기서
10 [T] 내 뒤로

의 동생 안드레가 바다에 그물을 던지고 있
는 것을 보셨다. 그들은 어부들이었기 때문
이다. 19 (예수께서) 그들에게 말씀하셨다.
"나를 따라오너라. 내가 너희를 사람의 어부
로 만들어 주겠다." 20 그러자 그들은 곧바로
그물을 버리고 예수를 따랐다. 21 (예수께서)
그곳에서 더 가시다가 다른 두 형제, 곧 세
베대의 아들 야고보와 그의 동생 요한이 자
기들의 아버지 세베대와 함께 배에서 자기
그물을 손질하고 있는 것을 보시고 그들을
부르셨다. 22 그러자 그들은 곧바로 배와 자
기들의 아버지를 버려두고 예수를 따랐다.
40 III요 23 (예수께서) 온 갈릴리를 두루 다니시며
그들의 회당에서 가르치셨고 그 나라의 복
음을 전파하셨으며 백성 가운데 있는 아픈
사람들과 병든 사람들을 모두 고쳐주셨다.
50 III요 (48, 77) 24 예수의 소문이 온 수리아에 퍼져서 사람
들이 모든 아픈 사람들, 곧 여러 가지 병과
고통으로 괴로워하는 사람들과 귀신들린 사
람들과 간질병에 걸린 사람들과 중풍 걸린
사람들을 예수께 데려왔다. 예수께서 그들
을 고쳐주셨다. 25 그래서 갈릴리와 데가볼
리와 예루살렘과 유대와 요단강 건너편으로
부터 온 많은 무리가 그를 따랐다.

5

1 (예수께서) 무리들을 보시고
산으로 올라가셨다. 예수께서
앉으시자 그의 제자들이 그에
게 다가왔고, 2 예수께서는 자기 입을 여시
고 그들을 가르치셨다.
51 II눅 (78) 3 "심령이 가난한 사람들이 복이 있다. 하늘
나라가 그들의 것이기 때문이다. 4 슬퍼하는
사람들이 복이 있다. 그들이 위로를 받을
것이기 때문이다. 5 온유한 사람들이 복이
있다. 그들이 땅을 물려받을 것이기 때문이
다. 6 의에 주리고 목마른 사람들이 복이 있

다. 그들이 배부르게 될 것이기 때문이다.
7 자비로운 사람들이 복이 있다. 그들이 자
비를 입을 것이기 때문이다. 8 마음이 깨끗
한 사람들이 복이 있다. 그들이 하나님을
볼 것이기 때문이다. 9 평화를 이루는 사람
들이 복이 있다. 그들이 하나님의 아들들로
불릴 것이기 때문이다. 10 의 때문에 억눌린
사람들이 복이 있다. 하늘나라가 그들의 것
이기 때문이다. 11 나 때문에 (사람들이) 너
희를 욕하고 억누르고 너희를 향해 [터무니
없이] 온갖 못된 말을 할 때에는 너희가 복
이 있다. 12 기뻐하고 즐거워하여라. 너희 상
이 하늘에 많기 때문이다. 또 (사람들이) 너
희 앞에 (있었던) 선지자들을 이렇게 억눌
렀기 때문이다.

52 III요 13 너희는 땅의 소금이다. 그러나 소금이 맛
(218) 을 잃으면 (그것은) 무엇으로 짜게 되겠느
냐? 바깥에 버려져서 사람들에게 밟히는 것
밖에는 아무짝에도 쓸모가 없다.

53 III요 14 너희는 세상의 빛이다. 산 위에 세워진
(125, 성이 숨겨질 수 없다. 15 등잔은 켜서 말 밑
192) 에 놓지 않고 등잔대 위에 (놓는다.) 그래야
집 안에 있는 모두를 비춘다. 16 이렇게 너
희 빛을 사람들 앞에 비추어서 그들이 너희
착한 일들을 보고 하늘에 계신 너희 아버지
께 영광을 돌리게 하여라.

54 II누 17 내가 율법이나 선지자들을 폐지하러 왔다
고 생각하지 마라. 폐지하러 오지 않고 완
(226) 성하러 (왔다.) 18 참으로 내가 너희에게 말
하는데, 하늘과 땅이 없어지기까지는, 또 모
든 것이 이루어지기까지는 율법으로부터 한
※점이나 한 획도 결코 없어지지 않을 것이
기 때문이다. 19 그러므로 누구든지 가장 작
은 이 계명들 가운데 하나를 폐하고 이렇게
사람들을 가르치는 사람은 하늘나라에서 가
장 작은 사람이라고 불릴 것이다. 그러나
누구든지 (이것을) 지키고 가르치는 사람,
이 사람은 하늘나라에서 큰 사람이라고 불
릴 것이다. 20 왜냐하면, 내가 너희에게 말하
는데, 너희의 의가 율법학자들과 바리새인
들의 (의보다) 더 낫지 못하면 너희가 결코
하늘나라에 들어가지 못할 것이기 때문이다.

55 II누 21 너희는 '살인하지 마라. 살인하는 사람은
누구든지 재판을 받아야 한다'라고 옛 사람
들에게 말해졌다는 것을 들었다. 22 그러나
내가 너희에게 말하는데, 자기 형제에게
⊤ 성내는 사람마다 재판을 받아야 하고, 자
기 형제에게 '라가'라고 욕하는 사람은 누구
든지 공회에 넘겨져야 하고, '바보야'라고
말하는 사람은 누구든지 불 지옥에 들어가
야 한다. 23 그러므로 네 예물을 제단 위에
드리다가 거기서 너를 탓하는 무엇이 네 형
제에게 있다는 생각이 나면 24 네 예물을 거
기, 제단 앞에 두고 먼저 가서 네 형제와
화해하고 그 후에 와서 네 예물을 드려라.
(206) 25 너를 고소하는 사람과 함께 길에 있는 동
안에 빨리 그와 타협하여라. 그렇게 하지
않으면 고소인이 너를 재판관에게, 재판관
이 옥졸에게 넘겨주어서, 네가 감옥에 갇힐
것이다. 26 참으로 내가 네게 말하는데, 네가
마지막 고드란트를 갚기까지 거기서 절대로
나오지 못할 것이다.

56 III요 27 너희는 '간음하지 마라'라고 말해졌다는
것을 들었다. 28 그러나 내가 너희에게 말하
는데, 욕정을 채우려고 여자를 쳐다보는 사
람마다 자기 마음에 벌써 그 여자와 간음하

18 ※ '이오타' 나

22 ⊤ 까닭 없이

였다. [29]만약 네 오른 눈이 너를 넘어지게
하면 그것을 네게서 뽑아서 내버려라. 네
신체 중에서 하나가 없어지고 네 온 몸이
지옥에 던져지지 않는 것이 네게 낫기 때문
이다. [30] 또 만약 네 오른손이 너를 넘어지
게 하면 그것을 네게서 잘라서 내버려라.
네 신체 중에서 하나가 없어지고 네 온 몸
이 지옥에 들어가지 않는 것이 네게 낫기
때문이다. [31]'자기 아내를 버리는 사람은 누
구든지 그 여자에게 이혼문서를 주어라' 라
고 말해졌다. [32]그러나 내가 너희에게 말하
는데, 음행한 까닭 없이 자기 아내를 버리
는 사람마다 그 여자가 간음하게 하는 것이
고, 버림받은 여자에게 장가드는 사람도 간
음하는 것이다.

57 I [33]또 너희는 '헛맹세하지 말고 네 맹세들을
주님께 지켜라' 라고 옛 사람들에게 말해졌
다는 것을 들었다. [34]그러나 내가 너희에게
말하는데, 너희는 전혀 맹세하지 마라. 하늘
을 두고도 마라. 그것은 하나님의 보좌이기
때문이다. [35]땅을 두고도 마라. 그것은 그분
의 발판이기 때문이다. 예루살렘을 두고도
마라. 그것은 큰 임금의 성이기 때문이다.
[36]네 머리를 두고도 맹세하지 마라. 네가
머리카락 하나 희거나 검게 만들 수 없기
때문이다. [37]너희 말은 예는 예로, 아니요는
아니요로 하여라. 이것보다 더 하는 것은
※악에서 나오는 것이다.

58 II눅 (80) [38]너희는 '눈에는 눈을, 이에는 이를' 이라고
말해졌다는 것을 들었다. [39]그러나 내가 너
희에게 말하는데, 악한 사람과 맞서지 마라.
차라리 누가 [네] 오른뺨을 때리면, 다른 쪽
도 그에게 돌려대고, [40]네 속옷을 가지고
싶어서 너를 고소하는 사람에게 겉옷도 가
지게 하고, [41]누가 너로 하여금 억지로 ※오
리를 가게 하면, 그와 함께 ※십 리를 가주
어라. [42]네게 달라고 하는 사람에게 주고
네게 빌리고 싶어하는 ※사람에게 거절하지
마라.

59 II눅 (80) [43]너희는 '네 이웃을 사랑하고 네 원수를
미워하여라' 라고 말해졌다는 것을 들었다.
[44]그러나 내가 너희에게 말하는데, 너희 원
수들을 사랑하고 너희를 억누르는 사람들을
위하여 기도하여라. [45]그렇게 하면 너희는
하늘에 계신 너희 아버지의 아들이 될 것이
다. (그분은) 악한 사람들과 선한 사람들 위
에 자신의 해가 돋게 하시고 의로운 사람들
과 불의한 사람들 위에 비를 내려 주시기
때문이다. [46]너희를 사랑하는 사람들을 너
희가 사랑한다면 너희가 무슨 삯을 받겠느
냐? 세리들도 그같이 하지 않느냐? [47]또 너
희가 너희 형제들에게만 인사한다면 (남보
다) 더 하는 것이 무엇이냐? 이방인들도 그
같이 하지 않느냐? [48]그러므로 너희 하늘
아버지께서 완전하신 것처럼 너희는 완전하
여라.

60 I **6** [1]사람들에게 보이려고 그들
앞에서 너희 의를 행하지 않도
록 조심하여라. 그렇게 하지
않으면 하늘에 계신 너희 아버지에게 삯을
받지 못한다. [2]그러므로 네가 자선을 베풀
때에는 위선자들이 사람들에게 칭찬을 받으
려고 회당과 거리에서 하는 것처럼 네 앞에
나팔을 불지 마라. 참으로 내가 너희에게
말하는데, 그들은 자기 삯을 받았다. [3]네가
자선을 베풀 때에는 네 오른손이 무엇을 하

37 ※악한 자에게서
41 ※한 밀리온을 ※두 밀리온을
42 ※사람에게서 돌아서지

는지 네 왼손이 알지 못하게 하여서 [4] 네 자
선이 숨겨지도록 하여라. 그러면 숨어서 보
시는 네 아버지께서 네게 갚아주실 것이다.
61 [5] 또 너희는 기도할 때에 위선자들같이 되지
I 마라. 그들은 사람들에게 나타내려고 회당
과 넓은 길의 모퉁이에 서서 기도하기를 좋
아하기 때문이다. 참으로 내가 너희에게 말
하는데, 그들은 자기 삯을 받았다. [6] 너는
기도할 때에 네 골방에 들어가서 네 문을
닫고 숨어 계신 네 아버지께 기도하여라.
그러면 숨어서 보시는 네 아버지께서 네게
갚아주실 것이다.
62 [7] 기도할 때에 너희는 이방인들처럼 ※빈말
III요 을 되풀이하지 마라. 그들은 그들의 많은
말을 들어주신다고 생각하기 때문이다. [8] 그
러므로 너희는 그들같이 되지 마라. 너희
아버지께서는 너희가 그에게 빌기 전에 무
엇이 너희에게 꼭 있어야 하는지 알고 계시
(185) 기 때문이다. [9] 그러므로 너희는 이렇게 기
도하여라. '하늘에 계신 우리 아버지, 당신
의 이름이 거룩해지시고, [10] 당신의 나라가
오시며, 하늘에서처럼 땅 위에서도 당신의
뜻이 이루어지소서. [11] 오늘 우리에게 우리
의 하루치 빵을 주시고, [12] 우리 또한 우리
의 빚진 사람들을 용서한 것처럼 우리의 빚
을 용서해 주시며, [13] 우리를 시험으로 이끌
지 마시고, 오히려 ※악으로부터 우리를 건
져주소서. ᵀ' [14] 너희가 사람들의 잘못을 용
서해 주면 너희 하늘 아버지께서도 너희를
용서해 주시지만, [15] 너희가 ※사람들을 용서
해 주지 않으면 너희 아버지께서도 너희 잘
못을 용서해 주지 않으실 것이다.
63 [16] 너희는 금식할 때에 슬픈 표정을 짓는 위
I 선자들처럼 되지 마라. 그들은 금식하는 동
안 사람들에게 나타내려고 자신들의 얼굴을
흉하게 하기 때문이다. 참으로 내가 너희에
게 말하는데, 그들은 자기 삯을 받았다. [17] 그
러나 너는 금식하는 동안 네 머리에 기름을
바르고 네 얼굴을 씻어서 [18] 네가 금식하는
것을 사람들에게 나타내지 말고 숨어 계신
네 아버지께 나타내어라. 그러면 숨어서 보
시는 네 아버지께서 네게 갚아주실 것이다.
64 [19] 너희를 위하여 땅 위에 보물을 쌓아 두지
II눅 마라. 여기는 좀과 녹이 못쓰게 만들고, 여
(202) 기는 도둑들이 뚫고 들어와서 훔쳐가 버린
다. [20] 너희를 위하여 하늘에 보물을 쌓아
두어라. 거기는 좀도 녹도 못쓰게 만들지
못하고, 거기는 도둑들이 뚫고 들어가서 훔
쳐가지도 못한다. [21] 네 보물이 있는 곳, 거
기 네 마음도 있을 것이기 때문이다.
65 [22] 몸의 등불은 눈이다. 그러므로 네 눈이
II눅 좋으면 네 온 몸이 밝을 것이지만, [23] 네 눈
(193) 이 나쁘면 네 온 몸이 어두울 것이다. 그러
므로 네 속에 있는 빛이 어두우면 그 어둠
이 얼마나 (짙겠느냐?)
66 [24] 아무도 두 주인을 섬길 수 없다. 왜냐하
II눅 면 한 쪽을 미워하고 다른 쪽을 사랑하거나
(224) 한 쪽에 매달리고 다른 쪽을 업신여길 것이
기 때문이다. 너희가 하나님과 재물을 (함
께) 섬길 수는 없다.
67 [25] 그러므로 내가 너희에게 말하는데, 너희
II눅 목숨을 위하여 무엇을 먹을까, [무엇을 마실
(201) 까,] 또 너희 몸을 위하여 무엇을 입을까
걱정하지 마라. 목숨이 음식보다, 몸이 옷보
다 더 소중하지 않느냐? [26] 하늘의 새들을
바라보아라. 그것들은 씨를 뿌리지도 않고

7 ※같은 말을
13 ※악한 자들로부터
ᵀ 나라와 권세와 영광이 영원히 당신의 것입니
다. 아멘.
15 ※사람들의 잘못을

거두지도 않고 창고에 모으지도 않지만, 너
희 하늘 아버지께서 그것들을 먹이신다. 너
희는 그것들보다 더 값지지 않느냐? 27 너희
가운데 누가 걱정하면서 자기 ※키를 한
※자 늘릴 수 있느냐? 28 너희는 왜 옷에 대
하여 걱정하느냐? 들의 백합이 어떻게 자라
는지 살펴보아라. 그것들은 애쓰지도 않고
실을 뽑지도 않는다. 29 그러나 내가 너희에
게 말하는데, 솔로몬이 자기 모든 영화로도
이것들 중 하나처럼 입지 못하였다. 30 오늘
있다가 내일 아궁이에 던져지는 들풀을 하
나님께서 이렇게 입히신다면 너희를 훨씬
잘 (입히시지) 않겠느냐? 믿음이 작은 사람
들아! 31 그러므로 너희는 '무엇을 먹을까?',
또는 '무엇을 마실까?', 또는 '무엇을 입을
까?' 라고 말하며 걱정하지 마라. 32 이것들
은 모두 이방인들이 찾기 때문이다. 또 너
희는 이것들 모두가 필요하다는 것을 너희
하늘 아버지께서 아시기 때문이다. 33 그러
나 너희는 먼저 [하나님의] 나라와 그의 의
를 찾아라. 그러면 이것들 모두가 너희에게
더해질 것이다. 34 그러므로 내일을 위하여
걱정하지 마라. 내일은 그날 걱정할 것이요
하루의 괴로움은 그날로 충분하기 때문이다.

68 III요 (81, 125) **7** 1 비판을 받지 않으려면 비판
을 하지 마라. 2 너희가 비판하
는 그 비판으로 너희가 비판을
받고, 너희가 재는 그 자로 너희가 재어질
것이기 때문이다. 3 어째서 네 형제의 눈 속
에 있는 티는 보면서 네 눈 속에 있는 들보
는 느끼지 못하느냐? 4 보아라, 네 눈 속에
들보가 있는데 네가 어떻게 네 형제에게 '나
로 하여금 네 눈에서 티를 빼내게 하여라'
라고 말하겠느냐? 5 위선자야, 먼저 네 눈에
서 들보를 빼내어라. 그러면 그때 너는 네 형
제의 눈에서 티를 빼내도록 밝히 볼 것이다.
69 I 6 거룩한 것을 개들에게 주지 말고 너희 진
주들을 돼지들 앞에 던지지 마라. 그렇지
않으면 그것들이 자기 발로 그것을 짓밟고
돌아서서 너희를 물어뜯을 것이다.
70 II눅 (187) 7 구하여라. 그러면 너희에게 주어질 것이다.
찾아라. 그러면 너희가 찾게 될 것이다. 두
드려라. 그러면 너희에게 열릴 것이다. 8 구
하는 사람마다 받고, 찾는 사람이 찾게 되
며, 두드리는 사람에게 열릴 것이기 때문이
다. 9 너희 가운데 자기 아들이 빵을 달라고
하는데 그에게 돌을 줄 사람이 누가 있느
냐? 10 또 생선을 달라고 하는데 그에게 뱀
을 주느냐? 11 너희가 악해도 자기 아이들에
게 좋은 선물들을 줄 줄 안다면, 하늘에 계
신 너희 아버지께서는 자기에게 구하는 사
람들에게 좋은 것들을 얼마나 많이 주실까!
71 II눅 12 그러므로 사람들이 너희에게 해주기를 바
라는 것은 무엇이든지, 그 모두를 너희도
그들에게 그대로 해주어라. 이것이 율법과
선지자들(의 가르침)이기 때문이다.
72 II눅 (211) 13 좁은 문으로 들어가거라. 멸망으로 이끄
는 문은 크고 그 길도 넓어서 거기로 들어
가는 사람들이 많지만, 14 생명으로 이끄는
문은 작고 그 길도 좁아서 그것을 찾게 되
는 사람들이 적기 때문이다.
73 II눅 (82) 15 거짓 선지자들을 조심하여라. 그들은 양
의 옷을 (걸치고) 너희에게 오지만 속은
※사나운 이리들이다. 16 너희는 그들의 열매
로 그들을 알아볼 것이다. (사람들이) 가시
덤불에서 포도를, 엉겅퀴에서 무화과를 따

27 ※나이를 ※페퀴, 즉 큐빗

15 ※빼앗는

겠느냐? 17 이렇게, 좋은 나무마다 좋은 열
매들을 맺고 나쁜 나무는 나쁜 열매들을 맺
는다. 18 좋은 나무가 나쁜 열매들을 맺을
수 없고 나쁜 나무가 좋은 열매들을 맺을
수 없다. 19 좋은 열매를 맺지 않는 나무마
다 찍혀서 불에 던져진다. 20 그러므로 너희
는 그들의 열매들로 그들을 알아볼 것이다.
74 II눅 (83, 211) 21 내게 '주님, 주님' 하는 사람 모두가 하늘
나라에 들어가는 것은 아니다. 다만 하늘에
계신 내 아버지의 뜻을 행하는 사람이라야
한다. 22 그날에 많은 사람이 내게 말할 것
이다. '주님, 주님, 우리가 당신의 이름으로
예언하였고 당신의 이름으로 귀신들을 내쫓
았으며 당신의 이름으로 많은 기적을 일으
키지 않았습니까?' 23 그러나 그때 내가 그
들에게 ※분명히 말할 것이다. '내가 너희를
도무지 알지 못한다. 내게서 떠나 가거라.
불법을 저지르는 사람들아.'
75 II눅 24 그러므로 나의 이 말들을 듣고 그대로 행
하는 사람마다 자기 집을 바위 위에 지은
슬기로운 사람과 같을 것이다. 25 비가 내리
고 강물이 넘치고 바람이 불어서 그 집에
휘몰아쳤지만 바위 위에 세워진 까닭에 무
너지지 않았다. 26 그러나 나의 이 말들을
듣고 그대로 행하지 않는 사람마다 자기 집
을 모래 위에 지은 어리석은 사람과 같을
것이다. 27 비가 내리고 강물이 넘치고 바람
이 불어서 그 집에 휘몰아치자 집이 무너졌
는데 그 부서짐이 컸다."
76 II막 28 예수께서 이 말씀들을 마치셨을 때 무리
들이 그의 가르침에 놀랐다. 29 그들을 가르
치실 때에 그는 권위 있는 분과 같고 그들
의 율법학자들과 같지 않으셨기 때문이다.

23 ※ 고백할

84 III요 (42)

8

1 예수께서 산에서 내려오시자
많은 무리들이 그를 따랐다.
2 보라, 어떤 문둥병자가 예수
께 다가와서 절하며 말하였다. "주님, 당신
이 원하시면 저를 깨끗하게 하실 수 있습니
다." 3 (예수께서) 손을 내밀어서 그를 만지
시며 말씀하셨다. "내가 원한다. 깨끗해져
라." 그러자 그의 문둥병이 곧바로 깨끗해졌
다. 4 예수께서 그에게 말씀하셨다. "아무에
게도 말하지 않도록 조심하고 가서 네 자신
을 제사장에게 보이고 그들에게 증거가 되
도록 모세가 지시한 예물을 바쳐라."
85 III막 5 그가 가버나움에 들어가시자 한 백부장이
그에게 다가와서 간청하며 6 말하였다. "주
님, 제 종이 중풍으로 집에 누워서 몹시 괴
로워합니다." 7 예수께서 그에게 말씀하셨다.
"내가 가서 그를 고쳐주겠다." 8 그러자 그
백부장이 대답하였다. "주님, 저는 당신이
제 처마 밑에 들어오실 만한 자격이 없습니
다. 그저 말씀만 해 주십시오. 그러면 제 종
이 나을 것입니다. 9 저도 권력 아래 있는
사람이고, 제 아래에도 병사들이 있어서, 이
사람에게 '가거라' 하면 그가 가고, 다른 사
람에게 '오너라' (하면) 그가 오며, 제 종에게
'이것을 하여라' (하면) 그가 하기 때문입니
다." 10 예수께서 들으시고 놀라서 따르는 사
람들에게 말씀하셨다. "참으로 내가 너희에
게 말하는데, 이스라엘 가운데 아무에게서
도 이렇게 큰 믿음을 발견하지 못하였다.
(211) 11 내가 너희에게 말하는데, 많은 사람이 동
쪽과 서쪽으로부터 와서 하늘나라에서 아브
라함과 이삭과 야곱과 함께 식사 자리에 앉
겠지만, 12 그 나라의 아들들은 바깥 어두움
속으로 내쫓길 것이다. 거기에서 울음과 이
를 갊이 있을 것이다." 13 예수께서 그 백부

장에게 말씀하셨다. "가거라. 네가 믿은 대
로 네게 이루어져라." 그러자 [그의] 종이
그 시각에 나았다.
87 III요 (37) [14] 예수께서 베드로의 집으로 들어가셔서 그
의 장모가 열병에 걸려 뉘여 있는 것을 보
시고 [15] 그 여자의 손을 만지시자, 그 여자는
열이 없어졌고 일어나서 그를 시중들었다.
88 III요 (38) [16] 저녁이 되자 사람들이 귀신들린 사람들을
많이 그에게 데려왔는데, (예수께서는) 말씀
으로 그 영들을 내쫓으시고 아픈 사람들을
모두 고쳐주셨다. [17] 이는 선지자 이사야를
통하여 "그는 몸소 우리의 약함을 맡으셨고
병들을 짊어지셨다" 라고 말씀하신 것이 이
루어지게 하기 위함이었다.
89 II눅 (176) [18] 예수께서 자기 둘레의 무리를 보시고 나
서 맞은편으로 가자고 명령하셨는데, [19] 율
법학자 한 사람이 다가와서 그에게 말하였
다. "선생님, 당신이 어디로 가시든지 저는
당신을 따르겠습니다." [20] 그러자 예수께서
그에게 말씀하셨다. "여우들은 굴이 있고 하
늘의 새들은 둥지가 (있지만,) 인자는 머리
누일 곳이 없다." [21] [그의] 제자들 가운데
다른 사람이 그에게 말하였다. "주님, 먼저
가서 제 아버지를 장사하도록 제게 허락해
주십시오." [22] 그러나 예수께서 그에게 말씀
하셨다. "너는 나를 따르고 죽은 사람들이
자기네 죽은 사람들을 장사하도록 놓아두어
라."
90 III요 (136) [23] (예수께서) 배에 오르시자, 그의 제자들이
그를 따랐는데, [24] 보라, 바다에 큰 풍랑이
일어서, 배가 파도에 뒤덮이게 되었지만, 그
는 주무시고 계셨다. [25] 그들이 다가가서 그
를 깨우며 말하였다. "주님, 살려 주십시오.
저희가 죽게 되었습니다." [26] (예수께서) 그
들에게 말씀하셨다. "왜 무서워하느냐? 믿음
이 작은 사람들아!" 그런 다음 일어나셔서
바람과 바다를 꾸짖으시자, (바다가) 매우
잔잔해졌다. [27] 그 사람들이 놀라서 말하였
다. "바람도, 바다도 그에게 순종하니 이분
은 어떤 분이신가?"
91 III요 (137) [28] 그가 건너편, 곧 「가다라 사람들의 지역
에 가시자, 귀신 들린 사람 둘이 무덤 사이
에서 나오다가 그와 마주쳤다. 그들은 무척
사나워서 누가 그 길로 지나갈 수가 없었
다. [29] 그런데, 보라, 그들이 외치며 말하였
다. "저희와 당신이 무슨 상관입니까? 하나
님의 아들이여! 때가 (되기) 전에 저희를 괴
롭히려고 여기 오셨습니까?" [30] 그들로부터
먼 곳에 놓아먹이는 많은 돼지 떼가 있었는
데, [31] 귀신들이 그에게 빌며 말하였다. "저
희를 내쫓으시려면 저희를 돼지 떼 안으로
보내 주십시오." [32] (예수께서) 그것들에게
말씀하셨다. "가버려라." 그러자 그것들이
나와서 돼지들에게 들어갔는데, 보라, 온
(돼지) 떼가 비탈을 따라 바다로 내달았고
물에서 죽었다. [33] (돼지) 치던 사람들이 달
아나서 성으로 들어갔고 귀신들렸던 사람들
의 일을 비롯하여 모든 일들을 알리자, [34] 보
라, 온 성(사람들)이 예수를 만나러 나왔고
그를 보고 나서 그들의 지역에서 떠나 달라
고 간청하였다.

9

92 III요 (43) [1] (예수께서) 배를 타고 건너와
서 자기 성으로 가셨다. [2] 그런
데, 보라, 사람들이 한 중풍환
자를 침대 위에 누인 채 예수께 데려왔다.
예수께서 그들의 믿음을 보시고 그 중풍환
자에게 말씀하셨다. "안심하여라. 아이야, 네
죄들을 용서한다." [3] 그러자, 보라, 율법학자

28 「거라사, 겔게사, 가자라

몇이 속으로 중얼거렸다. "이 사람이 (하나
님을) 모독하고 있다." 4 예수께서 그들의 생
각을 아시고 그들에게 말씀하셨다. "어찌하
여 너희 마음속에 악한 것들을 생각하고 있
느냐? 5 '네 죄들을 용서한다'라고 말하는
것과 '일어나서 걸어가거라'라고 말하는 것
(가운데서) 어느 것이 더 쉬우냐?' 6 인자가
땅 위에서 죄를 용서하는 권한을 가지고 있
다는 것을 알게 하려고 (그렇게 하였다)."
그리고 (예수께서) 그 중풍환자에게 말씀하
셨다. "일어나서 네 침대를 들고 네 집으로
가거라." 7 그러자 그가 일어나서 자기 집으
로 가버렸다. 8 무리들이 보고 두려워하며
이렇게 큰 권한을 사람들에게 주신 하나님
께 영광을 돌렸다.
93 III요 (44) 9 예수께서 거기서 지나가시다가 마태라고
하는 어떤 사람이 세관에 앉아 있는 것을
보시고 그에게 말씀하셨다. "나를 따라라."
그러자 그가 일어서서 예수를 따랐다. 10 예
수께서 집에서 식사 자리에 앉게 되셨는데,
보라, 많은 세리들과 죄인들이 와서 예수와
그의 제자들과 함께 자리에 앉았다. 11 바리
새인들이 보고 예수의 제자들에게 말하였다.
"당신네 선생은 어째서 세리들과 죄인들하
고 함께 먹고 있소?" 12 예수께서 들으시고
그들에게 말씀하셨다. "튼튼한 사람들은 의
사가 쓸데없지만, 아픈 사람들은 (의사가
꼭) 있어야 한다. 13 가서 '나는 제사가 아니
라 자비를 바란다'라는 말씀이 무슨 (뜻)인
지 배워라. 나는 의인들을 부르러 오지 않
고 죄인들을 ⊤ (부르러 왔기) 때문이다."
94 III요 (45) 14 그때 요한의 제자들이 예수께 다가와서
말하였다. "저희와 바리새인들은 [자주] 금

13 ⊤ 회개하도록
15 ※ 아들들과

식하는데 어째서 당신의 제자들은 금식하지
않습니까?" 15 예수께서 그들에게 말씀하셨
다. "신랑이 결혼식 ※손님들과 함께 있는
동안 그들이 슬퍼할 수 있느냐? 그러나 그
들에게서 신랑을 떼어놓는 날이 올 것이다.
그러면 그때 금식할 것이다. 16 아무도 오그
라들지 않은 헝겊 조각을 낡은 옷에 덧대지
않는다. 그 덧댄 것이 옷을 당겨서 더 많이
찢어지기 때문이다. 17 사람들은 새 포도주
를 낡은 가죽부대에 담지도 않는다. 그렇게
하면 가죽부대가 터져서 포도주는 쏟아지고
가죽부대도 버린다. 새 포도주는 새 가죽부
대에 담아야 둘 다 보존된다."
95 III요 (138) 18 그가 그들에게 이런 것들을 말씀하고 계
실 때에, 보라, 관원 한 사람이 와서 그에게
절하며 말하였다. "제 딸이 막 죽었습니다.
하지만 오셔서 그 아이에게 당신의 손을 얹
어 주시면 (그 아이가) 살아날 것입니다."
19 예수께서 일어나서 그를 따라가셨고 그의
제자들도 (따라갔다.) 20 보라, 열두 해를 출
혈에 시달리던 한 여자가 뒤에서 다가와서
그의 옷 가장자리를 만졌다. 21 그 여자는
속으로 "내가 그의 옷을 만지기만 하면 낫
게 될 것이다"라고 말해 왔기 때문이다.
22 예수께서 돌아서서 그 여자를 보시고 말
씀하셨다. "안심하여라. 딸아! 네 믿음이 너
를 구원하였다." 그러자 그 여자가 그 시각
부터 나았다. 23 예수께서 그 관원의 집으로
들어가서 피리 부는 사람들과 떠들고 있는
무리를 보시고 24 말씀하셨다. "물러가거라.
소녀는 죽지 않았고 자고 있기 때문이다."
그러자 사람들이 그를 비웃었다. 25 무리가
쫓겨나자 (예수께서) 들어가서 그녀의 손을
잡으셨고 그 소녀가 일어났다. 26 그러자 소
녀의 소문이 그곳 온 땅에 퍼져 나갔다.

96 27 예수께서 그곳에서 더 가실 때에 눈먼 사
III요 (264) 람 두 명이 [그를] 따라가며 소리지르며 말
하였다. "저희를 불쌍히 여겨 주십시오. 다
윗의 아들이여!" 28 그가 집으로 들어가시자,
그 눈먼 사람들이 그에게 다가왔다. 그러자
예수께서 그들에게 말씀하셨다. "내가 이 일
을 할 수 있다는 것을 너희가 믿느냐?" 그들
이 "예, 주님!" 하고 그에게 말하였다. 29 그
때 (예수께서) 그들의 눈을 만지시며 말씀
하셨다. "너희 믿음대로 너희에게 되어라."
30 그러자 그들의 눈이 열렸다. 예수께서 그
들에게 단단히 당부하며 말씀하셨다. "조심
하여라. 아무도 알지 못하게 하여라." 31 그
러나 그들은 나가서 그의 소문을 그곳 온
땅에 퍼뜨렸다.

97 32 그들이 나갈 때에, 보라, 사람들이 귀신들
III요 (117) 려서 말을 못하는 어떤 사람을 그에게 데려
왔는데 33 귀신이 내쫓기자 그 벙어리가 말
을 하였다. 무리들이 놀라서 말하였다. "이
스라엘에 이런 일이 나타난 적이 결코 없었
다." 34 그러나 바리새인들은 말하였다. "그
가 귀신들의 우두머리에 힘입어 귀신들을
내쫓는다."

98 35 예수께서 모든 성과 마을들을 두루 다니
III요 시며 그들의 회당에서 가르치시고 그 나라
의 복음을 선포하시고 모든 병과 모든 약한
것을 고쳐주셨다. 36 그는 무리들을 보시고
그들을 가엾이 여기셨다. 그들이 목자 없는
양들같이 지치고 버려져 있었기 때문이다.
(177) 37 그때 (예수께서) 자기 제자들에게 말씀하
셨다. "추수는 많지만 일꾼들이 적다. 38 그
러므로 너희는 추수의 주인에게 그의 추수
에 일꾼들을 내보내 주시도록 요청하여라."

99 10 1 (예수께서) 자기 열두 제자들
III요 (49, 142) 을 불러내시고 그들에게 더러
운 영들을 (제어하는) 권한을
주셔서 그것들을 내쫓고 모든 병과 모든 약
한 것을 고쳐주게 하셨다. 2 열두 사도들의
이름은 이러하다. 먼저 베드로라고 하는 시
몬과 그의 동생 안드레, 세베대의 아들 야
고보와 그의 동생 요한, 3 빌립과 바돌로매,
도마와 세리 마태, 알패오의 아들 야고보와
⌈다대오, 4 가나안 사람 시몬과 (예수를) 넘
겨준 가룟 유다이다. 5 예수께서 이 열두 명
을 보내시면서 그들에게 지시하셨다. "이방
인들의 길로 가지 말고 사마리아인들의 성
에 들어가지 마라. 6 차라리 이스라엘 집의
(177) 잃은 양들에게로 가거라. 7 가면서 '하늘나라
가 가까이 왔다' 라고 선포하여라. 8 아픈 사
람들을 고쳐주고 죽은 사람들을 일으켜주고
문둥병자들을 깨끗하게 해주며 귀신들을 내
쫓아라. 너희가 거저 받았으므로 거저 주어
라. 9 너희 돈주머니에 금도 은도 동전도 가
지고 다니지 말고 10 자루도 속옷 둘도 신발
도 지팡이도 길에서 쓰기 위해 (챙기지) 마
라. 일꾼이 자기 음식을 (받는 것이) 정당하
기 때문이다. 11 어떤 성이나 마을에든지 들
어가면 그곳에서 누가 적당한지 알아보고 떠
날 때까지 거기 머무르되 12 그 집에 들어갈
때 그 집에 (평화의) 인사를 하여라. 13 그 집
이 적당하면 너희가 (빈) 평화여, 그 집 위
에 오너라. 그 집이 적당하지 않으면 너희
가 (빈) 평화여, 너희에게로 되돌아오너라.
14 누구도 너희를 맞아들이지 않고 너희 말
을 듣지도 않으면 그 집이나 그 ⌈성 밖으
로 나가면서 너희 발의 먼지를 떨어버려라.

3 ⌈렙바이오스, 또는 다대오라 하는 렙바이오스
14 ⌈성이나 그 마을

15 참으로 내가 너희에게 말하는데, 심판 날
에 소돔과 고모라 땅이 그 성보다 더 잘 버
틸 것이다. 16 보아라, 너희를 이리들 가운데
양처럼 보낸다. 그러므로 뱀처럼 슬기롭고
비둘기처럼 순결하여라.
100 17 사람들을 조심하여라. 그들이 너희를 공
III요 회에 넘겨주고 그들의 회당에서 너희를 채
(289) 찍질할 것이기 때문이다. 18 또 너희는 나
때문에 총독들과 임금들에게 이끌려가서 그
(198 들과 이방인들에게 증언할 것이다. 19 사람
IV, 들이 너희를 넘겨 줄 때에 어떻게, 또는 무
289) 엇을 말할는지 걱정하지 마라. 말할 것이
그 시각에 너희에게 주어질 것이기 때문이
다. 20 또 말하는 이들은 너희 자신이 아니
라 너희 안에서 말씀하시는 분, 곧 너희 아
버지의 영이시기 때문이다. 21 형제가 형제
를, 아버지가 자식을 죽이도록 넘겨줄 것이
요, 자식들이 부모에 맞서 일어나서 그들을
죽일 것이다. 22 또 너희가 내 이름 때문에
모두에게 미움을 사게 되겠지만, 끝까지 버
티어 내는 사람, 이 사람이 구원될 것이다.
23 이 성에서 너희를 박해할 때에는 다른 성
으로 달아나라. 참으로 내가 너희에게 말하
는데, 인자가 오기까지 너희가 이스라엘 성
들을 결코 다 돌지 못할 것이다. 24 제자가
선생 위에, 종이 자기 주인 위에 있지 않다.
25 제자가 제 선생처럼, 종이 제 주인처럼
되는 것으로 넉넉하다. 집주인을 바알세불
이라고 불렀다면 그의 집안사람들에게야 얼
마나 더 심하겠느냐?
101 26 그러므로 그들을 두려워하지 마라. 벗겨
II누 지지 않고 덮여 있을 것과 알려지지 않을
(125) 비밀은 아무 것도 없기 때문이다. 27 내가
(196) 어둠 속에서 너희에게 말하는 것을 빛 가운
데서 말하고 너희가 귓속으로 듣는 것을 지
붕 위에서 선포하여라. 28 몸은 죽이지만 영
혼을 죽일 수는 없는 사람들을 두려워하지
마라. 오히려 영혼과 몸을 지옥에서 망하게
하실 수 있는 분을 두려워하여라. 29 참새
두 마리가 한 앗사리온에 팔리지 않느냐?
그러나 너희 아버지 없이는 그것들 가운데
하나도 땅에 떨어지지 않을 것이다. 30 너희
머리의 머리카락조차도 모조리 헤아려져 있
다. 31 그러므로 두려워하지 마라. 너희는 많
은 참새들보다 귀하다. 32 그러므로 누구든
지 사람들 앞에서 나를 시인하면 하늘에 계
신 내 아버지 앞에서 나도 그를 시인할 것
이지만, 33 누구든지 사람들 앞에서 나를 부
인하면 하늘에 계신 내 아버지 앞에서 나도
그를 부인할 것이다.
102 34 내가 땅 위에 평화를 던지러 온 줄로 생
II누 각하지 마라. 나는 평화가 아니라 도리어
(204) 칼을 던지러 왔다. 35 나는 사람을 자기 아
버지에게서, 딸을 자기 어머니에게서, 며느
리를 자기 시어머니에게서 갈라놓으러 왔기
때문이다. 36 사람의 원수가 자기 집안사람
들일 것이다.
103 37 아버지나 어머니를 나 이상으로 사랑하는
III막 사람은 내게 맞지 않고 아들이나 딸을 나
(217) 이상으로 사랑하는 사람도 내게 맞지 않다.
38 또 자기 십자가를 지지 않고 내 뒤를 따
(235) 르는 사람도 내게 맞지 않다. 39 자기 목숨
을 찾은 사람은 그것을 잃을 것이요, 나 때
문에 자기 목숨을 잃은 사람은 그것을 찾게
될 것이다.
104 40 너희를 맞아들이는 사람은 나를 맞아들이
IV 는 것이고, 나를 맞아들이는 사람은 나를
(179) 보내신 분을 맞아들이는 것이다. 41 선지자
의 이름으로 선지자를 맞아들이는 사람은
선지자의 상을 받을 것이고, 의인의 이름으

로 의인을 맞아들이는 사람은 의인의 삯을
(167) 받을 것이다. [42] 참으로 내가 너희에게 말하
는데, 이 작은 사람들 가운데 하나에게 제
자의 이름으로 찬 물 한 그릇만이라도 마시
게 하는 사람은 결코 자기 삯을 잃지 않을
것이다."

105 I **11** [1] 예수께서 자기 열두 제자에
게 지시하기를 끝내시고 그들
의 성에서 가르치시고 전파하
시려고 그곳을 떠나셨다.
106 II눅 [2] 요한이 감옥에서 그리스도의 일을 듣고 자
기 제자들을 ⊤ 보내서 [3] 그에게 "당신이 오
시는 그분이십니까? 아니면 우리가 다른 분
을 기다릴까요?" 하고 말하게 하였다. [4] 예수
께서 그들에게 대답하셨다. "요한에게 가서
너희가 듣고 보는 것을 전하여라. [5] 눈먼 사
람들이 보고, 저는 사람들이 걷고, 문둥병자
들이 깨끗해지고, 귀 먹은 사람들이 듣고,
죽은 사람들이 살아나고, 가난한 사람들에
게 복음이 전해진다. [6] 누구든지 나에게 걸
려 넘어지지 않는 사람이 복이 있다."
107 II눅 [7] 이 사람들이 간 후에 예수께서 요한에
관하여 무리들에게 말씀하기를 시작하셨다.
"너희가 무엇을 보려고 황야로 나갔느냐?
바람에 흔들리는 갈대냐? [8] 아니면 「무엇을
보려고 나갔느냐? 부드러운 (옷을) 입은 사
람이냐?ˋ 보아라, 부드러운 옷을 걸치는 사
람들은 왕궁에 있다. [9] 아니면 「무엇을 보려
고 나갔느냐? 선지자냐?ˋ 옳다. 내가 너희
에게 말하는데 선지자보다 나은 사람이다.
[10] 이것이 그에 관하여 적혀 있는 것이다. '보
아라, 내가 내 심부름꾼을 네 앞에 보낸다.
그가 네 앞에서 네 길을 마련할 것이다.' [11] 참
으로 내가 너희에게 말하는데, 여자한테서
태어난 사람들 가운데서 세례자 요한보다
더 큰 사람이 태어난 적이 없다. 그러나 하
늘나라에서는 가장 작은 사람도 그보다 더
(226) 크다. [12] 세례자 요한의 날부터 이제까지 하
늘나라는 힘에 눌리고 있고, 힘을 쓰는 사
람들이 그것을 빼앗는다. [13] 모든 선지자들
과 율법이 요한에게까지 예언하였기 때문이
다. [14] 너희가 받아들이고자 한다면 그가 바
로 와야 할 엘리야이다. [15] ⊤ 귀 있는 사람
은 들어라. [16] 이 세대를 무엇에 비유할까?
그것은 장터에 앉아서 다른 아이들을 부르
는 어떤 아이들과 같다. [17] 그들이 말한다. '우
리가 너희를 위해 피리를 불었지만 너희는
춤추지 않았고, 우리가 슬피 울었지만 너희
는 가슴을 치지 않았다.' [18] 왜냐하면 요한이
와서 먹지도 않고 마시지도 않자 사람들이
'그는 귀신이 들렸다' 라고 하고 [19] 인자가 와
서 먹고 마시자 '보아라, 먹보요 술꾼이다.
세리들과 죄인들의 벗이다' 라고 말하기 때
문이다. 그러나 지혜는 그것의 「일들로부터
옳다고 확인되었다."
108 II눅 (178) [20] 예수께서 그때 자신이 많은 이적들을 행
하신 성들을 꾸짖기 시작하셨다. (그 성들
이) 회개하지 않았기 때문이다. [21] "네게 화
가 있다. 고라신아! 네게 화가 있다. 벳새다
야! 너희 안에서 일어난 이적들이 두로와
시돈에서 일어났더라면 그들은 벌써 베옷을
(입고) 재에 (앉아서) 회개하였을 것이다.
[22] 그러나 내가 너희에게 말하는데, 심판의
날에는 두로와 시돈이 너희보다 더 잘 버틸

2 ⊤두 명
8 「왜 나갔느냐? 부드러운 옷을 입은 사람을 보려고 나갔느냐?
9 「왜 나갔느냐? 선지자를 보려고 나갔느냐?
15 ⊤들을
19 「자녀들로부터

것이다. 23 그리고 너 가버나움아! 하늘까지
높아지겠느냐? 지옥까지 낮아질 것이다. 네
안에서 일어난 이적들이 소돔에서 일어났더
라면 (그 성이) 오늘까지 남아 있을 것이기
때문이다. 24 그러나 내가 너희에게 말하는
데, 심판의 날에 소돔 땅이 너보다 더 잘
버틸 것이다."

109 II눅 (181) 25 그 무렵에 예수께서 대답하셨다. "당신께
감사합니다. 아버지, 하늘과 땅의 주인이시
여! 지혜롭고 똑똑한 사람들에게는 이것들
을 숨기시고 어린아이들에게는 그것들을 나
타내셨습니다. 26 옳습니다. 아버지! 이것이
당신 앞에 기쁨이 되었습니다. 27 모든 것이
내 아버지로부터 내게 ※주어졌습니다. 아버
지밖에는 아무도 아들을 알지 못하고 아들
과 그 아들이 (아버지를) 나타내 주고 싶어
하는 사람밖에는 어느 누구도 아버지를 ※알
지 못합니다.

110 I 28 수고하고 무거운 짐 진 사람들아, 모두
내게로 오너라. 내가 너희를 쉬게 해 주겠
다. 29 나는 온유하고 마음이 겸손하므로 너
희는 내 멍에를 자기 위에 올려놓고 내게
배워라. 그러면 너희 영혼에 쉼을 찾게 될
것이다. 30 내 멍에는 쉽고 내 짐은 가볍기
때문이다."

111 III요 (46) 12 1 그 즈음에 예수께서 안식일
에 밀밭 사이로 지나가셨는데,
그의 제자들이 배가 고파서 이
삭을 잘라서 먹기 시작하였다. 2 바리새인들
이 보고 예수께 말하였다. "보십시오, 당신
의 제자들이 안식일에 해서는 안 되는 일을
하고 있습니다." 3 예수께서 그들에게 말씀
하셨다. "다윗과 그와 함께 한 사람들이 배

27 ※주어졌다 ※알지 못한다

가 고팠을 때 그가 무엇을 했는지 읽어보지
못하였느냐? 4 그가 어떻게 하나님의 집에
들어가서 오직 제사장이 아니면 그도, 또
그와 함께 (하던) 사람들도 먹어서는 안 되
는 '바친 빵'을 먹었느냐? 5 또 안식일에 제
사장들이 성전에서 안식일을 어겨도 죄가
없다는 것을 율법에서 읽어보지 못하였느
냐? 6 내가 너희에게 말하는데, 성전보다 더
큰 것이 여기 있다. 7 '제사가 아니라 자비
를 바란다'는 (말씀이) 무슨 뜻인지 알았다
면 죄 없는 사람들을 정죄하지 않았을 것이
다. 8 왜냐하면 인자는 안식일의 주인이기
때문이다."

112 III요 (47) 9 (예수께서) 그곳을 떠나서 그들의 회당에
들어가셨는데, 10 보라, 한 손이 마비된 어떤
사람이 있었다. 사람들이 예수를 고소하려
고 "안식일에 병을 고치는 것이 옳습니까?"
하고 그에게 물었다. 11 예수께서 그들에게
말씀하셨다. "너희 가운데 어떤 사람이 양
한 마리가 있는데, 이 양이 안식일에 구덩
이에 빠지면, 그것을 붙잡고 끌어내지 않을
사람이 누가 있겠느냐? 12 사람이 양보다 얼
마나 더 귀한가! 그러므로 안식일에 착하게
행하는 것은 옳다." 13 그리고 나서 (예수께
서) 그 사람에게 말씀하셨다. "네 손을 내밀
어라." 그가 내밀자 (그 손이) 다른 손처럼
성하게 회복되었다. 14 바리새인들이 나가서
그를 없애려고 그에 대한 (대책을) 의논하
였다.

113 III요 15 그러나 예수께서 아시고 거기를 떠나셨으
며, 많은 [무리들이] 그를 따랐는데 그는 그
들을 모두 고쳐주셨고 16 자기를 나타내지
말라고 그들에게 당부하셨다. 17 이는 선지
자 이사야를 통하여 (이렇게) 말씀하신 것
이 이루어지게 하기 위해서였다. 18 "보아라,

내가 고른 나의 종, 내 영혼이 기뻐하는, 나
의 사랑하는 사람이다. 나는 내 영을 그 위
에 두겠고, 그는 이방인들에게 심판을 알릴
것이다. 19 그는 다투지도 않고 떠들지도 않
을 것이요, 누구도 거리에서 그의 목소리를
듣지 못할 것이다. 20 그는 꺾인 갈대를 자
르지 않고 그을음 나는 심지를 끄지 않을
것이다. 심판을 승리로 이끌기까지... 21 그
래서 이방인들이 그의 이름에 희망을 걸 것
이다."
117 III요 (188, 97) 22 그때 귀신들려서 눈이 멀고 말을 못하는
사람이 그에게 이끌려 왔는데 (예수께서)
그를 고쳐주시자 그 벙어리가 말하고 보았
으며 23 무리들이 모두 놀라서 말하였다. "이
사람이 다윗의 아들이라고?" 24 그러나 바리
새인들은 듣고 나서 말하였다. "이 사람이
귀신들의 우두머리인 바알세불에 힘입지 않
고서는 귀신들을 내쫓지 못한다." 25 (예수께
서) 그들의 생각을 아시고 그들에게 말씀하
셨다. "스스로 나누인 나라마다 황폐해지고,
스스로 나누인 성이나 집마다 서 있지 못한
다. 26 만일 사탄이 사탄을 내쫓으면 스스로
나누인 것이다. 그러므로 어떻게 그의 나라
가 서 있겠느냐? 27 만약 내가 바알세불에
힘입어 귀신들을 내쫓으면 너희 아들들은
누구에 힘입어서 (귀신들을) 내쫓느냐? 이
러므로 바로 그들이 너희의 재판관이 될 것
이다. 28 그러나 내가 하나님의 영에 힘입어
서 귀신들을 내쫓으면 하나님의 나라가 이
미 너희 위에 와 있다. 29 힘센 사람을 먼저
묶어 놓지 않으면 누가 어떻게 그 힘센 사
람의 집에 들어가서 그의 살림살이를 빼앗
을 수 있겠느냐? 그렇게 (한) 다음에 그의
집을 털어 갈 것이다. 30 나와 함께 있지 않
는 사람은 내게 맞서는 것이고 나와 함께
모으지 않는 사람은 흩는 것이다.
118 III요 (197) 31 이러므로 내가 너희에게 말하는데, 사람
들이 모든 죄와 모독은 용서받겠지만, 성령
에 (대한) 모독을 용서받지 못할 것이다. 32 인
자에게 맞서 말하는 사람은 누구든지 용서
받겠지만 성령에게 맞서 말하는 사람은 누
구든지 이 세상에서도, 오는 세상에서도 용
(82) 서받지 못할 것이다. 33 나무도 좋고 그 열
매도 좋다고 하든지 나무도 나쁘고 그 열매
도 나쁘다고 하여라. 나무는 열매로 알려지
기 때문이다. 34 독뱀 새끼들아! 너희가 악
한데 어떻게 선한 것들을 말할 수 있느냐?
마음에 가득한 것을 입이 말하기 때문이다.
35 선한 사람은 선한 창고에서 선한 것들을
내보내고 악한 사람은 악한 창고에서 악한
것들을 내보낸다. 36 내가 너희에게 말하는
데, 사람들이 지껄이는 허튼 소리마다 심판
의 날에 그것에 대하여 해명해야 할 것이
다. 37 네 말로 의롭다고 인정되고 네 말로
의롭지 않다고 인정될 것이기 때문이다."
119 III요 (191, 154) 38 그때 어떤 율법학자들과 바리새인들이 그
에게 대답하였다. "선생님, 당신에게서 표적
을 보고 싶습니다." 39 예수께서 그들에게 대
답하셨다. "악하고 음란한 세대가 표적을 찾
고 있지만 선지자 요나의 표적 말고는 이
(세대에게) 표적이 주어지지 않을 것이다.
40 요나가 사흘 낮, 사흘 밤을 큰 물고기 뱃
속에 있었던 것처럼 인자도 이렇게 사흘
낮, 사흘 밤을 땅 속에 있을 것이다. 41 심판
때에 니느웨 사람들이 이 세대와 함께 일어
나서 이 세대를 심판할 것이다. 그들이 요
나의 선포에 회개하였기 때문이다. 보아라,
요나보다 더 큰 것이 여기 있다. 42 심판 때
에 남쪽 여왕이 이 세대와 함께 일어나서
이 세대를 심판할 것이다. 그녀가 솔로몬의

지혜를 들으려고 땅 끝으로부터 왔기 때문
이다. 보아라, 솔로몬보다 더 큰 것이 여기
있다.
120 [43] 더러운 영이 사람에게서 나와서 물 없는
II눅 (189) 곳을 돌아다니며 쉼터를 찾다가 찾지 못하
게 되자 [44] 그때 '내가 나온 내 집으로 돌아
가야겠다' 라고 말하며 갔는데 그 집이 비어
있으며 치워지고 잘 꾸며져 있는 것을 발견
한다. [45] 그때, 그것이 가서 자기보다 더 악
한 다른 영 일곱을 자신과 함께 데리고 들
어가서 거기 자리를 잡는다. 그래서 그 사
람의 마지막이 처음보다 더 나쁘게 된다.
이 악한 세대도 이러할 것이다."
121 [46] 그가 무리에게 아직 말씀하고 계실 때에,
III요 (135) 보라, 그의 어머니와 형제들이 그에게 말을
건네려고 밖에 서서 찾고 있었다. [47] [누가
그에게 말하였다. "보십시오, 당신의 어머니
와 당신의 형제들이 당신에게 말을 건네려
고 밖에 서서 찾고 있습니다."] [48] 예수께서
자기에게 말한 사람에게 대답하셨다. "누가
내 어머니며 누가 내 형제들이냐?" [49] 그리
고는 자기 손을 자기 제자들 위로 내뻗으시
며 말씀하셨다. "보아라, 내 어머니와 내 형
제들이다. [50] 누구든지 하늘에 계신 내 아버
지의 뜻대로 하는 사람, 그 사람이 내 형제
요 자매요 어머니이기 때문이다."

122 III요

13

[1] 그 날 예수께서 집에서 나가
서 바닷가에 앉으셨다. [2] 많은
무리들이 그에게로 모여들어서
그는 배에 올라가 앉으셨고 무리는 모두 해
변에 서 있었다. [3] (예수께서) 그들에게 많
은 것을 비유로 말씀하셨다. "보아라, 씨 뿌
리는 사람이 씨를 뿌리려고 나갔다. [4] 그가
씨를 뿌릴 때 어떤 것들은 길가에 떨어졌는
데, 새들이 와서 그것들을 삼켜 버렸다. [5] 다
른 것들은 흙이 많지 않은 돌밭에 떨어졌는
데 흙이 깊지 않아서 곧 싹이 텄지만 [6] 해가
돋자 시들고 뿌리가 없어서 말라죽었다. [7] 다
른 것들은 가시덤불에 떨어졌는데, 가시덤
불이 자라서 그것들의 (성장을) 막았다. [8] 다
른 것들은 좋은 땅에 떨어져서 열매를 맺었
는데 어떤 것은 백, 어떤 것은 육십, 어떤
것은 삼십이 (되었다.)
[9] [T] 귀 있는 사람은 들어라."
[10] 제자들이 그에게 다가와서 말하였다. "왜
123 III요 그들에게 비유로 말씀하십니까?" [11] 예수께
서 그들에게 대답하셨다. "하늘나라의 비밀
들을 아는 것이 너희에게는 주어져 있지만
(125) 저희에게는 주어져 있지 않기 때문이다. [12] 또,
가진 사람, 그에게는 주어져서 넘치게 되겠
지만, 가지지 못한 사람은 그가 가지고 있
는 것도 자기에게서 빼앗기겠기 때문이다.
[13] 그래서 그들에게 비유로 말한다. 그들은
보면서도 보지 못하고 들으면서도 듣지 못
하고 깨닫지도 못하기 때문이다. [14] 이사야
의 예언이 그들에게 이루어지고 있다. 그가
말하였다. '너희가 듣기는 들어도 결코 깨닫
지 못하고 보기는 보아도 결코 보지 못할
것이다. [15] 이 백성의 마음이 무디어져서 귀
로는 거의 듣지 못하며, 그들의 눈을 감아
버렸기 때문이다. 이는 그들이 눈으로는 보
지 못하고 귀로는 듣지 못하고 마음으로는
깨닫지 못하여 돌아오지 못하게 하고, 내가
(181) 그들을 고치지 못하게 하려는 것이다.' [16] 그
러나 너희 눈은 보니까, 또 너희 귀는 들으
니까 복이 있다. [17] 참으로 내가 너희에게
말하는데, 많은 선지자들과 의인들이 너희
가 보고 있는 것들을 보고 싶어했지만 보지

9 [T] 들을

못하였고 너희가 듣고 있는 것들을 듣고
(싫어했지만) 듣지 못하였기 때문이다.
124 [18]그러므로 너희는 씨 뿌리는 사람의 비유
III요 를 들어라. [19]누구나 그 나라의 말씀을 듣
고 깨닫지 못하면 악한 자가 와서 그의 마
음에 뿌려진 것을 앗아가 버린다. 이런 사
람이 길가에 씨가 뿌려진 사람이다. [20]돌밭
에 씨가 뿌려진 사람이란 이런 사람, 곧 말
씀을 들으면서 기쁨으로 얼른 그것을 받는
사람이다. [21]그러나 그는 자신 안에 뿌리가
없어서 잠시 그러다가 말씀 때문에 어려움
이나 박해가 일어나면 곧바로 넘어져 버린
다. [22]가시덤불에 씨가 뿌려진 사람이란 이
런 사람, 곧 말씀을 듣지만 세상살이 걱정
과 재물의 유혹이 말씀을 막아서 열매를 맺
지 못하게 되는 사람이다. [23]좋은 땅에 씨
가 뿌려진 사람이란 이런 사람, 곧 말씀을
들으면서 이해하는 사람이다. 그는 정말로
열매를 맺는데 어떤 씨는 백, 어떤 씨는 육
십, 어떤 씨는 삼십을 맺는다."
127 [24](예수께서) 다른 비유를 들어서 그들에게
I 말씀하셨다. "하늘나라는 자기 밭에 좋은 씨
를 뿌린 사람과 같다. [25]사람들이 잘 때에
그의 원수가 와서 밀 가운데 독보리를 덧뿌
리고 가버렸다. [26]싹이 트고 이삭이 팰 때
독보리들이 보여서 [27]그 주인의 종들이 주
인에게 가서 말하였다. '주인님, 당신의 밭
에 좋은 씨를 뿌리지 않았습니까? 그러면
독보리들이 어디서 왔습니까?' [28]주인이 그
들에게 말하였다. '원수진 사람이 이렇게 하
였구나.' 종들이 그에게 말하였다. '그러면
저희가 가서 그것들을 뽑아낼까요?' [29]주인
이 말하였다. '아니다. 독보리를 뽑아내다가
그것들과 함께 밀을 뽑을지도 모른다. [30]밭
걷이 때까지 둘이 함께 자라도록 놓아두어
라. 밭걷이 때 내가 일꾼들에게 말할 것이
다. '독보리를 태우도록 그것들을 먼저 모아
서 단으로 묶고 곡식은 내 곳간에 거두어
들여라.' "
128 [31](예수께서) 다른 비유를 들어서 그들에게
III요 말씀하셨다. "하늘나라는 어떤 사람이 가져
(209) 다가 자기 밭에 뿌린 겨자씨와 같다. [32]그
것은 모든 씨들보다 더 작지만 자랐을 때에
는 채소들보다 더 크고 나무가 되어 하늘의
새들이 와서 그 가지에 깃들인다."
129 [33](예수께서) 그들에게 다른 비유를 말씀하
II누 셨다. "하늘나라는 어떤 여자가 가져다가 밀
(210) 가루 서 ※말에 섞어 넣어서 전체를 발효시
킨 효모와 같다."
130 [34]예수께서 무리들에게 이 모두를 비유로
II막 말씀하셨고 비유가 아니고는 그들에게 아무
것도 말씀하지 않으셨다. [35]이는 「선지자를
통하여 "비유로 내 입을 열어서 [세상이] 만
들어진 때부터 숨겨져 있는 것들을 드러낼
것이다" 라고 말씀하신 것이 이루어지게 하
기 위함이었다.
131 [36]그때 (예수께서) 무리들을 놓아두시고 집
I 으로 들어가셨는데, 그의 제자들이 그에게
다가와서 말하였다. "밭의 독보리 비유를 저
희에게 설명해 주십시오." [37]예수께서 그들
에게 대답하셨다. "좋은 씨를 뿌리는 사람은
인자고 [38]밭은 세상이고 좋은 씨, 이것들은
그 나라의 아들들이고 독보리는 악한 자의
아들들이고 [39]그것들을 뿌린 원수는 마귀이
고 밭걷이는 세상의 끝이고 일꾼들은 천사
들이다. [40]독보리를 거두어 불에 태우듯이
세상의 마지막에 이러할 것이다. [41]인자가
자기 천사들을 보내어 모든 넘어지게 하는

33 ※헬, 사토(부피 단위)
35 「선지자 이사야를

것들과 불법을 저지르는 사람들을 자기 나
라에서 모아서 [42]그들을 불 아궁이에 던져
넣을 것이다. 거기에서 울음과 이를 갊이
있을 것이다. [43]그때 의로운 사람들은 그들
의 아버지의 나라에서 해처럼 빛날 것이다.
⸆ 귀 있는 사람은 들어라.
132 [44]하늘나라는 밭에 숨겨져 있는 보물과 같
I 다. 어떤 사람이 그것을 발견하자 숨겨 두
고 기뻐하며 가서 자기가 가지고 있는 것들
을 전부 팔아 그 밭을 산다. [45]또 하늘나라
는 좋은 진주를 찾아다니는 상인 한 사람과
같다. [46]값진 진주 하나를 찾게 되자 가서
자기가 가진 것들을 전부 팔아서 그것을 샀
다.
133 [47]또 하늘나라는 바다에 던져져서 온갖 종
I 류의 (고기를) 모으는 그물과 같다. [48]그물
이 채워지면 사람들이 (그것을) 바닷가로
끌어 올리고 앉아서 좋은 것들은 동이에 모
으고 나쁜 것들은 밖에 던져 버린다. [49]세
상의 마지막에 이러할 것이다. 천사들이 나
와서 의로운 사람들 가운데서 악한 사람들
을 추려서 [50]그들을 불 아궁이에 던져 넣을
것이다. 거기에서 울음과 이를 갊이 있을
것이다.
134 [51]이 모든 것들을 깨달았느냐?" 그들이 그
I 에게 "예"라고 말하였다. [52]예수께서 그들
에게 말씀하셨다. "이러므로 하늘나라를 위
해 제자가 된 율법학자는 모두 자기 곳간에
서 햇것과 묵은 것을 꺼내는 집주인 한 사
람과 같다."
139 [53]예수께서 이 비유들을 마치신 후에 그곳
III요 을 떠나셨다. [54](예수께서) 자기 고향에 가
(33) 서 그들의 회당에서 사람들을 가르치시자
그들이 놀라서 말하였다. "이 지혜와 능력이
어디에서 이 사람에게 (났을까?) [55]이 사람
은 목수의 아들이 아니냐? 그의 어머니는
마리아, 그의 형제들은 야고보, ⸢요셉, 시몬,
유다라고 하지 않느냐? [56]또 그의 자매들이
모두 우리 곁에 있지 않느냐? 그러면 어디
에서 이 모든 것이 이 사람에게 났을까?"
[57]그러면서 그들은 ※그를 못마땅해 하였다⸌.
예수께서 그들에게 말씀하셨다. "선지자가
고향과 자기 집 밖에서는 존경을 받지 못한
적이 없다." [58]그들이 믿지 않는 까닭에 (예
수께서는) 그곳에서 많은 기적을 일으키지
않으셨다.

143 **14** [1]그 무렵에 사분왕 헤롯이 예
III요 수의 소문을 듣고 [2]자기 신하
들에게 말하였다. "이 사람은
세례자 요한이다. 바로 그가 죽은 사람들로
부터 살아났고, 이 때문에 그 안에 능력들
이 활동하고 있다."
144 [3]헤롯이 자기 ⸢동생 빌립의⸌ 아내 헤로디
III요 아 때문에 요한을 붙잡고 [그를] 묶어서 감
(17) 옥에 가두었다. [4]"당신이 그 여자와 사는
것은 정당하지 않다"라고 요한이 그에게 말
한 까닭이었다. [5](헤롯이) 그를 죽이고 싶
어하나 무리를 무서워하였다. 왜냐하면 그
들은 (요한을) 선지자로 여겼기 때문이다.
[6]그런데 헤롯의 생일이 되었을 때 헤로디아
의 딸이 (잔치 자리) 가운데서 춤을 추어
헤롯을 기쁘게 하였다. [7]그래서 (헤롯은)
달라고 하는 것은 무엇이나 주겠다고 그 아
이에게 맹세하고 또 맹세하였다. [8](소녀는)
자기 어머니가 시키는 대로 말하였다. "세례

43 ⸆ 들을

55 ⸢요세 또는 요한
57 ※그에게 걸려 넘어졌다.
14:3 ⸢동생이

자 요한의 머리를 쟁반에 (얹어서) 여기서
제게 주십시오." [9]왕은 슬퍼하였지만 맹세
와 자리에 함께 앉아 있던 사람들 때문에
주라고 명령하였고 [10](사람을) 보내서 감옥
에서 요한의 목을 잘랐다. [11]그의 머리가
쟁반에 (얹혀) 날라져서 소녀에게 주어지자,
그 (소녀)는 자기 어머니에게 가져갔다. [12]그
의 제자들이 와서 시체를 가져다가 장사지
내고 예수께 가서 알렸다.
146 IV [13]예수께서 들으시고 배를 (타고) 그곳을
떠나서 따로 빈 들판으로 가셨는데, 무리들
이 여러 성들로부터 육지로 그를 따라갔다.
[14](예수께서) 나와서 많은 무리를 보시고
그들을 가엾이 여기시며 (그들 가운데) 있
는 아픈 사람들을 고쳐주셨다. [15]저녁이 되
자 제자들이 그에게 다가와서 말하였다. "장
소도 외지고 시간도 벌써 지났습니다. 마을
로 가서 자신들을 위해 음식을 사도록 무리
들을 흩어지게 하십시오." [16]그러자 [예수께
서] 그들에게 말씀하셨다. "그들이 갈 필요
는 없다. 너희가 그들에게 먹을 것을 주어
라." [17]제자들이 그에게 말하였다. "저희는
여기 빵 다섯 개와 물고기 두 마리밖에 없
습니다." [18](예수께서) "그것들을 여기 내게
로 가져오라" 하고 말씀하셨고 [19]무리들에게
풀 위에 앉으라고 지시하셨다. (예수께서)
빵 다섯 개와 물고기 두 마리를 가지고 하
늘을 우러러보며 감사하셨고 빵을 떼어 제
자들에게 주셨으며, 제자들은 무리들에게
주었다. [20]모든 사람이 먹고 배부르게 되었
고 남은 부스러기를 열 두 바구니 가득 모
았다. [21]먹은 사람들은 여자들과 아이들을
빼고도 남자들이 오천 명 가량이었다.
147 III눅 [22]그는 제자들이 배에 올라 자기보다 앞서
건너편으로 가도록 바로 재촉하셨고 자신은
그동안 무리들을 흩으셨다. [23]무리들을 흩
으시고 나서 그는 기도하러 따로 산으로 올
라가셨고 저녁이 된 후에도 그곳에 혼자 계
셨다. [24]배는 이미 땅으로부터 몇 ※리를 떨
어져 있었고 바람이 마주 불어와서 파도에
시달리고 있었다. [25](예수께서) 밤 사경에
바다 위를 걸어서 그들에게 오셨다. [26]제자
들은 그가 바다 위를 걸으시는 것을 보고
놀라서 유령이라고 말하며 겁에 질려 소리
를 질렀다. [27][예수께서] 곧바로 그들에게
이야기하셨다. "안심하여라. 나다. 무서워하
지 마라." [28]베드로가 그에게 대답하였다.
"주님! 당신이시면 제가 물 위를 (걸어서)
당신에게 가도록 명령해 주십시오." [29]예수
께서 말씀하셨다. "오너라." 그러자 베드로
가 배에서 내려 물 위를 걸어서 예수께로
갔다. [30]그러나 그는 ○거센 바람을 보며 무
서워했고 가라앉기 시작하며 소리질렀다.
"주님, 저를 건져 주십시오." [31]예수께서 얼
른 손을 뻗어서 그를 붙잡으시며 그에게 말
씀하셨다. "믿음이 작은 사람아! 왜 의심하
였느냐?" [32]그들이 배에 오르자 바람이 그
쳤다. [33]배에 있던 사람들이 그에게 절하며
말하였다. "당신은 참으로 하나님의 아들이
십니다."
148 III눅 [34]그들은 바다를 건너 게네사렛 땅으로 갔
다. [35]그곳 사람들이 그를 알아보고 그 주
변 지방 전역으로 사람을 보내어 아픈 사람
들을 모두 그에게 데리고 왔다. [36]그들은
그의 옷 가장자리를 만지게만 해주시도록
그에게 빌었는데, 만진 사람은 완전히 낫게
되었다.

24 ※스타디온을

150 III요 (194)

15

[1] 그때 바리새인들과 율법학자
들이 예루살렘으로부터 예수께
와서 말하였다. [2] "왜 당신의
제자들이 장로들의 전통을 어깁니까? 빵을
먹을 때 [그들의] 손을 씻지 않기 때문입니
다." [3] 예수께서 그들에게 대답하셨다. "왜
너희는 너희 전통 때문에 하나님의 계명을
어기느냐? [4] 하나님께서 '아버지와 어머니를
공경하여라' 또 '아버지나 어머니를 욕하는
사람은 꼭 죽여라' 라고 말씀하셨는데도 [5] 너
희는 말하기를 '누구든지 아버지나 어머니에
게 제게 받으셔야 할 것이 헌물입니다' 라고
말하면, [6] 그는 자기 「아버지를 아예 공경하
지 않아도 된다' 라고 함으로써 너희 전통
때문에 하나님의「말씀을 쓸모없게 만들기
때문이다. [7] 위선자들아, 이사야가 너희를 두
고 잘 예언하였다. [8] '이 백성이 입술로는 나
를 공경하지만 그들의 마음은 내게서 멀어
져 있다. [9] 그들은 사람들의 규칙을 교훈으
로 가르치면서 나에게 헛되이 예배한다.' "
[10] (예수께서) 무리를 가까이 불러서 그들에
게 말씀하셨다. "듣고 깨달아라. [11] 입으로
들어가는 것이 사람을 더럽히지 않고 오히
려 입에서 나오는 것, 이것이 사람을 더럽
힌다." [12] 그때 제자들이 그에게 다가와서 말
하였다. "바리새인들이 말씀을 듣고 기분이
상했다는 것을 아십니까?" [13] 예수께서 대답
하셨다. "하늘에 (계신) 내 아버지께서 심지
않으신 식물은 모두 뽑힐 것이다. [14] 그들을
놓아 두어라. ※[소경을] 안내하는 소경들이
다. 소경이 소경을 안내하면 둘 다 구덩이
에 빠진다." [15] 베드로가 그에게 대답하였다.
"[이] 비유를 저희에게 설명해 주십시오."
[16] 예수께서 말씀하셨다. "너희도 여태 깨닫
지 못하느냐? [17] 입으로 들어가는 것은 모두
뱃속으로 내려가서 뒷간에 버려지는 것을
알지 못하느냐? [18] 그러나 입에서 나오는 것
들은 마음으로부터 나오는데 그것들이 사람
을 더럽힌다. [19] 마음에서는 악한 생각, 살
인, 간음, 음행, 도둑질, 위증, 모독이 나오
기 때문이다. [20] 이것들이 사람을 더럽히는
것이지 씻지 않은 손으로 먹는 것이 사람을
더럽히지는 못한다."

151 II막
[21] 예수께서 그곳에서 나와서 두로와 시돈
지방으로 떠나셨는데, [22] 보라, 한 가나안 여
자가 그 지역에서 나와서 소리지르며 말하
였다. "저를 불쌍히 여겨 주십시오, 주님!
다윗의 아들이시여! 제 딸이 심하게 귀신들
렸습니다." [23] 그러나 예수께서는 그 여자에
게 한 마디도 대답하지 않으셨다. 그의 제
자들이 다가와서 그에게 간청하였다. "그 여
자를 돌려보내십시오. 저희 뒤에서 소리 지
르고 있습니다." [24] 예수께서 대답하셨다. "나
는 이스라엘 집의 잃어버린 양들 말고는
(아무에게도) 보냄을 받지 않았다." [25] 그러
나 그 여자가 와서 그에게 절하며 말하였
다. "주님, 저를 도와주십시오." [26] 예수께서
대답하셨다. "자녀의 빵을 집어서 개들에게
던져 주는 것은 좋지 않다." [27] 그러자 그
여자가 말하였다. "옳습니다. 주님, 개들도
제 주인의 상에서 떨어지는 부스러기를 먹
기 때문입니다." [28] 그때 예수께서 그 여자에
게 대답하셨다. "오! 여자여! 네 믿음이 크
구나. 바라는 대로 네게 이루어져라." 그러
자 그 여자의 딸이 그 시각부터 나았다.

152 II막
[29] 예수께서 그곳에서 내려가서 갈릴리 바닷
가로 가셨고 산에 올라가서 거기 앉으셨다.

6 「아버지와 어머니를
「계명을, 또는 율법을
14 ※그들은 눈먼 안내인들이다.

30 많은 무리들이 그에게 오면서 저는 사람
들, 눈먼 사람들, 걷지 못하는 사람들, 말
못하는 사람들과 다른 많은 사람들을 함께
데리고 와서 그의 발 곁에 내려놓자 (예수
께서) 그들을 고쳐주셨다. 31 무리는 벙어리
들이 말하고 절던 사람들이 성하게 되고 걷
지 못하던 사람들이 걸어 다니고 눈먼 사람
들이 보는 것을 보면서 놀라며 이스라엘의
하나님께 영광을 돌렸다.
153 32 예수께서 자기 제자들을 부르셔서 말씀하
II막 셨다. "내가 무리를 가엾이 여긴다. 그들이
이미 사흘을 내 곁에 머물러 있어서 먹을
것이 없기 때문이다. 그들을 굶은 채로 흩
어 보내고 싶지 않다. 그렇게 하면 길에서
쓰러질지도 모른다." 33 제자들이 그에게 말
하였다. "황야 어디에서 우리가 이 많은 무
리를 배부르게 할 만큼 많은 빵을 (구하겠
습니까)?" 34 예수께서 그들에게 말씀하셨다.
"빵이 얼마나 있느냐?" 그들이 말하였다. "일
곱 개입니다. 또 생선이 조금 (있습니다.)"
35 (예수께서) 무리에게 땅에 앉도록 지시하
시고 36 빵 일곱 개와 생선을 들고 감사하신
후에 떼어서 제자들에게 주셨고, 제자들이
무리들에게 주었다. 37 모두가 먹고 배부르
게 되었으며 남은 부스러기를 일곱 광주리
가득 주웠는데, 38 먹은 사람들은 여자들과
아이들을 빼고도 남자들이 사천 명이었다.
39 (예수께서) 무리들을 흩으시고 배를 타고
「마가단 지방으로 가셨다.

154 16 1 바리새인들과 사두개인들이
III요 다가와서 그를 시험하며 하늘
(119) 로부터 (오는) 표적을 자신들
(205) 에게 보여 달라고 요청하였다. 2 예수께서
II눅

39 「막달라

그들에게 대답하셨다. ["저녁이 되면 '하늘이
불그스레하니 날이 좋겠다' 라고 너희는 말
하고 3 아침에는 '하늘이 불그스레하고 흐리
니 오늘은 날이 궂겠다' 라고 (말한다.) 너희
가 하늘의 모습은 분간할 줄 알면서 시대의
표적은 (분간할) 수 없느냐?] 4 악하고 음란
한 세대가 표적을 찾고 있지만 요나의 표적
말고는 이 (세대에게) 표적이 주어지지 않
을 것이다." (예수께서) 그들을 남겨두고 가
버리셨다.
155 5 제자들이 건너편으로 가면서 빵을 가져가
III요 는 것을 잊었는데, 6 예수께서 그들에게 말
(195) 씀하셨다. "바리새인들과 사두개인들의 효모
를 살펴보고 주의하여라." 7 제자들이 자기
들끼리 수군거리며 "우리가 빵을 가져오지
않았다"고 말하였다. 8 예수께서 아시고 말
씀하셨다. "왜 너희가 빵이 없다고 너희끼리
수군거리느냐? 믿음이 작은 사람들아! 9 여
태 알아채지 못하고 오천 명이 (먹은) 빵
다섯 개를 기억하지도 못하느냐? 그러고도
몇 바구니를 거두었느냐? 10 또 사천 명이
(먹은) 빵 일곱 개를 (기억하지) 못하느냐?
그러고도 너희가 몇 광주리를 거두었느냐?
11 빵을 두고 너희에게 말하지 않았다는 것
을 어떻게 너희가 알아채지 못하느냐? 너희
는 바리새인들과 사두개인들의 효모를 주의
하여라." 12 그제야 그들은 (예수께서) 빵의
효모가 아니라 바리새인들과 사두개인들의
가르침을 조심하라고 말씀하셨다는 것을 깨
달았다.
158 13 예수께서 빌립보의 가이사랴 지방에 가셨
IV 을 때 자기 제자들에게 물어보셨다. "사람들
이 인자를 누구라고 하느냐?" 14 그들이 말
하였다. "어떤 사람들은 세례자 요한, 다른
사람들은 엘리야, 또 다른 사람들은 예레미

야나 선지자들 가운데 한 분이라고 (합니
다.)" 15 그가 그들에게 말씀하셨다. "그러면
너희는 나를 누구라고 하느냐?" 16 시몬 베
드로가 대답하였다. "당신은 그리스도시며
살아 계신 하나님의 아들이십니다." 17 예수
께서 그에게 대답하셨다. "너는 복이 있다.
시몬 바요나야! 살과 피가 아니라 하늘에
계신 내 아버지께서 (이것을) 네게 드러내
주셨기 때문이다. 18 나도 네게 말하는데, 너
는 베드로다. 이 바위 위에 내 교회를 세울
텐데 지옥의 문들이 그것을 이기지 못할 것
이다. 19 네게 하늘나라의 열쇠들을 주겠다.
네가 땅 위에서 묶는 것은 무엇이든지 하늘
에서 묶여 있을 것이고 네가 땅 위에서 푸
는 것은 무엇이든지 하늘에서 풀려 있을 것
이다." 20 그때 그는 자신이 ⊤ 그리스도이심
을 아무에게도 말하지 말도록 제자들에게
당부하셨다.

159 III요 21 그때부터 ⌜예수께서 자기가 예루살렘으로
가야 하고 장로들과 대제사장들과 율법학자
들에게 고통을 많이 받아야 하며 죽임을 당
하고 셋째 날에 살아나야 할 것을 자기 제
자들에게 밝히기 시작하셨다. 22 그러자 베
드로가 그를 붙들고 그를 꾸짖기 시작하며
말하였다. "주님, 그럴 수는 없습니다. 이
일이 절대로 당신에게 일어나지 않을 것입
니다." 23 예수께서 돌아서서 베드로에게 말
씀하셨다. "내 뒤로 물러 가라! 사탄아! 너
는 내 걸림돌이다. 네가 하나님의 일들을
생각하지 않고 사람의 일들을 (생각하기)
때문이다."

160 IV 24 그때 예수께서 자기 제자들에게 말씀하셨
다. "누가 내 뒤를 따라오고 싶어하거든 자
기를 부정하고 자기 십자가를 지고 나를 따
라라. 25 누구든지 자기 목숨을 건지고 싶어
하는 사람은 그것을 잃을 것이고, 누구든지
나 때문에 자기 목숨을 잃는 사람은 그것을
찾게 될 것이기 때문이다. 26 사람이 온 세
상을 얻고 자기 목숨을 해치면 득 될 것이
무엇이냐? 사람이 자기 목숨의 대가로 무엇
을 주겠느냐? 27 인자가 자기 아버지의 영광
속에 자기 천사들과 함께 올 텐데 그때 그
는 각 사람에게 그 행위대로 갚아줄 것이
다. 28 참으로 내가 너희에게 말하는데, 여기
서 있는 사람들 가운데 인자가 자기 나라에
오는 것을 보기까지 결코 죽음을 맛보지 않
을 사람들이 있다."

161 III요 **17** 1 엿새 후에 예수께서 베드로
와 야고보와 그의 형제 요한을
데리시고 따로 한 높은 산으로
오르셨는데 2 그들 앞에서 모습이 바뀌셨고,
그의 얼굴은 해처럼 빛났으며 그의 옷은 빛
처럼 하얘졌다. 3 그리고, 보라, 모세와 엘리
야가 그와 함께 이야기하고 있는 것이 그들
에게 보였다. 4 베드로가 예수께 대답하였다.
"주님, 저희는 여기 있는 것이 좋습니다. 당
신이 원하시면 제가 여기에 초막 셋을 짓겠
습니다. 당신을 위해서 하나, 모세를 위해서
하나, 그리고 엘리야를 위해서 하나(입니
다.)" 5 그가 아직 말하고 있을 때에, 보라,
빛나는 구름이 그들을 뒤덮었고, 보라, 구름
속에서 소리가 있었다. "이 사람은 사랑하는
내 아들이다. 내가 그를 기뻐하였다. 너희는
그의 (말을) 들어라." 6 제자들이 듣고 그들
의 얼굴이 땅에 닿게 엎드려 무척 무서워하
였다. 7 예수께서 다가와서 그들을 만지시며
말씀하셨다. "일어나라. 무서워하지 마라."
8 그들이 그들의 눈을 들었지만 바로 그 예

20 ⊤예수
21 ⌜예수 그리스도께서

수 혼자밖에는 아무도 보지 못하였다. [9]그
들이 산에서 내려올 때에 예수께서 그들에
게 당부하셨다. "인자가 죽은 사람들 가운데
서 살아날 때까지는 그 광경을 아무에게도
말하지 마라."
162 II막 [10]제자들이 그에게 물었다. "그러면 왜 율법
학자들이 엘리야가 먼저 와야 한다고 말합
니까?" [11]예수께서 대답하셨다. "정말로 엘
리야가 와서 모든 것을 회복할 것이다. [12]내
가 너희에게 말하는데, 엘리야가 벌써 왔지
만 사람들이 그를 알아보지 못하고 오히려
그들이 원한 것들을 그에게 하였다. 이렇게
인자도 그들에게 고통을 당할 것이다." [13]그
때 제자들은 그가 세례자 요한을 두고 자기
들에게 말씀하셨다는 것을 깨달았다.
163 III요 [14]그들이 무리에게 오자 한 사람이 (예수
께) 다가와서 그에게 무릎을 꿇고 [15]말하였
다. "주님! 제 아들을 불쌍히 여겨 주십시
오. 그가 간질에 걸려 무척 고통을 당하고
있습니다. 그는 자주 불에 엎어지고 자주
물에 (빠지곤) 하기 때문입니다. [16]그를 당
신의 제자들에게 데려 왔지만 그들은 그를
고칠 수 없었습니다." [17]예수께서 대답하셨
다. "오, 믿지 못하고 뒤틀린 세대여! 내가
언제까지 너희와 함께 있겠느냐? 내가 언제
까지 너희에게 참겠느냐? 그를 여기 내게
데려오너라." [18]예수께서 그를 꾸짖으시자
그에게서 귀신이 나가고 그 아이가 그 시각
(231) 부터 나았다. [19]그때 제자들이 따로 예수께
다가와서 말하였다. "왜 저희는 그것을 내쫓
을 수 없었습니까?" [20]예수께서 그들에게
말씀하셨다. "너희의 ⌜작은 믿음⌟ 때문이다.
참으로 내가 너희에게 말하는데, 너희가 겨
자씨 같은 믿음이 있으면 이 산더러 '여기서
저기로 옮겨져라' 라고 말할 것이고 그것이
옮겨질 것이다. 그리고 아무 것도 너희에게
불가능하지 않을 것이다. [21]⊤ "
164 III요 [22]그들이 갈릴리에 ⌜모였을 때에 예수께서
그들에게 말씀하셨다. "인자가 사람들의 손
에 넘겨질 것이다. [23]그들은 그를 죽이겠지
만, 그는 셋째 날에 살아날 것이다." 그러자
그들이 무척 슬퍼하였다.
165 I [24]그들이 가버나움에 들어가자 (성전세로)
두 드라크마를 거두는 사람들이 베드로에게
다가와서 말하였다. "당신네 선생은 두 드라
크마를 내시지 않느냐?" [25]그가 "※내신다"
라고 말하고 집으로 들어가자 예수께서 그
에게 먼저 말씀하셨다. "시몬아, 너는 어떻
게 생각하느냐? 땅의 임금들이 누구에게 관
세와 주민세를 받느냐? 자기 아들들이냐 아
니면 남들이냐?" [26]⌜그가 말하였다. "남들입
니다." 예수께서 그에게 말씀하셨다. "그렇
다면 아들들은 내지 않아도 되는구나. [27]그
러나 우리가 그들을 넘어지게 하면 안 되니
까 너는 바다로 가서 낚시를 던져라. 먼저
올라오는 고기를 잡아서 그 입을 벌리면 네
가 ※은전을 발견할 것이다. 그것을 가져다
가 나와 너의 몫으로 그들에게 주어라."

166 III요 **18**

[1]그 시각에 제자들이 예수께
다가와서 말하였다. "하늘나라
에서는 대체 누가 더 큽니까?"
[2]그는 한 어린아이를 불러다가 그를 그들
가운데 세우시고 [3]말씀하셨다. "참으로 내

20 ⌜불신앙

21 ⊤그러나 이런 종류는 기도와 금식이 아니면 나가지 않는다.

22 ※머물고 있을

25 ※예

26 ⌜베드로가

27 ※스타테라를

가 너희에게 말하는데, 너희가 돌이켜서 어
린아이들처럼 되지 않으면 결코 하늘나라에
들어가지 못할 것이다. 4 그러므로 누구든지
자신을 이 어린아이처럼 낮추는 사람, 이
사람이 하늘나라에서 더 큰 사람이다. 5 또
누구든지 내 이름으로 이런 어린아이 하나
를 맞아들이는 사람은 나를 맞아들이는 것
이다.

168 III요 (229) 6 그러나 나를 믿는 이 작은 사람들 가운데
서 하나를 넘어지게 하는 사람은 누구든지
자기 목에 연자매가 걸린 채 바다 깊은 곳
에 빠뜨려지는 것이 자기에게 낫다. 7 넘어
지게 하는 일들 때문에 세상에는 화가 있
다. 넘어지게 하는 일들은 일어나기 마련이
지만 넘어지게 하는 일을 일어나게 하는 그
사람에게는 화가 있다. 8 만약 네 손이나 네
발이 너를 넘어지게 하면 그것을 네게서 잘
라서 내버려라. 장애인이나 절름발이로 생
명에 들어가는 것이 두 손과 두 발을 가진
채 영원한 불에 던져지는 것보다 네게는 좋
다. 9 만약 네 눈이 너를 넘어지게 하면 그
것을 네게서 뽑아서 내버려라. 외눈박이로
생명에 들어가는 것이 두 눈을 가진 채 불
지옥에 던져지는 것보다 네게는 좋다.

169 II눅 10 이 작은 사람들 가운데 하나를 업신여기
지 않도록 조심하여라. 내가 너희에게 말하
는데, 하늘에서 그들의 천사들이 하늘에 계
신 내 아버지의 얼굴을 늘 뵙고 있기 때문
(219) 이다. 11 ⊤ 12 너희는 어떻게 생각하느냐? 어
떤 사람에게 양 백 마리가 있는데 그 중에
서 한 마리가 길을 잃으면 아흔아홉 마리를
산에 두고 가서 그 길 잃은 양을 찾지 않겠
느냐? 13 참으로 내가 너희에게 말하는데, 그
양을 찾게 되면, 길을 잃지 않은 아흔아홉
마리보다 그 양 때문에 더 기뻐할 것이다.
14 이와 같이 이 작은 사람들 가운데서 하나
(230) 가 망하는 것은 하늘에 계신 「너희 아버지
의 뜻이 아니다. 15 네 형제가 ○네게 죄를
지으면 가서 너와 ※그 사람만 있을 때ˋ 그
를 깨우쳐 주어라. 그가 네 (말을) 들으면
네가 네 형제를 얻은 것이다. 16 그러나 듣
지 않으면 너와 함께, 한 두 사람을 더 데
리고 가서 두 세 증인들의 입으로 모든 말
을 확인하여라. 17 그들의 (말도) 듣지 않으
면 교회에 말하고 교회의 (말도) 듣지 않으
면 ※너는 그를 이방인이나 세리처럼 대하
여라.ˋ 18 참으로 내가 너희에게 말하는데, 너
희가 땅 위에서 묶는 것은 무엇이나 하늘에
서 묶여 있을 것이고 너희가 땅 위에서 푸
는 것은 무엇이나 하늘에서 풀려 있을 것이
다.

170 III막 19 [참으로] 내가 너희에게 다시 말하는데,
너희 가운데 두 사람이 땅 위에서 무슨 일
에든지 마음을 합쳐서 구하면 그것이 하늘
에 계신 내 아버지에 의해 그들에게 이루어
질 것이다. 20 두 세 사람이 내 이름으로 모
여 있는 곳, 거기, 그들 가운데 내가 있기
때문이다."

172 II눅 21 그때 베드로가 그에게 다가와서 말하였다.
"주님, 제 형제가 제게 죄를 지을 때 몇 번
이나 그를 용서해 줄까요? 일곱 번까지 할
까요?" 22 예수께서 그에게 말씀하셨다. "내
가 네게 말하는데, 일곱 번까지가 아니라
「일흔 번씩 일곱 번까지이다.ˋ

11 ⊤인자는 잃어버린 것을 구원하러 왔기 때문이다.

14 「내

15 ※그 사람 사이에서만

17 ※그는 너에게 이방인이나 세리처럼 되어라.

22 「일흔일곱 번까지이다

173 I 23 그러므로 하늘나라는 어떤 사람, 곧 자기
종들과 계산을 끝내려 했던 한 임금과 같다.
24 그가 계산하기를 시작하자 만 달란트를
빚진 사람 하나가 그에게로 끌려왔다. 25 그
러나 그는 갚을 것이 없어서 주인이 그와
아내와 자녀들과 그가 가진 모든 것을 팔아
서 갚도록 명령하였다. 26 그러자 그 종이
엎드려서 그에게 절하며 말하였다. '제게 참
아 주십시오. 당신께 모두 갚겠습니다.' 27 주
인이 그 종을 가엾이 여겨서 그를 놓아주며
그의 빚을 탕감해 주었다. 28 그 종이 나가
서 자기 동료 종들 가운데 자기에게 백 데
나리온을 빚진 사람 하나를 발견하고는 그
를 붙들고 멱살을 잡으며 말하였다. '뭘 빚
졌으면 갚아라.' 29 그러자 그의 동료 종이
엎드려 그에게 빌며 말하였다. '내게 참아
주게나. 자네에게 갚겠네.' 30 그러나 그 종
은 (그렇게) 하려 하지 않고 가서 그가 빚
진 것을 갚기까지 그를 감옥에 집어넣었다.
31 그의 동료 종들이 벌어진 일들을 보고는
몹시 가슴 아파하며 가서 자신들의 주인에
게 벌어진 일들을 모두 일러바쳤다. 32 그러
자 그의 주인이 그를 불러서 그에게 말하였
다. '악한 종아, 네가 내게 빌었기 때문에 내
가 그 모든 빚을 네게 탕감해 주었다. 33 나
도 너를 가엾이 여긴 것처럼 너도 네 동료
종을 가엾이 여겼어야 하지 않느냐?' 34 그
의 주인은 성이 나서 빚진 것을 그가 모두
갚을 때까지 그를 간수들에게 넘겨주었다.
35 너희 각 사람이 자기 형제를 자기의 마음
으로 용서해 주지 않으면 내 하늘 아버지께
서도 너희에게 이렇게 하실 것이다."

19

251 III요 (174) 1 예수께서 이 말씀들을 마치
시고 갈릴리를 떠나 요단강 건
너편 유대 지방으로 들어가셨
다. 2 많은 무리가 그를 따랐는데, 그는 거
기서 그들을 고쳐주셨다.
252 III요 3 바리새인들이 (예수께) 다가와서 그를 시
험하며 말하였다. "사람이 아무 이유로나 자
기 아내를 버리는 것은 정당합니까?" 4 예수
께서 대답하셨다. "너희는 (이 말씀을) 읽어
보지 못하였느냐? '창조하신 분이 처음부터
그들을 남자와 여자로 만드시고 5 이러므로
사람이 아버지와 어머니를 떠나서 자기 아
내와 합하여 두 사람이 한 몸이 될 것이라
고 말씀하셨다.' 6 그래서 그들은 더 이상 둘
이 아니고 한 몸이다. 그러므로 하나님이
짝지어 주신 것을 사람이 나누지 마라." 7 그
들이 그에게 말하였다. "그러면 왜 모세는
이혼문서를 주고 ※[아내를] 버리도록 명령
하였습니까?" 8 (예수께서) 그들에게 말씀하
셨다. "모세는 너희의 완고한 마음 때문에
너희 아내를 버리는 것을 너희에게 허락하
였다. 그러나 처음부터 이렇게 되어 있지는
(227) 않다. 9 내가 너희에게 말하는데, 음행의 사
유 이외에 자기 아내를 버리고 다른 여자에
게 장가드는 사람은 누구든지 간음하는 「것
이다." 10 [그의] 제자들이 그에게 말하였다.
"아내와 함께 하는 사람의 도리가 이렇다면
장가드는 것이 좋지도 않습니다." 11 예수께
서 그들에게 말씀하셨다. "모든 사람이 [이]
말을 받아들이지는 못한다. 다만 (이것이)
주어진 사람들이라야 (한다.) 12 왜냐하면 어
머니의 태로부터 이렇게 태어난 고자들도
있고, 사람들에 의해 거세된 고자들도 있고,
하늘나라 때문에 자신을 거세한 고자들도
있기 때문이다. 받아들일 수 있는 사람은

7 ※그 여자를
9 「것이고 버림받은 여자에게 장가드는 사람도 간음하는 것이다.

받아들여라."
253 III요 [13] 그때 사람들이 아이들에게 손을 얹고 기
도해 주시기를 (바라며) 그에게 아이들을
데려왔지만, 제자들이 그들을 꾸짖었다.
[14] 예수께서 말씀하셨다. "아이들을 놓아두고
그들이 내게로 오는 것을 막지 마라. 하늘
나라는 이런 사람들의 것이기 때문이다."
[15] 그리고 그들에게 손을 얹어 주시고 나서
그곳을 떠나셨다.
254 III요 [16] 보라, 한 사람이 그에게 다가와서 말하였
다. "선생님! 제가 영원한 생명을 가지려면
무슨 선한 일을 해야 합니까?" [17] 예수께서
그에게 말씀하셨다. "왜 선한 일에 관하여
나에게 묻느냐? 선한 이는 한 분이시다. 네
가 생명에 들어가고 싶으면 계명들을 지켜
라." [18] 그가 (예수께) 말하였다. "어떤 것입
니까?" 예수께서 말씀하셨다. "'살인하지 마
라. 간음하지 마라. 도둑질하지 마라. 거짓
증언하지 마라. [19] 아버지와 어머니를 공경
하여라' 그리고 '네 이웃을 네 자신처럼 사
랑하여라' 이다." [20] 그 젊은이가 (예수께) 말
하였다. "저는 이 모두를 ⊤ 지켰습니다. 아직
무엇이 모자랍니까?" [21] 예수께서 그에게 말
씀하셨다. "네가 완전해지고 싶다면 가서 네
소유를 팔아서 가난한 사람들에게 주어라.
그러면 너는 하늘에 보물이 있을 것이다.
그리고 와서 나를 따라라." [22] 그러나 젊은이
는 그 말씀을 듣고 나서 슬퍼하면서 가버렸
다. 그는 많은 재산을 가지고 있었기 때문
이다.
255 III요 [23] 예수께서 자기 제자들에게 말씀하셨다. "참
으로 내가 너희에게 말하는데, 부자는 어렵
게 하늘나라에 들어갈 것이다. [24] 다시 내가
너희에게 말하는데, 낙타가 바늘구멍을 통
과하는 것이 부자가 하나님의 나라에 들어
가는 것보다 더 쉽다." [25] 제자들이 듣고 몹
시 놀라서 말하였다. "그렇다면 누가 구원될
수 있습니까?" [26] 예수께서 그들을 쳐다보시
고 나서 말씀하셨다. "사람들에게는 이것이
불가능하나 하나님에게는 모든 것들이 가능
하다." [27] 그때 베드로가 그에게 대답하였다.
"보십시오. 저희는 모든 것을 버리고 당신을
따랐습니다. 그렇다면 저희에게 무엇이 있
겠습니까?" [28] 예수께서 그들에게 말씀하셨
다. "참으로 내가 너희에게 말하는데, 새 시
대, 곧 인자가 자신의 영광스러운 보좌에
앉을 때 나를 따른 너희도 열두 보좌에 앉
아서 이스라엘의 열두 지파를 심판할 것이
다. [29] 또 내 이름 때문에 집이나 형제들이
나 자매들이나 아버지나 어머니나 ⊤ 자녀들
이나 밭을 버린 사람은 모두 「백 배를 받
(211) 고 영원한 생명을 물려받을 것이다. [30] 그러
나 많은 첫째들이 꼴찌가 (되고) 꼴찌들이
첫째가 될 것이다.

256 I **20** [1] 하늘나라는 어떤 사람, 곧 자
기 포도원에서 (일할) 일꾼들
을 사려고 아침 일찍 나간 집
주인과 같다. [2] 그는 일꾼들과 하루 한 데나
리온에 합의하고 그들을 자기 포도원에 들
여보냈다. [3] 또 그는 세 시쯤에 나가서 일
없이 장터에 서 있는 다른 사람들을 보고
[4] 그들에게 말하였다. '자네들도 포도원에 들
어가게. 그러면 내가 자네들에게 정당한 것
을 주겠네.' [5] 그러자 그들이 갔다. 그는 여
섯 시와 아홉 시쯤에 다시 나가서 똑같이
하였다. [6] 그는 열한 시쯤에 나가서 다른 사

20 ⊤ 어릴 적부터

29 ⊤ 아내나 「 몇

람들이 서 있는 것을 발견하고 그들에게 말
하였다. '왜 자네들은 온종일 일 없이 여기
서 있는가?' 7 그들이 그에게 말하였다. '아
무도 우리에게 일을 주지 않기 때문입니다.'
그가 그들에게 말하였다. '자네들도 포도원
에 들어가게.' 8 저녁이 되어서 포도원 주인
이 자기 관리인에게 말하였다. '일꾼들을 불
러다가 마지막에 (온) 사람들부터 시작하여
처음 (온) 사람들에게까지 그들에게 품삯을
주어라.' 9 열 한 시쯤에 (온 일꾼)들이 와서
한 데나리온씩을 받았다. 10 그러자 처음에
(온 일꾼)들이 와서 자기들은 더 많이 받을
것으로 생각했으나 그들도 한 데나리온씩을
받았다. 11 받고 나서 그들은 집주인에게 투
덜거리며 12 말하였다. '마지막에 (온) 이 사
람들은 한 시간 일했는데 당신은 뙤약볕 밑
에서 종일 짐을 나른 우리를 그들과 똑같이
대우하였습니다.' 13 집주인이 그들 가운데
하나에게 대답하였다. '친구여, 나는 자네에
게 잘못하지 않았네. 자네가 나와 한 데나
리온에 합의하지 않았는가? 14 자네 것이나
가지고 가게. 마지막에 (온) 이 사람에게도
자네에게처럼 주고 싶네. 15 내 것으로 내
뜻대로 하는 것이 내게 부당한가? 아니면
내가 후하기 때문에 자네 눈꼴이 신가?'
16 이렇게 꼴찌들이 첫째가 되고 첫째들이
꼴찌가 될 것이다. ⊤ "

262 III요 17 예수께서 예루살렘으로 올라가실 때 열두
[제자를] 따로 데려다가 길에서 그들에게
말씀하셨다. 18 "보아라, 우리가 예루살렘으
로 올라가고 있다. 인자가 대제사장들과 율
법학자들에게 넘겨지겠고, 그들은 그에게
죽음을 선고하여 19 그를 웃음거리로 만들고
채찍질하고 십자가에 못 박도록 이방인들에
게 넘겨주겠지만, 그는 셋째 날에 살아날
것이다."

263 III요 20 그때 세베대의 아들들의 어머니가 자기
아들들과 함께 그에게 다가와서 절하며 그
에게 무엇인가를 부탁하였다. 21 예수께서
그 여자에게 말씀하셨다. "무엇을 바라느냐?"
그 여자가 (예수께) 말하였다. "당신의 나라
에서 저의 이 두 아들이 하나는 당신의 오
른쪽에, 하나는 당신의 왼쪽에 앉도록 말씀
해 주십시오." 22 예수께서 대답하셨다. "너희
가 무엇을 부탁하는지 알지 못하는구나. 내
가 마실 잔을 너희가 마실 수 있느냐? ⊤
"그들이 그에게 말하였다. "할 수 있습니다."
23 (예수께서) 그들에게 말씀하셨다. "내 잔
은 너희가 「마시겠지만, 내 오른쪽과 왼쪽
에 앉는 것[, 이것]은 내가 주는 것이 아니
다. 내 아버지로 말미암아 준비되어 있는
그 사람들에게 (주어질 것이다.)" 24 열 명이
듣고 나서 두 형제에게 성을 내었다. 25 그
러자 예수께서 그들을 불러다가 말씀하셨다.
"이방인의 통치자들은 그들을 지배하고 높
은 사람들은 그들에게 권력을 휘두른다는
것을 너희가 알고 있다. 26 너희 사이에는
이렇지 않다. 오히려 너희 가운데 누구든지
크게 되고 싶은 사람은 너희를 섬기는 사람
이 되어야 한다. 27 또 너희 가운데 누구든
지 으뜸이 되고 싶은 사람은 너희의 종이
되어야 한다. 28 인자는 섬김을 받으러 오지
않고 오히려 섬기러, 또 자기 목숨을 많은
사람을 대신하여 몸값으로 주러 (온) 것과
같다."

264 III요 (96) 29 그들이 여리고에서 나갈 때에 많은 무리

16 ⊤ 많은 사람이 불리었지만 적은 사람이 뽑혔기 때문이다.

22 ⊤ 내가 받는 세례를 너희가 받을 (수 있느냐?)

23 「 마시고 내가 받는 세례는 너희가 받겠지만

가 그를 따랐는데 30 보라, 눈먼 사람 두 명
이 길가에 앉아 있다가 예수께서 지나치신
다는 (말을) 듣고 소리지르며 말하였다. "저
희를 불쌍히 여겨 주십시오. [주님!] 다윗의
아들이시여!" 31 무리가 그들을 조용히 하라
고 꾸짖었지만 그들은 더 크게 소리지르며
말하였다. "저희를 불쌍히 여겨 주십시오.
「주님! 다윗의 아들이여!" 32 예수께서 서서
그들을 부르시고 말씀하셨다. "내가 너희에
게 무엇을 해 주기를 바라느냐?" 33 그들이
그에게 말하였다. "주님! 저희 눈이 뜨이는
것입니다." 34 예수께서 가엾이 여기시며 그
들의 눈을 만지셨고, 그들이 곧바로 다시
보며 그를 따랐다.

21

269 IV 1 그들이 예루살렘에 가까이
가서 감람산의 벳바게에 왔을
때, 그때에 예수께서 제자 둘
을 보내시며 2 그들에게 말씀하셨다. "너희
맞은편 마을로 가거라. 그러면 당나귀가 매
여 있고 나귀 새끼가 그것과 함께 (있는 것
을) 곧바로 발견할 것이다. (그것들을) 풀어
서 내게 끌어오너라. 3 누가 너희에게 뭐라
고 하면 '⊤ 주님이 그것들을 쓰실 것이오'
라고 하여라. 그러면 그가 그것들을 바로
보내 줄 것이다." 4 이 일이 일어난 것은 선
지자를 통하여 (이렇게) 말씀하신 것이 이
루어지게 하기 위해서였다. 5 "시온의 딸에
게 말하여라. '보라, 네 왕이 네게 오신다.
그는 온유하셔서 당나귀와 나귀 새끼, 곧
멍에 메는 짐승의 새끼를 타셨다.'" 6 제자
들이 가서 예수께서 자기들에게 시키신 대
로 하여 7 당나귀와 나귀 새끼를 끌어와서
그것들 위에 겉옷을 얹었고, (예수께서) 그
것들 위에 올라 앉으셨다. 8 많은 무리가 자
기 겉옷을 길에 펴놓았고 다른 사람들은 나
무에서 가지들을 잘라서 길에 펴놓았다. 9 그
를 앞서가거나 뒤따르는 무리들이 소리지르
며 말하였다. "호산나! 다윗의 아들께! 주님
의 이름으로 오시는 분은 복되시다! 가장
높은 곳에 호산나!"

271 III요 10 (예수께서) 예루살렘에 들어가시자, 온 성
이 떠들썩하면서 말했다. "이 사람이 누구
냐?" 11 그러자 무리들이 말하였다. "이 분은
(273) 갈릴리 나사렛에서 오신 선지자 예수이시
다." 12 예수께서 ⊤ 성전에 들어가셔서 성전
안에서 팔고 사는 모든 사람들을 내쫓으셨
고 돈 바꾸어 주는 사람들의 상과 비둘기
파는 사람들의 걸상을 둘러엎으셨으며 13 그
들에게 말씀하셨다. "'내 집은 기도의 집이
라고 불릴 것이다'라고 적혀 있다. 그런데
너희는 그것을 '강도들의 소굴'로 만든다."
14 성전 안에서 눈먼 사람들과 저는 사람들
이 자기에게 다가오자 그는 그들을 고쳐주
셨다. 15 그러나 대제사장들과 율법학자들은
그가 하신 놀라운 일들과 성전 안에서 "호
산나! 다윗의 아들께!" 하고 소리지르는 아
이들을 보고 성을 내며 16 그에게 말하였다.
"이들이 무엇이라고 하는지 듣고 있소?" 예
수께서 그들에게 말씀하셨다. "그렇다. 너희
는 '당신이 어린아이들과 젖먹이들의 입에서
(나오는) 찬송을 마련하셨습니다'라는 (말씀
을) 도무지 읽어본 적이 없느냐?" 17 (예수
께서) 그들을 떠나서 성 밖으로 나가셨고
베다니로 가서 거기서 묵으셨다.

272 II막 18 아침에 (예수께서) 성으로 돌아오실 때
시장하셔서 19 길가에 있는 무화과나무 하나

31 「 예수! 또는 없음
3 ⊤ 그것들의
12 ⊤ 하나님의

를 보시고 그 곁으로 가셨으나 그 나무에서
오직 잎사귀 말고는 아무 것도 발견하지 못
하셨다. (예수께서) 그 나무에게 말씀하셨
다. "네게서는 영원히 더 이상 열매가 맺히
지 않을 것이다." 그러자 즉시 무화과나무가
시들어 버렸다.
275 II막 [20] 제자들이 보고 놀라서 말하였다. "어떻게
무화과나무가 즉시 시들어 버렸습니까?" [21] 예
수께서 그들에게 대답하셨다. "참으로 내가
너희에게 말하는데, 너희가 믿음이 있고 의
심하지 않으면 무화과나무에게 (일어난) 일
을 할 뿐만 아니라 이 산에게 '들려서 바다
에 던져져라' 고 하더라도 (그렇게) 될 것이
다. [22] 또 기도할 때 믿으며 구하는 것들은
무엇이든지 모두 받을 것이다."
276 III요 [23] (예수께서) 성전에 들어가서 가르치고 계
실 때에 대제사장들과 백성의 장로들이 그
에게 다가와서 말하였다. "당신이 무슨 권한
으로 이런 일들을 하고 있소? 또 누가 당신
에게 이런 권한을 주었소?" [24] 예수께서 그
들에게 대답하셨다. "나도 너희에게 한 마디
말을 묻겠다. 만약 그것을 내게 말하면 나
도 무슨 권한으로 이런 일들을 하는지 너희
에게 말하겠다. [25] 요한의 세례가 어디에서
났느냐? 하늘에서냐? 사람에게서냐?" 그들
은 자기들끼리 의논하며 말하였다. " '하늘에
서' 라고 하면 그가 우리에게 '그러면 왜 그
를 믿지 않았느냐?' 라고 할 것이다. [26] 그렇
다고 '사람에게서' 라고 하면 무리가 무섭다.
왜냐하면 모두가 요한을 선지자로 생각하기
때문이다." [27] 그래서 그들은 예수께 "우리는
알지 못하오" 라고 대답하였다. (예수께서도)
그들에게 말씀하셨다. "내가 무슨 권한으로
이런 일들을 하는지 나도 너희에게 말하지
않겠다.

277 I [28] 그러나 너희는 어떻게 생각하느냐? 어떤
사람이 아들 둘이 있었는데 「맏이에게 가서
말하였다. '얘야, 오늘 포도원에 가서 일해
라.' [29] 그러나 맏이는 '하고 싶지 않습니다'
하고 대답하였지만 나중에 뉘우치고 갔다.
[30] (아버지가) 다른 (아들에게) 가서 똑같이
말하자 그는 '제가 하겠습니다. 「아버지' 하
고 대답했지만 가지 않았다. [31] 둘 중에서
누가 아버지의 뜻대로 하였느냐?" 그들이
말하였다. "맏이입니다." 예수께서 그들에게
말씀하셨다. "참으로 내가 너희에게 말하는
데, 세리들과 창녀들이 너희에 앞서 하나님
의 나라에 들어가고 있다. [32] 왜냐하면 요한
이 의의 길로 너희에게 왔는데도 너희는 그
를 믿지 않았지만 세리들과 창녀들은 그를
믿었고, 너희들은 (이것을) 보고도 끝내 뉘
우치지 않고 그를 믿지 않았기 때문이다.
278 III요 [33] 다른 비유를 들어라. 한 사람, 곧 집주인
이 있었다. 그는 포도나무를 심고 그 둘레
에 울타리를 치고 그 안에 즙 짜는 구덩이
를 파고 원두막을 세우고 그것을 농부들에
게 세주고 외국으로 떠났다. [34] 열매철이 가
까워지자 그는 자기 열매를 받으러 자기 종
들을 농부들에게 보냈다. [35] 농부들은 그의
종들을 붙잡아서 하나는 때렸고 하나는 죽
였고 하나는 돌로 쳤다. [36] 그는 다시 다른
종들을 처음보다 더 많이 보냈지만, (농부들
은) 그들에게 똑같이 하였다. [37] 마침내 그
는 자기 아들을 그들에게 보내며 말하였다.
'그들이 내 아들은 존경할 것이다.' [38] 그러
나 그 농부들은 아들을 보고 자기들끼리 말
하였다. '이 사람은 상속인이다. 오라! 그를
죽이고 그의 상속물을 우리가 차지하자.'

28 「(맏이와 둘째의 경우가 바뀐 사본들이 있음)
30 「주님

39 그들은 그를 잡아서 포도원 밖에 내팽개
치고 죽여 버렸다. 40 그러면 포도원 주인이
왔을 때, 저 농부들을 어떻게 하겠느냐?"
41 그들이 (예수께) 말하였다. "악한 그들을
잔인하게 죽이고 자기에게 제 때 열매들을
내어놓을 다른 농부들에게 포도원을 세줄
것입니다." 42 예수께서 그들에게 말씀하셨
다. "너희는 성경에서 (이런 말씀을) 한 번
도 읽어 본 적이 없느냐? '집 짓는 사람들
이 버린 돌, 이것이 모퉁이의 머릿돌이 되
었다. 주님으로 말미암아 이렇게 되었으니
우리 눈에는 놀랍다.' 43 그러므로 내가 너희
에게 말하는데, 하나님의 나라가 너희로부
터 옮겨져서 그 나라의 열매들을 맺는 백성
에게 주어질 것이다. 44 [또 이 돌 위에 떨
어지는 사람은 부스러질 것이요, 그것이 누
구 위에든지 떨어지면 그를 박살낼 것이
다.] 45 대제사장들과 바리새인들은 그의 비
유들을 듣고 나서 그가 자기들을 두고 말씀
하셨다는 것을 알아차렸다. 46 그들이 그를
붙잡으려고 힘썼지만 무리들을 두려워하였
다. 무리들이 그를 선지자로 대하고 있었기
때문이다.

279 II눅 (216)

22

1 예수께서 그들에게 대답하시
며 다시 비유로 말씀하셨다.
2 "하늘나라는 어떤 사람, 곧
자기 아들을 위하여 결혼잔치를 베푼 임금
과 같다. 3 그가 결혼잔치에 초대받은 사람
들을 불러오도록 자기 종들을 보내었으나,
그들은 오고 싶어하지 않았다. 4 그는 다시
다른 종들을 보내며 말하였다. '초대받은 사
람들에게 말하여라. 보시오, 내 만찬이 준비
되어 있소. 내 황소와 살진 짐승들을 잡아
두었고 모든 것이 준비되었소. 결혼잔치에
오시오.' 5 그러나 그들은 관심도 갖지 않고
하나는 자기 밭으로, 하나는 자기 장사차
가버렸다. 6 남은 사람들은 그의 종들을 붙
잡아서 모욕하고 죽였다. 7 그러자 임금은
성이 나서 자기 군대를 보내어 그 살인자들
을 죽이고 그들의 성을 불태워 버렸다. 8 그
후에 그는 자기 종들에게 말하였다. '결혼잔
치는 준비되어 있는데 초대받은 사람들이
마땅하지 않다. 9 그러므로 길 네거리로 가
서 너희가 만나는 사람들은 누구든지 결혼
잔치에 불러오너라.' 10 그 종들이 길에 나가
서 악한 사람이든 선한 사람이든 그들이 만
난 사람들을 모두 데려왔다. 그래서 결혼잔
치는 앉아 있는 손님들로 가득 채워졌다.
11 임금이 앉아 있는 사람들을 보려고 들어
왔다가 거기서 결혼잔치의 예복을 입지 않
은 한 사람을 보고 12 그에게 말하였다. '벗
이여, 어떻게 결혼잔치의 예복을 입지 아니
한 채 여기 들어왔는가?' 그러나 그는 ※입
을 다물고 있었다. 13 그때 임금이 시중드는
사람들에게 말하였다. '그의 발과 손을 묶어
서 그를 바깥의 어두움 속으로 내던져 버려
라.' 거기에 울음과 이를 갊이 있을 것이다.
14 초대 받은 사람들은 많지만 뽑힌 사람들
은 적기 때문이다."

280 III요

15 그때 바리새인들이 가서 (예수를) 말로
옭아매기로 의논하고 16 자기 제자들을 헤롯
파 사람들과 함께 그에게 보내서 말하였다.
"선생님, 저희는 당신이 진실하시며 하나님
의 길을 올바르게 가르치시고 사람들의 낯
을 봐주지 않으시기 때문에 아무도 개의치
않으시는 줄로 알고 있습니다. 17 그러므로
당신이 어떻게 생각하시는지 저희에게 말씀
해 주십시오. 황제께 세금을 바치는 것이

12 ※말문이 막혔다.

옳습니까? 그렇지 않습니까?" 18 그러나 예
수께서는 그들의 악의를 아시고 말씀하셨다.
"왜 나를 시험하느냐? 위선자들아! 19 세금
에 (쓰는) 돈을 내게 보여라." 그들이 그에
게 데나리온을 가져오자 20 (예수께서) 그들
에게 말씀하셨다. "이 그림과 글자가 누구의
것이냐?" 21 그들이 그에게 말하였다. "황제
의 것입니다." 그때 (예수께서) 그들에게 말
씀하셨다. "그러므로 황제의 것들은 황제에
게 돌려주고 하나님의 것들은 하나님께 (돌
려드려라.)" 22 그들이 듣고 놀랐으며 그를
두고 가버렸다.

281 III요 23 부활이 없다고 말하는 사두개인들이 그날
에 (예수께) 다가와서 그에게 물었다. 24 "선
생님, 모세는 '누가 자식이 없이 죽으면 그
의 동생이 형의 아내와 결혼하여 자기 형을
위하여 씨를 이어주어라' 라고 했습니다. 25 우
리 이웃에 일곱 형제가 있었는데, 맏이가
장가들었다가 죽고 씨가 없이 자기 아내를
자기 아우에게 남겨 놓았습니다. 26 둘째와
셋째, 일곱에 (이르기)까지 똑같았으며 27 모
두의 마지막에 그 여자도 죽었습니다. 28 그
러면 부활 때에 (그 여자는) 일곱 가운데
누구의 아내겠습니까? 모두가 그 여자를 맞
았기 때문입니다." 29 예수께서 그들에게 대
답하셨다. "너희가 성경도 하나님의 능력도
알지 못하므로 오해하고 있다. 30 부활 때에
는 장가들지도 않고 시집가지도 않고 하늘
에 있는 ⊤ 천사들과 같기 때문이다. 31 죽은
사람들의 부활에 관하여 하나님께서 너희에
게 (이렇게) 말씀하신 것을 읽어보지 못하
였느냐? 32 '나는 아브라함의 하나님, 이삭의
하나님, 야곱의 하나님이다.' 그분은 죽은
사람들이 아니라 살아 있는 사람들의 하나
님이시다." 33 무리들이 듣고 그의 가르침에
놀랐다.

282 III요 (182) 34 (예수께서) 사두개인들을 침묵케 하셨다는
것을 바리새인들이 듣고 한 자리에 모였다.
35 그들 가운데서 한 「[율법사가]」 그를 시험
하며 물었다. 36 "선생님, 율법 안에서는 어
떤 계명이 큽니까?" 37 예수께서 그에게 말
씀하셨다. "'네 온 마음과 네 온 목숨과 네
온 생각으로 주님, 곧 네 하나님을 사랑하
여라.' 38 이것이 크고 으뜸인 계명이다. 39 둘
째는 이것과 같다. '네 이웃을 네 자신처럼
사랑하여라.' 40 이 두 계명에 온 율법과 선
지자들이 달려 있다."

283 III요 41 바리새인들이 모여 있을 때에 예수께서
그들에게 물어보셨다. 42 "너희는 그리스도에
관하여 어떻게 생각하느냐? 그가 누구의 아
들이냐?" 그들이 그에게 말하였다. "다윗의
(아들입니다)." 43 그가 그들에게 말씀하셨다.
"그러면 어떻게 다윗이 성령으로 말미암아
그를 주님이라고 부르며 (이렇게) 말하였느
냐? 44 '주님께서 내 주님께 말씀하셨다. 내
가 네 원수들을 「네 발 아래」 두기까지 내
오른쪽에 앉아 있어라.' 45 그러므로 다윗이
그를 주님이라고 불렀다면 어떻게 그가 (다
윗의) 아들이냐?" 46 그러자 그에게 아무도,
또 한 마디도 대답할 수 없었고 그 날부터
는 누구도 감히 그에게 더 이상 묻지 않았다.

284 III요 **23** 1 그때 예수께서 무리들과 자
기 제자들에게 말씀하셨다.
2 "율법학자들과 바리새인들이
모세의 ※자리에 앉아 있다. 3 그러므로 그들

30 ⊤ 하나님의

35 「 사람이
44 「 네 발의 발판으로
23:2 ※ 의자에

이 너희에게 말하는 것들은 무엇이든지 모
두 행하고 지켜라. 그러나 그들의 ※행실은
(194) 따라하지 마라. 말은 하고 행하지는 않기
때문이다. 4 그들은 「무겁고 힘든` 짐을 묶
어서 사람들의 어깨 위에 올려놓지만 그들
자신은 자기 손가락으로도 그것들을 움직이
려고 하지 않는다. 5 그들은 자기 일을 모두
사람에게 보이려고 행한다. 자기 성구함을
키우고 옷술을 늘이기 때문이다. 6 그들은
잔치에서는 윗자리를, 회당에서는 앞자리를
좋아하고 7 장터에서 인사 (받기)와 사람들
에게 랍비라고 불리기를 (좋아한다.) 8 그러
나 너희는 랍비라고 불리지 마라. 너희 선
생은 한 분이시고 너희 모두는 형제들이기
때문이다. 9 또 땅에서 (아무도) 너희 아버
지라고 부르지 마라. 너희 아버지는 한 분,
곧 하늘에 계신 분이시기 때문이다. 10 지도
자라고 불리지도 마라. 너희 지도자는 한
분, 곧 그리스도이시기 때문이다. 11 너희
가운데 큰 사람은 너희를 섬기는 ※사람일
것이다.` 12 자신을 높이는 사람은 누구든지
낮추어지고, 자신을 낮추는 사람은 누구든
지 높여질 것이다. 13 너희에게 화가 있다.
율법학자들과 바리새인들아! 위선자들아!
너희는 사람들 앞에서 하늘나라를 닫고 너
희도 들어가지 않고 들어가는 사람들도 들
어가게 놓아두지 않기 때문이다. 14 ⊤ 15 너
희에게 화가 있다. 율법학자들과 바리새인
들아! 위선자들아! 너희가 한 사람을 개종

3 ※일들을
4 「무거운
11 ※사람이 되어라.
14 ⊤'너희에게 화가 있다. 율법학자들과 바리새인들아! 위선자들아! 너희가 과부들의 집들을 삼키고 길게 기도하는 체하기 때문이다. 그러므로 너희가 더욱 넘치는 심판을 받을 것이다.'

시키려고 바다와 육지를 돌아다니다가 (한
사람이) 생기면 그를 너희보다 곱절이나 더
한 지옥의 ※아들로 만들어 버리기 때문이
다. 16 너희에게 화가 있다. 눈먼 지도자들
아! 너희는 '누구든지 성전을 두고 맹세하면
아무 것도 아니지만 누구든지 성전의 금을
두고 맹세하면 지켜야 한다'라고 말한다.
17 바보들아! 소경들아! 무엇이 더 크냐? 금
이냐, 금을 거룩하게 만드는 성전이냐? 18 또
너희는 '누구든지 제단을 두고 맹세하면 아
무 것도 아니지만 누구든지 그 위에 있는
예물을 두고 맹세하면 지켜야 한다'라고 (말
한다.) 19 ⊤ 소경들아! 무엇이 더 크냐? 예
물이냐? 예물을 거룩하게 만드는 제단이냐?
20 그러므로 제단을 두고 맹세하는 사람은
그것과 그 위에 있는 모든 것을 두고 맹세
하는 것이고, 21 성전을 두고 맹세하는 사람
은 그것과 그 안에 사시는 분을 두고 맹세
하는 것이고, 22 하늘을 두고 맹세하는 사람
은 하나님의 보좌와 그 위에 앉아 계신 분
을 두고 맹세하는 것이다. 23 너희에게 화가
있다. 율법학자들과 바리새인들아! 위선자들
아! 너희가 박하와 회향과 커민의 십일조는
드리지만 율법의 더 중요한 것들, 곧 ※공의
와 자비와 믿음을 버렸기 때문이다. 그러나
이것들도 하고 저것들도 버리지 말아야 했
다. 24 눈먼 지도자들아! 하루살이는 걸러내
지만 낙타는 삼키는 사람들아! 25 너희에게
화가 있다. 율법학자들과 바리새인들아! 위
선자들아! 너희가 잔과 접시의 겉은 깨끗이
하지만 속은 강탈과 방종으로 가득하기 때
문이다. 26 눈먼 바리새인아! 잔의 겉도 깨

15 ※자식으로
19 ⊤바보들아!
23 ※심판과

끗하게 되도록 먼저 「잔의 속을 깨끗이 하
여라. [27] 너희에게 화가 있다. 율법학자들과
바리새인들아! 위선자들아! 너희는 회칠한
무덤과 같다. 그것들은 겉은 아름답게 보이
지만 안은 죽은 사람들의 뼈들과 온갖 더러
운 것들이 가득하다. [28] 이렇게 너희도 겉은
사람들에게 의롭게 보이지만 안은 위선과
불법이 가득 차 있다. [29] 너희에게 화가 있
다. 율법학자들과 바리새인들아! 위선자들
아! 너희는 선지자들의 무덤을 만들고 의로
운 사람들의 비석을 꾸미며 [30] '우리가 우리
조상들의 시대에 있었더라면 선지자들이 피
를 (흘릴 때) 우리는 그들에게 가담하지 않
았을 것이다' 라고 말함으로써 [31] 너희가 선
지자들을 죽인 사람들의 아들들임을 스스로
증언하고 있기 때문이다. [32] 너희가 너희 조
상들의 분량을 채워라. [33] 뱀들아! 독뱀 새
끼들아! 너희가 어떻게 지옥의 심판을 피하
겠느냐? [34] 그러므로, 보아라, 내가 너희에게
선지자들과 지혜로운 사람들과 율법학자들
을 보낸다. 너희가 그 사람들 가운데서 (더
러는) 죽이고 십자가에 못 박으며, 그들 가
운데서 (더러는) 너희 회당에서 채찍질하고
이 성에서 저 성으로 박해할 것이다. [35] 그
리하여 의인 아벨의 피로부터 너희가 성전
과 제단 사이에서 죽인, 바라갸의 아들 사
가랴의 피까지, 땅 위에 쏟아진 모든 의로
운 피가 너희 위에 올 것이다. [36] 참으로 내
가 너희에게 말하는데, 이 모두가 이 세대
에게 올 것이다.
285 [37] 예루살렘아, 예루살렘아, 선지자들을 죽이
II눅 고 네게 보낸 사람들을 돌로 치는 성이여!
(213) 암탉이 자기 새끼들을 날개 아래 모으는 것
과 마찬가지로 내가 얼마나 자주 네 자녀들
을 모으고 싶어하였느냐? 그러나 너희가 원
하지 않았다. [38] 보아라! 너희 집이 너희에
게 황무지로 버려진다. [39] 내가 너희에게 말
하는데, '주님의 이름으로 오시는 분은 복되
시다!' 라고 말할 때까지 지금부터 너희가
결코 나를 보지 못할 것이기 때문이다."

287 III요 24 [1] 예수께서 성전에서 나와서
가실 때에 그의 제자들이 다가
와서 그에게 성전 건물들을 가
리켰다. [2] 그런데 예수께서 그들에게 대답하
셨다. "너희가 이것들을 모두 보지 않느냐?
참으로 내가 너희에게 말하는데, 돌이 돌
위에 무너지지 않은 채 결코 여기 놓여 있
지 않을 것이다."
288 [3] (예수께서) 감람산에 앉아 계실 때에 제자
III요 들이 따로 그에게 다가와서 말하였다. "저희
에게 말씀해 주십시오. 언제 이 일들이 있
겠으며, 당신의 오심과 시대의 끝의 표적이
무엇입니까?" [4] 예수께서 그들에게 대답하셨
다. "누가 너희를 꾀지 못하도록 조심하여
라. [5] 많은 사람이 내 이름으로 와서 '내가
그리스도다' 라고 말하며 많은 사람을 꾈 것
이기 때문이다. [6] 전쟁 (소식)과 전쟁의 소
문을 듣겠지만 놀라지 않도록 주의하여라.
(그런 일이) 일어나야 하지만 아직 끝은 아
니기 때문이다. [7] 민족이 민족에 맞서, 나라
가 나라에 맞서 일어나겠고, 곳곳에 기근과
「지진이 있을 것이기 때문이다. [8] 이것들
모두가 진통의 시작이다.
289 [9] 그때 사람들이 너희를 환난에 넘겨주고 너
III요 희를 죽일 것이다. 또 너희가 내 이름 때문
에 모든 민족들에게 미움을 받게 될 것이다.

26 「잔과 접시의

7 「지진과 전염병이

[10] 그때 많은 사람들이 걸려 넘어지고, 서로
넘겨주며, 서로 미워할 것이다. [11] 또 많은
거짓 선지자들이 일어나서 많은 사람을 꾀
겠고, [12] 불법이 늘어남으로 말미암아 많은
사람들의 사랑이 식을 것이다. [13] 그러나 끝
까지 버티어 내는 사람, 이 사람이 구원될
것이다. [14] 이 하늘나라의 복음이 온 세상에
전파되어서 모든 민족들에게 증언될 터인데
그때 끝이 올 것이다.
290 III요 [15] 그러므로 선지자 다니엘을 통하여 말씀하
신 '멸망의 혐오물'이 거룩한 곳에 서 있는
것을 볼 때에 읽는 사람은 깨달아라. [16] 그
때 유대에 있는 사람들은 산으로 달아나거
(235) 라. [17] 지붕 위에 있는 사람은 자기 집에 있
는 것들을 챙기러 내려가지 말고, [18] 들에
있는 사람은 자기 겉옷을 챙기러 뒤로 돌아
서지 마라. [19] 그 날에는 아이 밴 여자들과
젖먹이는 여자들에게 화가 있을 것이다. [20] 너
희 도망이 겨울이나 안식일에 벌어지지 않
도록 기도하여라. [21] 왜냐하면 그때 세상의
처음부터 이제까지 일어난 적이 없었고 또
(앞으로도) 결코 없을 그런 큰 환난이 있을
것이기 때문이다. [22] 그 날들이 줄여지지 않
았다면 모든 육체가 구원되지 못하겠지만,
뽑힌 사람들을 위하여 그 날들이 줄여질 것
이다.
291 III요 [23] 그때 누가 너희에게 '보라, 그리스도가 여
기 (계신다)' 또는 '여기 (계신다)'라고 하여
도 믿지 마라. [24] 거짓 그리스도들과 거짓
선지자들이 일어나서 큰 표적과 기적을 보
여주면서 할 수 있다면 뽑힌 사람들도 꾈
것이기 때문이다. [25] 보아라, 내가 너희에게
미리 말하였다. [26] 그러므로 사람들이 너희
에게 '보라, 그가 황야에 계신다'라고 말해
도 나가지 말고 '보라, 골방에 (계신다'라고
해도) 믿지 마라. [27] 번개가 동쪽에서 나와
서 서쪽까지 밝히는 것처럼 인자의 오심도
이럴 것이기 때문이다. [28] 주검이 있는 곳,
거기 독수리들이 모여들 것이다.
292 III요 [29] 그 날의 환난 후에 곧바로 해가 어두워지
고, 달이 자기 빛을 주지 않고, 별들이 하늘
에서 떨어지고, 하늘의 세력들이 흔들릴 것
이다. [30] 그때 하늘에 인자의 표적이 나타나
고, 그때 땅의 모든 족속들이 (가슴을) 치며
인자가 하늘의 구름을 타고 능력과 많은 영
광을 가지고 오는 것을 볼 것이다. [31] 그가
큰 나팔소리와 함께 자기 천사들을 보내겠
고, 그들이 하늘 끝에서 하늘 끝까지 사방
에서 그의 뽑힌 사람들을 모을 것이다.
293 III요 [32] 무화과나무로부터 비유를 배워라. 그 가
지가 이미 연해지고 잎이 돋을 때 여름이
가깝다는 것을 안다. [33] 이렇게 너희도 이
모든 일들을 볼 때에 그가 문 앞에 가까이
계시다는 것을 알아라. [34] 참으로 내가 너희
에게 말하는데, 이 모든 일들이 벌어지기까
지는 이 세대가 결코 지나가지 않을 것이
다. [35] 하늘과 땅은 없어지겠지만 내 말들은
결코 없어지지 않을 것이다. [36] 그러나 그
날과 시각에 관해서는 아무도 알지 못한다.
아버지만 빼고는 하늘의 천사들도 ○아들도
(알지) 못한다.
296 III요 [37] 노아 때처럼 인자의 오심도 그러할 것이
(235) 기 때문이다. [38] 노아가 방주에 들어간 그 날
까지 사람들은 홍수 이전의 [그] 나날을 먹
고 마시고 장가가고 시집가고 하면서 [39] 홍
수가 나서 모두를 쓸어가기까지 알지 못했던
것처럼, 인자의 오심도 그럴 것이다. [40] 그때
둘이 들에 있어도 하나는 데려가고 하나는
버려둘 것이다. [41] 둘이 맷돌을 갈아도 한
(여자는) 데려가고 한 (여자는) 버려둘 것이

(294) 다. 42 그러므로 깨어 있어라. 어느 날 너희
주님이 오시는지 너희가 알지 못하기 때문
(203) 이다. 43 이것을 알아 두어라. 도둑이 어느
시점에 올지 집주인이 알았더라면 깨어 있
으면서 자기 집이 뚫리도록 내버려두지는
않았을 것이다. 44 그러므로 너희도 준비하
고 있어라. 인자는 너희가 생각하지 못한
시간에 오시기 때문이다.

297 45 주인이 자기 집안사람들을 맡기고 그들에
II눅 (203) 게 제때에 음식을 주게 할, 믿음직하고 슬
기로운 종이 과연 누구냐? 46 이렇게 하고
있는 동안 자기 주인이 와서 발견하게 될
그 종은 복이 있다. 47 참으로 내가 너희에
게 말하는데, (주인이) ※자기 소유 모두를
그에게 맡길 것이다.` 48 그러나 그 악한 종
이 자기 마음속으로 '나의 주인이 늦어지시
는구나' 라고 중얼거리면서 49 자기 동료 종
들을 때리기 시작하고 술꾼들과 함께 먹고
마시면, 50 미처 생각하지 못한 날, 알지 못
하는 시각에 그 종의 주인이 와서 51 그를
※엄하게 벌하고 그를 위선자들과 함께 처
리할 것이다.` 거기에서 울음과 이를 갊이
있을 것이다.

298 I **25** 1 그때 하늘나라는 자기 등잔
을 가지고 신랑을 맞으러 나간
열 처녀와 같을 것이다. 2 그들
가운데 다섯은 어리석고 다섯은 슬기로웠다.
3 어리석은 처녀들은 자기 등잔은 가졌지만
기름을 몸에 지니고 있지 않았고 4 슬기로운
처녀들은 자기 등잔과 함께 그릇에 기름을
가지고 있었기 때문이다. 5 신랑이 늦게 오
자 모두가 졸다가 잠이 들었는데, 6 밤중에
고함소리가 났다. '보아라, 신랑이다. [그를]
맞으러 나오너라.' 7 그때 그 처녀들이 모두
일어나서 자기 등잔을 손질하였는데, 8 어리
석은 처녀들이 슬기로운 처녀들에게 말하였
다. '우리 등잔이 꺼져가니까 너희 기름을
우리에게 좀 나누어 달라.' 9 그러자 슬기로
운 처녀들이 대답하였다. '우리와 너희에게
결코 충분하지 않을 것으로 염려되니 차라
리 파는 사람들에게 가서 너희 자신을 위하
여 사라.' 10 그들이 사러 가는 동안 신랑이
왔고, 준비된 처녀들은 그와 함께 결혼 잔
치에 들어갔으며, 대문은 닫혀 버렸다. 11 나
중에 나머지 처녀들이 와서 말하였다. '주님,
주님, 저희에게 (문을) 열어주십시오.' 12 그
러나 신랑은 대답하였다. '참으로 내가 너희
에게 말하는데, 나는 너희를 알지 못한다.'
(294) 13 그러므로 깨어 있어라. ⊤ 그 날도 그 시
각도 알지 못하기 때문이다.

299 14 (하늘나라는) 어떤 사람이 먼 길을 떠나
III요 면서 자기 종들을 불러 그들에게 자기 소유
(266, 294) 를 맡긴 것과 같다. 15 그는 각 사람에게 그
능력대로, 한 사람에게는 다섯 달란트를, 한
사람에게는 두 (달란트)를, 한 사람에게는
한 (달란트)를 주고 ⊤ 길을 떠났다. 16 다섯
달란트를 받은 종은 ○얼른 가서 그것으로
일을 하여 다섯 (달란트)를 더 벌었다. 17 두
달란트를 (받은) 종도 그와 같이 하여 두
(달란트)를 더 벌었다. 18 그러나 한 달란트
를 받은 종은 가서 땅을 파고 자기 주인의
은을 숨겨 두었다. 19 오랜 세월 후에 그 종
들의 주인이 와서 그들과 계산을 하는데,
20 다섯 달란트를 받은 종이 나서며 다섯 달
란트를 더 가지고 와서 말하였다. '주인님,

47 ※자기의 모든 소유 위에 그를 세울 것이다.

51 ※둘로 쪼개고 그의 부분을 위선자들과 함께 둘 것이다.

13 ⊤인자가 오는

15 ⊤곧바로

제게 다섯 달란트를 맡겨 주셨는데, 보십시
오, 다섯 달란트를 더 벌었습니다.' 21 그의
주인이 그에게 말하였다. '잘 하였다. 착하
고 믿음직한 종아, 네가 적은 일들에 성실
하였으니 네게 많은 일들을 맡기겠다. 네
주인의 즐거움에 들어오너라.' 22 두 달란트
를 (받은) 종도 다가와서 말하였다. '주인님,
제게 두 달란트를 맡겨 주셨는데, 보십시오,
두 달란트를 더 벌었습니다.' 23 그의 주인이
그에게 말하였다. '잘 하였다. 착하고 믿음
직한 종아, 네가 적은 일들에 성실하였으니
네게 많은 일들을 맡기겠다. 네 주인의 즐
거움에 들어오너라.' 24 한 달란트를 받아 두
었던 종도 다가와서 말하였다. '주인님, 저
는 당신이 뿌리지 않은 데서 거두고 흩지
않은 곳에서 모으는, 굳은 사람이신 것을
알고 25 두려워하여 가서 당신의 달란트를
땅 속에 숨겨 두었습니다. 보십시오. 당신의
것을 받으십시오.' 26 그러자 그의 주인이 그
에게 대답하였다. '악하고 게으른 종아! 너
는 내가 뿌리지 않은 데서 거두고 흩지 않
은 곳에서 모으는 줄로 알았느냐? 27 그렇다
면 너는 내 은을 돈놀이하는 사람들에게 맡
겼어야 한다. 그랬으면 내가 와서 이자와
함께 내 은을 돌려받았을 것이다. 28 그러므
로 그에게서 달란트를 빼앗아서 열 달란트
를 가지고 있는 종에게 주어라. 29 가진 사
람 모두에게는 주어지고 넘치게 되지만 가
지지 않은 사람은 그가 가지고 있는 것마저
빼앗길 것이기 때문이다. 30 그리고 그 쓸모
없는 종을 바깥 어두움 속에 내쫓아 버려라.
거기에서 울음과 이를 갊이 있을 것이다.'
300 I 31 인자가 자기 영광 속에 오고 모든 천사들
이 그와 함께 (올 때), 그때 그는 자기 영광
의 보좌에 앉고 32 모든 민족들은 그의 앞에
모일 것이다. 그는 목자가 염소들로부터 양
들을 갈라내듯이 그들을 서로 갈라놓고 33 양
들은 자기 오른쪽에, 염소들은 왼쪽에 세울
것이다. 34 그때 임금이 자기 오른쪽에 있는
사람들에게 말할 것이다. '오너라! 내 아버
지의 축복을 받은 사람들아! 세상이 만들어
진 때부터 너희를 위하여 마련되어 있는 나
라를 물려받아라. 35 왜냐하면 너희는 내가
주렸을 때 내게 먹을 것을 주었고, 목말랐
을 때 나더러 마시게 하였고, 나그네였을
때 나를 맞아들였고, 36 헐벗었을 때 내게
입혀 주었고, 아팠을 때 나를 돌보았고, 감
옥에 있었을 때 나를 찾아왔기 때문이다.'
37 그때 의인들이 그에게 대답할 것이다. '주
님, 저희가 언제 당신이 주리실 때 보고 잡
수시게 하였고, 목마르실 때 마시게 하였습
니까? 38 또 저희가 언제 당신이 나그네이실
때 보고 맞아들였고, 헐벗으실 때 입혀 드
렸습니까? 39 또 저희가 언제 당신이 아프실
때나 감옥에 계실 때 보고 당신을 찾아갔습
니까?' 40 임금이 그들에게 대답할 것이다. '참
으로 내가 너희에게 말하는데, 나의 이 가장
작은 형제들 가운데 누구 하나에게 한 것이
내게 한 것이다.' 41 그때 (임금은) 왼쪽에
있는 사람들에게도 말할 것이다. '저주받은
사람들아! 내게서 물러나서 마귀와 그의 부
하들을 위하여 마련되어 있는 영원한 불로
들어가거라! 42 왜냐하면 너희는 내가 주렸
을 때 내게 먹을 것을 주지 않았고, 목말랐
을 때 나더러 마시게 하지 않았고, 43 나그
네였을 때 나를 맞아들이지 않았고, 헐벗
(었)을 때 나를 입혀 주지 않았고, 아프고
감옥에 (있었을) 때 나를 돌보지 않았기 때
문이다.' 44 그때 그들도 대답할 것이다. '주
님, 저희가 언제 당신이 주리시거나 목마르

시거나 나그네이시거나 헐벗으시거나 아프
시거나 감옥에 계실 때 당신을 보고 섬기지
않았습니까?' 45 그때 (임금이) 그들에게 대
답할 것이다. '참으로 내가 너희에게 말하는
데, 이 가장 작은 사람들 가운데 누구 하나
에게 하지 않은 것이 내게 하지 않은 것이
다.' 46 그리하여 이 사람들은 영원한 형벌
로, 의인들은 영원한 생명으로 들어갈 것이
다."

26

305 III요 1 예수께서 이 말씀들을 모두
마치셨을 때 자기 제자들에게
말씀하셨다. 2 "이틀 후에 유월
절이 되는 것을 너희가 알고 있다. 그러면
인자는 십자가에 못 박히도록 넘겨질 것이
다." 3 그때 대제사장들과 백성의 장로들이
가야바라고 하는 대제사장의 공관 안마당에
모여서 4 속임수로 예수를 잡아 죽이려고 의
논하다가 5 "백성 속에서 소동이 일어나지
않도록 명절에는 맙시다" 하고 말하였다.
306 IV (114, 267) 6 예수께서 베다니에서 문둥병자 시몬의 집
에 계셨다. 7 그가 식사 자리에 앉아 계시는
동안 어떤 여자가 값비싼 향유 한 항아리를
가지고 그에게 다가와서 그의 머리에 부었
다. 8 그런데 제자들이 보고 성내며 말하였
다. "웬일로 이렇게 버리는가! 9 이것을 비싸
게 팔아서 가난한 사람들에게 줄 수 있었을
것이다." 10 그러나 예수께서 아시고 그들에
게 말씀하셨다. "왜 그 여자에게 괴로움을
끼치느냐? 그 여자는 내게 좋은 일을 하였
기 때문이다. 11 너희가 가난한 사람들은 늘
너희 자신 곁에서 만나지만 나를 늘 만나지
는 않기 때문이다. 12 또 이 여자가 내 몸에
이 향유를 부은 것은 나를 장사하기 위해서
한 것이기 때문이다. 13 참으로 내가 너희에
게 말하는데, 온 세상 어디나 이 복음이 전
해지는 곳에는 그 여자를 기억하도록 이 여
자가 행한 일도 이야기될 것이다."
307 III요 14 그때 열둘 가운데 하나, 곧 가룟 유다라
고 하는 사람이 대제사장들에게 가서 15 말
하였다. "내가 그를 당신들에게 넘겨주면 내
게 무엇을 주겠소?" 그러자 그들이 은 서른
을 그에게 제공하였다. 16 그래서 그는 그때
부터 (예수를) 넘겨주려고 좋은 기회를 찾
고 있었다.
308 III요 17 무교절 첫 날에 제자들이 예수께 다가와
서 말하였다. "유월절 식사를 하시도록 어디
에 준비하기를 원하십니까?" 18 예수께서 말
씀하셨다. "성 안으로 아무개에게 가서 그에
게 말하여라. 선생님께서 '내 때가 가깝다.
네게서 내 제자들과 함께 유월절을 지키겠
다' 라고 말씀하십니다." 19 제자들이 예수께
서 자기들에게 시키신 대로 하여 유월절 식
사를 준비하였다. 20 저녁이 되어서 (예수께
서) 열두 「명과 함께 식사 자리에 앉으셨다.
310 IV (312) 21 그들이 먹는 중에 (예수께서) 말씀하셨다.
"참으로 내가 너희에게 말하는데, 너희 중에
서 한 사람이 나를 넘겨줄 것이다." 22 그들
은 무척 슬퍼하면서 한 사람씩 저마다 그에
게 말하기 시작하였다. "저는 아니지요? 주
님!" 23 예수께서 대답하셨다. "나와 함께 그
릇에 손을 넣은 사람, 이 사람이 나를 넘겨
줄 것이다. 24 인자는 자기에 관하여 적혀
있는 대로 떠나지만 인자를 넘겨주는 그 사
람에게는 화가 있다. 그 사람은 태어나지
말았으면 자신에게 좋았을 것이다." 25 그를
넘겨줄 유다가 대답하였다. "저는 아니지요?
랍비여!" (예수께서) 그에게 말씀하셨다. "네
가 말하였다."

20 「제자들과

311 III요 26 그들이 먹고 있을 때 예수께서 빵을 가지
고 축복하시고 나서 떼어서 제자들에게 주
시며 말씀하셨다. "받아서 먹어라. 이것은
내 몸이다." 27 또 그는 잔을 가지고 감사하
시고 나서 그들에게 주시며 말씀하셨다. "모
두 이것으로 마셔라. 28 이것은 내 피, 곧 죄
를 용서하려고 많은 사람을 위하여 부어지
는 [T] 언약의 피다. 29 내가 너희에게 말하
는데, 내 아버지의 나라에서 너희와 함께
그것을 새 것으로 마시는 그 날까지 나는
이제부터 포도나무에서 난 이런 것을 결코
마시지 않을 것이다."
315 IV 30 그들은 찬송을 부르고 나서 감람산으로
나갔다. 31 그때 예수께서 그들에게 말씀하
셨다. "이 밤에 너희는 모두가 내게 걸려 넘
어질 것이다. '내가 그 목자를 때려서 그 양
떼가 흩어질 것이다' 라고 적혀 있기 때문이
다. 32 그러나 나는 살아난 다음에 너희에
앞서 갈릴리로 갈 것이다." 33 그러자 베드로
가 그에게 대답하였다. "모두가 당신에게 걸
려 넘어져도 저는 결코 넘어지지 않을 것입
니다." 34 예수께서 그에게 말씀하셨다. "참
으로 내가 네게 말하는데, 이 밤에, 닭이 울
기 전에 네가 세 번 나를 부인할 것이다."
35 베드로가 그에게 말하였다. "제가 당신과
함께 죽어야 한다 해도 결코 당신을 부인하
지 않을 것입니다." 모든 제자들도 똑같이
말하였다.
330 IV 36 그때 예수께서 그들과 함께 겟세마네라고
하는 곳에 가셔서 제자들에게 말씀하셨다.
"내가 저기 가서 기도하는 동안 너희는 여
기 앉아 있어라." 37 그는 베드로와 세베대의
두 아들을 데려가셨는데 슬퍼하며 괴로워하
기 시작하셨다. 38 그때 (예수께서) 그들에게
말씀하셨다. "내 마음이 무척, 죽도록 괴롭
다. 너희는 여기 남아서 나와 함께 깨어 있
어라." 39 그리고 조금 더 가셔서 자신의 얼
굴이 땅에 닿게 엎드려 기도하시며 말씀하
셨다. "내 아버지시여! 가능하다면 이 잔이
내게서 지나가게 해 주십시오. 그렇지만 내
가 원하는 대로가 아니라, 당신이 (원하시
는) 대로 (하십시오.)" 40 (예수께서) 제자들
에게 오셔서 그들이 자고 있는 것을 발견하
시고는 베드로에게 말씀하셨다. "너희가 이
렇게 한 시간을 나와 함께 깨어 있을 수 없
느냐? 41 시험에 빠져 들지 않도록 깨어서
기도하여라. 영은 간절하지만 몸이 약하다."
42 그는 다시 두 번째 가셔서 기도하셨다.
"내 아버지시여! 내가 이것을 마시지 않고
는 이것이 지나갈 수 없다면 당신의 뜻이
이루어지소서." 43 그는 다시 와서 그들이 자
고 있는 것을 발견하셨다. 그들의 눈이 무
거워져 있었기 때문이다. 44 (예수께서) 그들
을 놓아두고 다시 가서 세 번째로 같은 말
씀을 또 하며 기도하셨고 45 제자들에게 와
서 그들에게 말씀하셨다. "이제는 자고 쉬어
라. 보아라, 그 시각이 가까워졌고 인자가
죄인들의 손에 넘겨진다. 46 일어나거라. 가
자. 보아라, 나를 넘겨주는 사람이 가까이
와 있다."
331 IV 47 그가 아직 말씀하고 계실 때, 보라, 열둘
가운데 하나인 유다가 왔고, 대제사장들과
백성의 장로들이 (보낸) 많은 무리가 칼과
몽둥이를 가지고 그와 함께 (왔다.) 48 그를
넘겨주는 사람이 그들에게 암호를 정해 주
며 "내가 입을 맞추는 사람이 그 사람이오.
그를 잡으시오" 하고 말해 두어서 49 그는
곧바로 예수께 다가가 "랍비여! 안녕하십니

28 T 새

까?" 하며 그에게 입을 맞추었다. 50 예수께
서 그에게 말씀하셨다. "벗이여, 무슨 일로
여기 있느냐?" 그때 사람들이 들이닥쳐서
예수를 손으로 덮쳐서 붙잡았다. 51 그런데,
보라, 예수와 같이 있던 사람들 가운데 하
나가 손을 뻗어서 자기 칼을 빼내었고 대제
사장의 종을 쳐서 그의 귀를 베었다. 52 그
때 예수께서 그에게 말씀하셨다. "네 칼을
제자리에 도로 꽂아라. 칼을 잡는 사람들은
모두 칼에 망할 것이기 때문이다. 53 너는
내가 내 아버지께 부탁하여 열두 군단이 넘
는 천사들을 지금 내 곁에 세워 주시도록
할 수 없는 줄로 생각하느냐? 54 그러면 일
이 이렇게 되어야만 한다고 한 성경이 어떻
게 이루어지겠느냐?" 55 그 시각에 예수께서
무리들에게 말씀하셨다. "강도에게 하듯이
너희가 칼과 몽둥이를 가지고 나를 잡으러
나왔느냐? 내가 날마다 성전에서 가르치면
서 앉아 있었지만 너희가 나를 잡지 않았
다. 56 그러나 이 모든 일은 선지자들의 글
이 이루어지게 하려고 일어났다." 그때 제자
들이 모두 그를 버려두고 달아났다.
332 IV 57 예수를 잡은 사람들이 (그를) 대제사장
가야바에게 데리고 갔는데 그곳에는 율법학
자들과 장로들이 모여 있었다. 58 베드로는
멀리서 대제사장의 안마당까지 그를 따라갔
고 안으로 들어가서 마지막을 보려고 종들
과 함께 앉아 있었다. 59 대제사장들과 온
공회가 예수를 죽이려고 그에게 불리한 거
짓증거를 찾았지만 60 많은 거짓 증인들이
나서는 동안에도 발견하지 못했다. 마침내
두 사람이 나서서 61 말하였다. "이 사람이
'나는 하나님의 성전을 헐고 사흘 만에 지을
수 있다'라고 말하였습니다." 62 대제사장이
일어서서 그에게 말하였다. "이들이 당신에
게 불리하게 증언하는 것이 무엇인지 아무
대답도 없소?" 63 그러나 예수께서는 조용히
계셨다. 대제사장이 그에게 말하였다. "당신
이 하나님의 아들 그리스도인지를 우리에게
말하도록 나는 당신이 살아 계신 하나님을
두고 맹세하게 하겠소." 64 예수께서 그에게
말씀하셨다. "네가 말했다. 그러나 내가 너
희에게 말하는데, 이제부터 너희는 인자가
권능의 오른쪽에 앉아 있는 것과 하늘의 구
름을 타고 오는 것을 볼 것이다." 65 그때
대제사장이 자기 겉옷을 찢으며 말하였다.
"그가 하나님을 모독하였소. 이제 우리에게
왜 증인이 필요하오? 보시오, 여러분이 막
하나님 모독을 들었소. 66 여러분은 어떻게
생각하시오?" 그러자 사람들이 대답하였다.
"그는 죽어 마땅합니다." 67 그때 그들은 그
의 얼굴에 침을 뱉고 그를 주먹으로 쳤는데
더러는 손바닥으로 때리면서 68 말하였다.
"우리에게 ※알아맞혀 보아라. 그리스도야,
너를 때린 사람이 누구냐?"
333 IV 69 베드로가 바깥, 곧 안마당에 앉아 있었는
데 어떤 여종 하나가 그에게 다가와서 말하
였다. "당신도 갈릴리 사람 예수와 함께 있
었어요." 70 그러자 그는 모든 사람 앞에서
부인하며 말하였다. "네가 무엇을 말하는지
나는 알지 못한다." 71 그가 대문으로 나가자
다른 (여종이) 그를 보고 거기 (있는) 사람
들에게 말하였다. "이 사람은 나사렛 사람
예수와 함께 있었어요." 72 그는 맹세하며 다
시 부인하였다. "나는 그 사람을 알지 못하
오." 73 조금 후에, 서 있던 사람들이 베드로
에게 다가와서 말하였다. "참으로 당신도 그
들과 한패요. 당신의 말씨가 당신을 드러내

68 ※ 예언해

고 있소." [74]그때 그는 "나는 그 사람을 알
지 못하오" 하며 저주하고 맹세하기 시작했
고, 곧바로 닭이 울었다. [75]베드로는 "닭이
울기 전에 네가 나를 세 번 부인할 것이다"
라고 하신 예수의 말씀이 떠올라서 밖으로
나가서 속이 쓰리게 울었다.

27

334 IV [1]아침이 되자 모든 대제사장
들과 백성의 장로들이 예수에
게 불리하게, 곧 그를 죽이기
로 결정하고 [2]그를 묶은 다음 데리고 가서
빌라도 총독에게 넘겨주었다.

335 I [3](예수를) 넘겨준 유다는 그때 그가 정죄되
신 것을 보고 나서 뉘우쳤고, 은 서른 개를
대제사장들과 장로들에게 되돌려 주며 [4]말
하였다. "내가 「죄 없는」 피를 넘겨줌으로
죄를 지었소." 그러자 그들이 말하였다. "그
게 우리와 무슨 상관이요? 당신이 ※책임지
시오." [5](유다는) 은을 성전에 내팽개쳐 버
리고 돌아갔으며, 가서는 목을 매달았다. [6]대
제사장들이 그 은을 주워서 말하였다. "이
것을 헌금함에 넣는 것은 옳지 않다. 피
값인 까닭이다." [7]그들은 의논한 다음에 그
것으로 나그네의 묘지로 쓰기 위하여 토기
장이의 밭을 샀다. [8]그래서 그 밭이 오늘날
까지 피밭이라고 불린다. [9]그때 선지자 「예
레미야」를 통하여 (이렇게) 말씀하신 것이
이루어졌다." ※사람들이 이스라엘 자손들에
의하여 값이 매겨져 있는 사람의 값, 곧 은
서른 개를 가져다가 [10]그것을 토기장이의
밭 (값으로) 주었다. 주님이 내게 시키신 대
로이다."

4 「 의로운
※ 문자적 의미는 "볼 것이오."

9 「 스가랴 또는 이사야
※ 내가

336 IV [11]예수께서 총독 앞에 서시자 총독이 그에
게 물었다. "당신이 유대인의 왕이오?" 예수
께서 말씀하셨다. "당신이 말하고 있소."
[12]그러나 대제사장들과 장로들에 의해 자신
이 고소당하는 일에는 아무 것도 대답하지
않으셨다. [13]그때 빌라도가 그에게 말하였
다. "얼마나 많은 것으로 당신에게 불리하게
증언하는지 듣지 못하시오?" [14]그래도 (예
수께서는) 그에게 아무 말 하나에도 대답하
지 아니하셔서 총독이 무척 이상하게 생각
하였다.

339 IV [15]명절에는 총독이 백성에게 그들이 원하는
죄수 한 명을 풀어주곤 하였는데 [16]그때
[예수] 바라바라고 하는, 소문난 죄수가 있
었다. [17]그래서 그들이 모여 있을 때에 빌
라도가 그들에게 말하였다. "내가 누구를 여
러분에게 풀어 주기를 바라오? [예수] 바라
바요 그리스도라고 하는 예수요?" [18]그는
그들이 시기하여 (예수를) 넘겨주었다는 것
을 알고 있었기 때문이다. [19](빌라도가) 재
판석에 앉아 있을 때에 그의 아내가 그에게
(사람을) 보내어 말하였다. "당신은 저 옳은
사람과 아무 것도 상관하지 마십시오. 내가
오늘 꿈에 그 사람 때문에 고생을 많이 하
였습니다." [20]그러나 대제사장들과 장로들은
바라바를 요청하고 예수를 죽이게 하도록
무리들을 설득하였다. [21]총독이 그들에게
대답하였다. "두 사람 가운데서 누구를 여러
분에게 풀어 주기를 바라오?" 그러자 그들
이 말하였다. "바라바입니다." [22]빌라도가
그들에게 말하였다. "그러면 그리스도라고
하는 예수는 어떻게 할까요?" 모두가 말하
였다. "십자가에 못 박히게 하십시오." [23]그
가 말하였다. "그가 무슨 나쁜 짓을 하였다
는 말이오?" 그러나 사람들은 더 크게 소리

지르며 말하였다. "십자가에 못 박히게 하십
시오."
341 IV [24] 빌라도는 아무런 효력도 없이 도리어 소
동이 일어나는 것을 보고 물을 가져다가 무
리 앞에서 손을 씻으며 말하였다. "나는 이
┬ 사람의 피에 죄가 없소. 여러분이 ※책임
지시오." [25] 그러자 모든 백성이 대답하였다.
"그의 피는 우리와 우리 아이들 위에!" [26] 그
때 (빌라도는) 그들에게 바라바를 풀어 주
고 예수는 채찍질하고 나서 십자가에 못 박
히도록 넘겨주었다.
342 III눅 (340) [27] 그때 총독의 병사들이 예수를 총독 공관
으로 데리고 가서 온 부대를 그에게로 모았
고 [28] 그의 (옷을) 벗기고 그에게 긴 진홍색
옷을 입혔으며 [29] 가시나무를 (잘라) 관을
엮어서 그의 머리에 올려놓고 그의 오른손
에 갈대를 (쥐게 하고) 그 앞에 무릎을 꿇
고 놀리며 그에게 말하였다. "안녕하시오!
유대인의 임금님!" [30] 또 그에게 침을 뱉고
갈대를 낚아채어서 그의 머리를 갈겨대었다.
[31] 그를 희롱한 후 그에게서 긴 옷을 벗기고
그의 겉옷을 도로 입혀서
343 IV 십자가에 못 박으려고 그를 데려갔다. [32] 나
가다가 시몬이라 하는 한 구레네 사람을 만
났는데 그들은 그로 하여금 강제로 (예수의)
십자가를 지게 하였다.
344 IV [33] 그들은 골고다라고 하는 곳, 곧 해골의
자리라고 하는 곳에 이르러서 [34] 쓸개즙을
섞어 놓은 포도주를 그에게 마시라고 주었
지만 그는 맛보시고 나서 마시려고 하지 않
으셨다. [35] 그들은 그를 십자가에 못 박고
나서 제비를 뽑아 그의 겉옷을 나누어 (가
졌고) [36] 거기 앉아서 그를 지키고 있었다.

24 ┬ 의로운
※ 원어는, 볼 것이오.

[37] 그의 머리 위쪽에 "이 사람은 유대인의
왕 예수이다"라고 쓰인 그의 죄목을 붙여
놓았다.
345 III요 [38] 그때 그와 함께 두 강도가, 하나는 오른
쪽에, 하나는 왼쪽에 십자가에 못 박혔다.
[39] 지나가는 사람들이 자기 머리를 흔들며
그를 모독하면서 [40] 말하였다. "성전을 헐고
사흘 만에 짓는 사람아, 네 자신을 구원해
보아라. 네가 하나님의 아들이라면 십자가
에서 내려와 보아라." [41] 대제사장들도 율법
학자들과 장로들과 함께 똑같이 놀리면서
말하였다. [42] "남들은 구원하였지만 자신을
구원하지는 못하는구나. 이스라엘의 「왕이
니까 지금 십자가에서 내려와 보아라. 그러
면 우리가 그를 믿을 것이다. [43] 그가 하나
님을 신뢰하였으므로, (하나님께서) 그를 원
하시면 지금 구원해 보시라. '나는 하나님의
아들이다'라고 그가 말했기 때문이다."
346 III요 [44] 그와 함께 십자가에 못 박힌 강도들도 같
은 말로 그를 욕하였다.
347 IV [45] 여섯 시부터 아홉 시까지 어두움이 온 땅
을 뒤덮었다. [46] 아홉 시쯤 예수께서 큰 소
리로 외치셨다. "엘리 엘리 레마 사박다니."
이것은 "나의 하나님, 나의 하나님, 어찌 나
를 버리셨습니까?"라는 뜻이다. [47] 거기에
서 있던 사람들 가운데 몇이 듣고 말하였다.
"이 사람이 엘리야를 부른다." [48] 그들 가운
데서 하나가 얼른 달려가서 해면을 가져다
가 신 포도주에 푹 적신 다음 갈대에 둘러
매달아서 그에게 먹였다. [49] 그러나 나머지
사람들은 말하였다. "놓아두시오. 엘리야가
와서 그를 구해주는지 봅시다." ┬ [50] 예수께

42 「 왕이라면
49 ┬ 다른 사람이 창을 가지고 그의 옆구리를 찌르
자 물과 피가 나왔다.

서 다시 큰 소리로 외치셨고 영혼이 떠나셨
다. 51 그리고, 보라, 성전의 휘장이 위에서
부터 아래까지 둘로 찢어졌고, 땅이 흔들렸
고, 바위들이 갈라졌으며, 52 무덤들이 열렸
고, 잠자고 있던 성도들의 몸이 많이 일어
나서 53 그의 부활 후에 무덤에서 나와 거룩
한 성에 들어갔고 많은 사람에게 나타났다.
54 백부장과 그와 함께 예수를 지키던 사람
들이 지진과 벌어진 일들을 보고 무척 두려
워하며 말하였다. "참으로 이분은 하나님의
아들이셨다."
348 IV 55 그곳에 많은 여자들이 멀리서 바라보고
있었는데, 그 여자들은 예수를 섬기려고 갈
릴리에서부터 그를 따라온 사람들이었다.
56 그들 가운데 막달라 마리아와 야고보와
요셉의 어머니 마리아와 세베대의 아들들의
어머니가 있었다.
350 IV 57 저녁이 되어서 어떤 사람, 곧 요셉이라고
하는 아리마대 출신의 한 부자가 왔는데 그
사람 자신도 예수의 제자였다. 58 이 사람이
빌라도에게 나아가서 예수의 시신을 달라고
하였고, 그때 빌라도는 주라고 명령하였다.
59 그래서 요셉은 그 시신을 가져가서 깨끗
한 베로 쌌으며 60 그를 바위에 굴을 판 자
기 새 무덤에 두고 무덤 입구에 큰 돌을 굴
려다 놓고 갔다. 61 막달라 마리아와 다른
마리아가 거기 무덤 맞은편에 앉아 있었다.
351 I 62 이튿날, 곧 예비일 후에 대제사장들과 바
리새인들이 빌라도에게 모여서 63 말하였다.
"주여, 저 거짓말쟁이가 아직 살아 있을 때
에 '내가 사흘 후에 살아날 것이다' 라고 말
한 것을 우리가 기억합니다. 64 그러므로 그
무덤을 셋째 날까지 안전하게 지키도록 명
령해 주십시오. 그의 제자들이 와서 그를
훔쳐 가고 백성에게는 '죽은 사람들로부터
그가 살아나셨다' 라고 말하지 않을까 걱정
입니다. 그러면 마지막 속임수가 처음보다
더 나쁠 것입니다." 65 빌라도가 그들에게 말
하였다. "여러분은 경비병이 있으므로 가서
재주껏 안전하게 지키시오." 66 그래서 그들
이 경비병과 함께 가서 돌을 봉인하고 무덤
을 안전하게 지켰다.

352 IV **28** 1 안식일 늦게, 곧 안식일 후
첫째 날 동틀 때에 막달라 마
리아와 다른 마리아가 무덤을
보려고 갔다. 2 그런데, 보라, 강한 지진이
일어나고 주님의 천사가 하늘로부터 내려와
서 (무덤으로) 다가갔고 돌을 굴러 내고 그
위쪽에 앉았다. 3 그의 모습은 번개와 같았
고 그의 옷은 눈처럼 희었다. 4 지키고 있던
사람들은 그가 무서워서 떨었고 죽은 사람
들처럼 되었다. 5 그 천사가 여자들에게 대
답하였다. "너희는 무서워하지 마라. 십자가
에 못 박히신 예수를 찾고 있는 것을 내가
알고 있기 때문이다. 6 그는 여기 계시지 않
다. 말씀하신 대로 그는 살아나셨다. 와서
「그가 누워 계시던 곳을 보아라. 7 속히 가
서 그의 제자들에게 '그는 죽은 사람들 가운
데서 살아나셨다. 보라, 그가 너희에 앞서
갈릴리로 가신다. 너희가 그곳에서 그를 볼
것이다' 라고 말하여라. 보아라, 내가 너희에
게 말하였다." 8 그 여자들은 두려움과 큰
기쁨으로 빨리 무덤에서 「떠났고 그의 제자
들에게 알리려고 달려갔다.
353 IV 9 그런데, 보라, ⊤ 예수께서 그 여자들과 마
주쳐서 "잘 있느냐?" 라고 말씀하셨고 여자

6 「주님께서
8 「나왔고
9 ⊤그 여자들이 그의 제자들에게 소식을 전하러 갈 때

들은 다가가서 그의 발을 붙잡고 그에게 절
하였다. [10] 그때 예수께서 그 여자들에게 말
씀하셨다. "무서워하지 마라. 가서 내 형제
들에게 갈릴리로 가라고 전하여라. 그들이
그곳에서 나를 볼 것이다."

354 I [11] 그 여자들이 가고 있을 때, 보라, 경비병
가운데 몇이 성으로 들어가서 일어난 일 모
두를 대제사장들에게 알렸고, [12] 그들은 장
로들과 함께 모여 의논하고 나서 병사들에
게 많은 은을 주면서 [13] 말하였다. "너희는
'밤에 우리가 자고 있는 동안 그의 제자들이
와서 그를 훔쳐 갔다' 라고 말하여라. [14] 만
약 이 소식이 총독에게 들어가면 우리가
[그를] 설득해서 너희는 걱정이 없도록 해
주겠다." [15] 병사들은 은을 받고 사주를 받은
대로 하였다. 그래서 이 말이 오늘날까지
유대인들 사이에 두루 퍼져 있다.

359 I (364) [16] 열한 제자들이 갈릴리로, 예수께서 자기
들에게 지시하신 산에 갔고 [17] 그를 보고 절
하였는데, 의심하는 사람들이 (있었다.) [18] 예
수께서 다가와서 그들에게 말씀하셨다. "하
늘과 땅의 모든 권세가 나에게 주어졌다.
[19] 그러므로 가서 모든 민족을 제자로 삼아
라. 아버지와 아들과 성령의 이름으로 그들
에게 세례를 주고 [20] 내가 너희에게 명령한
모든 것을 지키도록 그들을 가르쳐라. 보아
라, 나는 세상 마지막 날까지 모든 날 동안
너희와 함께 있다."

마가복음

1

1 1 [하나님의 아들이신] 예수 그
IV 리스도의 복음의 시작이다.
13 2 선지자 이사야(의 책)에 (이
IV 렇게) 적혀 있다. "보라, 내 심부름꾼을 네
앞에 보낸다. 그가 네 길을 준비할 것이다.
3 황야에서 외치는 사람의 소리가 있다. '너
희는 주님의 길을 마련하여라. 그의 좁은
길들을 곧게 만들어라.'" 4 (이처럼) 요한이
나타나서 황야에서 세례를 주며 죄 용서에
이르는 회개의 세례를 선포하였다. 5 그러자
온 유대 지역과 모든 예루살렘 사람들이 그
에게로 나와서 자신들의 죄를 고백하며 요
단강에서 그에게 세례를 받았다. 6 요한은
낙타 털(옷)을 입고 자기 허리에 가죽 띠를
띠고 메뚜기와 들꿀을 먹었다.
16 7 그가 선포하였다. "나보다 더 강한 분이
IV 내 뒤에 오시는데 나는 몸을 굽혀서 그분의
신발끈을 풀 자격도 없다. 8 나는 너희에게
물로 세례를 주었지만, 그분은 너희에게 성
령으로 세례를 주실 것이다."
18 9 그 즈음에 예수께서 갈릴리 나사렛으로부
IV 터 오셔서 요단강에서 요한에게 세례를 받
으시고 10 곧바로 물 밖으로 올라오시면서
하늘이 갈라지고 영이 비둘기같이 자기에게
내려오는 것을 보셨다. 11 그리고 하늘에서
소리가 났다. "너는 내 사랑하는 아들이다.
내가 너를 기뻐하였다."
20 III요 12 성령이 그를 곧바로 황야로 몰아내셨다.
13 그는 사십 일 동안 황야에 계시며 사탄에
게 시험을 받으셨는데, 그는 짐승들과 함께
계셨고, 천사들이 그를 시중들었다.
30 14 요한이 잡힌 후에 예수께서 갈릴리로 오
IV 셔서
32 하나님의 복음을 선포하시며 15 말씀하셨다.
IV "때가 차고 하나님의 나라가 가까이 왔다.
회개하고 복음을 믿어라."
34 16 (예수께서) 갈릴리 바닷가를 지나가시다
II마 가 시몬과 시몬의 동생 안드레가 바다에서
그물질하고 있는 것을 보셨다. 그들은 어부
들이었기 때문이다. 17 예수께서 그들에게 말
씀하셨다. "나를 따라오너라. 내가 너희를
사람의 어부가 되게 하여 주겠다." 18 그래서
그들은 곧바로 그물을 버리고 예수를 따랐
다. 19 (예수께서) 조금 더 가시다가 세베대
의 아들 야고보와 그의 동생 요한을 보셨는
데, 그들은 배에서 그물을 손질하고 있었다.
20 (예수께서) 곧바로 그들을 부르시자, 그들
은 자기들의 아버지 세베대를 품꾼들과 함
께 배에 버려두고 예수의 뒤를 따라갔다.
35 21 그들은 가버나움으로 들어갔다. (예수께
II누 (76) 서) 안식일에 곧바로 회당에 들어가서 가르
치셨는데, 22 사람들이 그의 가르침에 놀랐
다. (예수께서) 그들을 가르치실 때에 그는
권위 있는 분과 같고 율법학자들과 같지 않
으셨기 때문이다.
36 23 그들의 회당에 마침 더러운 영이 (들린)
II누 어떤 사람이 있다가 외쳤다. 24 "우리와 당신
이 무슨 상관입니까? 나사렛 예수여! 우리
를 망하게 하려고 오셨습니까? 나는 당신이
누구인지 압니다. 하나님의 거룩한 분이십
니다." 25 예수께서 그를 꾸짖으셨다. "입 닥
치고 그에게서 나오너라." 26 그러자 더러운
영은 그가 경련을 일으키게 하고 큰 소리를

지르며 그에게서 나갔다. 27 모두가 놀라서
서로 물으며 말하였다. "이게 웬 일인가? 권
위 있는 새 가르침이다. 그가 더러운 영들
에게 명령하니까 그것들이 그에게 순종한
다." 28 그의 소문이 곧바로 갈릴리 온 주변
마을 어디로나 퍼져 갔다.

37 III요 (87) 29 그들은 회당에서 곧바로 나와서 야고보와
요한과 함께 시몬과 안드레의 집으로 들어
갔다. 30 시몬의 장모가 열병에 걸려 누워
있었고, 사람들이 그 여자에 관하여 곧바로
예수께 말씀드렸다. 31 (예수께서) 다가가서
손을 붙잡고 그 여자를 일으키시자, 그 여
자는 열이 없어졌고 그들을 시중들었다.

38 III요 (88) 32 저녁, 곧 해 질 때가 되자 사람들이 모든
아픈 사람들과 귀신들린 사람들을 그에게
데려왔고 33 온 성이 대문 앞에 모여들었다.
34 (예수께서는) 갖가지 병으로 아픈 사람들
을 많이 고쳐주셨고 귀신들을 많이 내쫓으
셨으나 귀신들이 말하는 것을 허락하지 아
니하셨다. 그것들이 예수를 알았기 때문이
다.

39 III요 35 아직 캄캄한 새벽에 (예수께서) 일어나셨
고 나가서 외진 곳으로 가셨으며 그곳에서
기도하고 계셨다. 36 시몬과 그와 함께 (있
던) 사람들이 그를 뒤쫓아 가서 37 그를 찾
게 되자 "모두가 당신을 찾고 있습니다" 하
고 그에게 말하였다. 38 그러자 (예수께서)
그들에게 말씀하셨다. "어디 가까이 있는 주
변 성들로 가자. 거기서도 전도할 것이다.
나는 이것을 위하여 나왔기 때문이다."

40 III요 39 그리고 (예수께서는) 온 갈릴리로 가셔서
그들의 회당에서 전도하셨고 귀신들을 내쫓
으셨다.

42 III요 (84) 40 어떤 문둥병자가 예수께 와서 [무릎을 꿇
고] 간청하며 말하였다. "당신이 원하시면
저를 깨끗하게 하실 수 있습니다." 41 (예수
께서) 가엾이 여기시고 자기 손을 내밀어서
(그를) 만지시며 그에게 말씀하셨다. "내가
원한다. 깨끗해져라." 42 그러자 문둥병이 바
로 그에게서 떠나고 깨끗해졌다. 43 (예수께
서) 그를 엄하게 타이르시고 바로 그를 보
내시며 44 말씀하셨다. "아무에게 아무 것도
말하지 않도록 조심하고 가서 네 자신을 제
사장에게 보이고 네 깨끗함에 관하여 그들
에게 증거가 되도록 모세가 지시한 것들을
바쳐라." 45 그러나 그는 나가서 많은 것을
전파하고 말을 퍼뜨리기 시작하였다. 예수
께서는 더 이상 드러나게 성으로 들어가실
수가 없어서 바깥 외진 곳에 계셨는데 사람
들이 사방에서 그에게로 왔다.

2

43 IV (92) 1 며칠 후에 예수께서 다시 가
버나움에 들어가셨는데, 예수
께서 집에 계시다는 (말이) 들
리자, 2 많은 사람이 모여서 대문 앞에조차
더 이상 빈틈이 없었다. 예수께서 그들에게
말씀을 전하셨다. 3 사람들이 한 중풍환자를
네 사람에게 들린 채 예수께 데려왔지만
4 무리 때문에 예수께 데려갈 수가 없어서
예수께서 계시던 곳의 지붕을 걷어 내고 구
멍을 뚫어서 그 중풍환자가 누워 있던 침상
을 달아 내렸다. 5 예수께서 그들의 믿음을
보시고 그 중풍환자에게 말씀하셨다. "아이
야, 네 죄들을 용서한다." 6 그런데 율법학자
몇이 그곳에 앉아 있다가 자기 마음속으로
수군거렸다. 7 "이 사람이 어떻게 이렇게 말
하는가? (하나님을) 모독하고 있다. 하나님
한 분밖에는 누가 죄를 용서할 수 있는가?"
8 예수께서 그들이 속으로 이렇게 수군거리
는 줄을 자기 영으로 바로 알아채시고 그들
에게 말씀하셨다. "왜 너희 마음속으로 이렇

게 수군거리느냐? [9] 중풍환자에게 '네 죄들
을 용서한다' 라고 말하는 것과 '일어나서 네
침상을 들고 걸어가거라' 라고 말하는 것
(가운데서) 어느 것이 더 쉬우냐? [10] 인자가
땅 위에서 죄를 용서하는 권한을 가지고 있
다는 것을 알게 하려고 (그렇게 하였다)."
(예수께서) 그 중풍환자에게 말씀하셨다. [11]
"내가 네게 말한다. 일어나서 네 침상을 들
고 네 집으로 가거라." [12] 그러자 그가 일어
나서 곧바로 침상을 들고 모든 사람들 앞에
서 나갔다. 모두가 놀랐고 "결코 이런 일을
보지 못하였다" 라고 말하면서 하나님께 영
광을 돌렸다.
44 III요 [13] (예수께서) 다시 바닷가로 나가셨다. 무리
(93) 가 모두 예수께로 왔고 예수께서는 그들을
가르치셨다. [14] (예수께서) 지나가시다가 알
패오의 아들 레위가 세관에 앉아 있는 것을
보시고 그에게 말씀하셨다. "나를 따라라."
그러자 그가 일어서서 예수를 따랐다. [15] 예
수께서 그의 집에서 식사 자리에 앉게 되시
자, 많은 세리들과 죄인들이 예수와 그의
제자들과 함께 자리에 앉았다. 그들이 많았
고 또 예수를 따랐기 때문이다. [16] (예수께
서) 죄인들과 세리들하고 함께 잡수시는 것
을 바리새파 율법학자들이 보고 예수의 제
자들에게 말하였다. "그가 세리들과 죄인들
하고 함께 먹고 있소." [17] 예수께서 들으시고
그들에게 말씀하셨다. "튼튼한 사람들은 의
사가 쓸데없지만, 아픈 사람들은 (의사가
꼭) 있어야 한다. 나는 의인들을 부르러 오
지 않고 죄인들을 (부르러 왔다.)"
45 [18] 요한의 제자들과 바리새인들은 금식하고
III요 있었다. 사람들이 와서 예수께 말하였다. "요
(94) 한의 제자들과 바리새인의 제자들은 금식하
는데 어째서 당신에게 (있는) 제자들은 금
식하지 않습니까?" [19] 예수께서 그들에게 말
씀하셨다. "신랑이 결혼식 ※손님들과 함께
있는 동안 그들이 금식할 수 있느냐? 신랑
이 그들과 함께 있는 기간 동안은 금식할
수 없다. [20] 그러나 그들에게서 신랑을 떼어
놓는 날이 올 것이다. 그러면 그때, 그날에
금식할 것이다. [21] 아무도 오그라들지 않은
헝겊 조각을 낡은 옷에 대고 깁지 않는다.
그렇게 하면 새로 덧댄 것이 바로 그 낡은
것을 당겨서 더 많이 찢어진다. [22] 아무도
새 포도주를 낡은 가죽부대에 담지 않는다.
그렇게 하면 포도주가 가죽부대를 터뜨려서
포도주도 버리고 가죽부대도 (버린다.) 새
포도주는 새 가죽부대에 (담아야 한다.)"
46 III요 [23] 예수께서 안식일에 밀밭 사이로 지나가신
(111) 적이 있었는데, 그의 제자들이 이삭을 자르
며 길을 내기 시작하였다. [24] 바리새인들이
예수께 말하였다. "보십시오, 그들이 어째서
(해서는) 안 되는 일을 안식일에 합니까?"
[25] (예수께서) 그들에게 말씀하셨다. "다윗과
그와 함께 한 사람들이 먹을 것이 없고 배
가 고팠을 때 그가 무엇을 했는지 한 번도
읽어보지 못하였느냐? [26] 대제사장 아비아달
때에 그가 어떻게 하나님의 집에 들어가서
제사장이 아니면 먹어서는 안 되는 '바친 빵'
을 먹고 자기와 함께 하던 사람들에게도 주
었느냐?" [27] 또 그들에게 말씀하셨다. "사람
을 위하여 안식일이 생겼지 안식일을 위하
여 사람이 (생긴 것이) 아니다. [28] 그러므로
인자는 안식일의 주인이기도 하다."

3

47 III요 (112) [1] (예수께서) 다시 회당에 들어
가셨는데, 거기 한 손이 마비
되어 있는 어떤 사람이 있었다.

19 ※아들들과

2 사람들이 예수를 고소하려고 안식일에 그
사람을 고쳐주시는지 그를 지켜보고 있었다.
3 (예수께서) 한 손이 마비된 사람에게 말씀
하셨다. "가운데 일어나라." 4 그리고 (예수
께서) 그들에게 말씀하셨다. "안식일에 착한
일을 하는 것이 옳으냐? 나쁜 일 하는 것이
(옳으냐?) 목숨을 건져내는 것이 (옳으냐?)
죽이는 것이 옳으냐?" 그들은 말을 못하고
있었다. 5 (예수께서) 그들의 마음이 굳어
있는 것에 몹시 슬퍼하시고 성내시며 그들
을 둘러보시고 나서 그 사람에게 말씀하셨
다. "손을 내밀어라." 그가 내밀자 그의 손
이 회복되었다. 6 바리새인들이 곧바로 나가
서 헤롯파 사람들과 함께 그를 없애려고 그
에 대한 (대책을) 상의하였다.

48 7 예수께서 자기 제자들과 함께 바다로 떠나
III요 가셨고 많은 무리가 갈릴리로부터 (그를)[따
(50, 랐다]. 또 유대와 8 예루살렘과 이두매와 요
77, 단강 맞은편과 두로와 시돈 부근으로부터
113) 많은 무리가 (예수께서) 하고 계셨던 일들
을 듣고 예수께 왔다. 9 (예수께서는) 사람
들이 무리 때문에 자기를 밀지 못하게 하시
려고 자기에게 작은 배를 준비하도록 자기
제자들에게 지시하셨다. 10 (예수께서) 많은
사람들을 고쳐주셨으므로 병든 사람들이 그
를 만지려고 그에게 밀려들었기 때문이다.
11 더러운 영들이 예수를 볼 때는 그 앞에
엎드려 "당신은 하나님의 아들이십니다" 하
고 소리질렀는데, 12 (예수께서는) 자기를 나
타내지 못하도록 그들을 거듭거듭 꾸짖으셨
다.

49 13 (예수께서) 산에 올라가셔서 자기가 원하
III요 는 사람들을 불러내시자, 그들이 예수께 나
(99) 아왔다. 14 (예수께서) 열둘을 세우시고 [사
도라고도 이름하셨는데,] (이것은) 자기와
함께 있게 하시고 그들을 보내서 전도하고
15 귀신들을 내쫓는 권한을 갖게 하시려는
것이었다. 16 [(예수께서) 열둘을 세우셨는
데] (이들은) 베드로라는 이름을 덧붙여 주
신 시몬과 17 보아너게 곧 천둥의 아들들이
라는 이름을 덧붙여 주신 세베대의 아들 야
고보와 그의 동생 요한과 18 안드레와 빌립
과 바돌로매와 마태와 도마와 알패오의 아
들 야고보와 다대오와 가나안 사람 시몬과
19 예수를 넘겨준 가룟 유다이다.

116 20 (예수께서) 집으로 들어오시자 다시 무리
I 가 모여서 그들은 빵조차도 먹을 수가 없었
다. 21 그의 가족들이 듣고 그를 붙잡으러
나왔다. 그가 미쳤다고 사람들이 말하고 있
었기 때문이다.

117 22 예루살렘에서 내려온 율법학자들은 말하
III요 였다. "그가 바알세불이 들렸고 그 귀신들의
(97, 우두머리에 힘입어 귀신들을 내쫓는다."
188) 23 (예수께서) 그들을 불러다가 비유로 그들
에게 말씀하셨다. "어떻게 사탄이 사탄을 내
쫓을 수 있느냐? 24 나라가 스스로 나누이면
그 나라는 서 있을 수 없고, 25 집이 스스로
나누이면 그 집은 서 있을 수 없다. 26 만일
사탄이 스스로 맞서고 나누이면 (그 나라가)
서 있을 수 없고 도리어 끝장나 버린다. 27 힘
센 사람을 먼저 묶어 놓지 않으면 아무도
그 힘센 사람의 집에 들어가서 그의 살림살
이를 빼앗을 수 없다. 그렇게 (한) 다음에
그의 집을 털어 갈 것이다.

118 28 참으로 내가 너희에게 말하는데, 사람의
III요 아들들이 모든 죄들과 그들이 내뱉은 모독들
(197) 을 용서받겠지만, 29 성령을 모독하는 사람
은 누구든지 영원히 용서받지 못하고 도리
어 죄가 영원히 있을 것이다. 30 그들이 "그
는 더러운 영이 들렸다" 고 말하였기 때문이

다.
121 III요 (135) 31 그의 어머니와 그의 형제들이 와서 밖에
서서 그에게 (사람을) 보내어 그를 불렀다.
32 무리가 그의 주변에 앉아 있다가 그에게
말하였다. "보십시오, 당신의 어머니와 당신
의 형제들[과 당신의 자매들]이 밖에서 당
신을 찾고 있습니다." 33 (예수께서) 그들에
게 대답하셨다. "누가 내 어머니와 [내] 형
제들이냐?" 34 그는 자기 주변에 둥그렇게
앉아 있는 사람들을 둘러보시고 나서 말씀
하셨다. "보아라, 내 어머니와 내 형제들이
다. 35 누구든지 하나님의 뜻대로 하는 사람,
이 사람이 내 형제요 자매요 어머니이기
[때문이다]."

122 III요 4 1 (예수께서) 다시 바닷가에서
가르치기 시작하셨다. 무척 많
은 무리가 그에게로 모여들어
서 그는 바다에 (떠 있는) 배에 올라가 앉
으셨고 무리는 모두 바다 곁의 뭍에 있었
다. 2 (예수께서) 그들에게 많은 것을 비유
로 가르치셨는데 그의 가르침에서 그들에게
(이렇게) 말씀하셨다. 3 "너희는 들어라. 보
아라, 씨 뿌리는 사람이 씨를 뿌리려고 나
갔다. 4 (그가) 씨를 뿌릴 때 어떤 것은 길
가에 떨어졌는데, 새들이 와서 그것을 삼켜
버렸다. 5 다른 것은 흙이 많지 않은 돌밭에
떨어졌는데 흙이 깊지 않아서 곧 싹이 텄지
만 6 해가 돋았을 때 시들고 뿌리가 없어서
말라죽었다. 7 다른 것은 가시덤불 속에 떨
어졌는데, 가시덤불이 자라서 그것의 (성장
을) 막아 열매를 맺지 못했다. 8 다른 것들
은 좋은 땅에 떨어져서 열매를 맺었는데 싹
이 나고 자라서 하나는 삼십, 하나는 육십,
하나는 백을 가져왔다." 9 그리고 말씀하셨
다. "들을 귀 있는 사람은 들어라."

123 III요 10 그가 혼자 계실 때 그의 둘레에 있던 사
람들이 열두 명과 함께 그에게 비유들을 물
었다. 11 (예수께서) 그들에게 말씀하셨다. "하
나님 나라의 비밀이 너희에게는 주어져 있
지만 밖에 있는 저희에게는 모든 것이 비유
로 된다. 12 그들이 보기는 보아도 보지 못
하도록 하고, 듣기는 들어도 깨닫지 못하게
하려는 것이다. 그렇지 않으면 그들이 돌아
와서 용서를 받을 것이다."
124 III요 13 그리고 그들에게 말씀하셨다. "너희가 이
비유를 알지 못하면서 어떻게 모든 비유들
을 알겠느냐? 14 씨 뿌리는 사람은 말씀을
뿌린다. 15 말씀이 뿌려진 곳이 길가인 사람
들은 이런 사람들, 곧 (말씀을) 들을 때 곧
바로 사탄이 와서 그들에게 뿌려진 말씀을
가져가 버리는 사람들이다. 16 돌밭에 씨가
뿌려지는 사람들이란 이런 사람들, 곧 말씀
을 들을 때 기쁨으로 얼른 그것을 받는 사
람들이다. 17 그러나 그들은 자신들 안에 뿌
리가 없어서 잠시 그러다가 그 다음에 말씀
때문에 어려움이나 박해가 일어나면 곧바로
넘어져 버린다. 18 가시덤불에 씨가 뿌려지
는 다른 사람들이란 이런 사람들, 곧 말씀
을 들은 후에 19 세상살이 걱정과 재물의 유
혹과 그 밖의 욕심이 들어와 말씀을 막아서
열매를 맺지 못하게 되는 사람들이다. 20 좋
은 땅에 씨가 뿌려진 사람들이란 저런 사람
들, 곧 말씀을 들으면서 받아들여 열매를
맺는 사람들인데 씨 하나는 삼십, 씨 하나
는 육십, 씨 하나는 백이 (된다.)"
125 III요 (53) 21 (예수께서) 또 그들에게 말씀하셨다. "말
밑에나 침대 밑에 놓으려고 등을 가져오느
냐? 등잔대 위에 놓으려는 것이 아니냐?
22 밝혀지지 않는 비밀은 없기 때문이다. 숨
겨져 있을 것도 없이 밝히 드러난다. 23 누

가 들을 귀가 있다면 들어라." 24 (예수께서)
(68, 81) 그들에게 또 말씀하셨다. "너희가 무엇을 듣
는지 조심하여라. 너희가 재는 그 자로 너
희가 재어지고, 너희에게 더해질 것이다.
25 가진 사람, 그에게는 주어지고, 가지지 못
한 사람은 그가 가지고 있는 것도 자기에게
서 빼앗기겠기 때문이다."
126 I 26 또 (예수께서) 말씀하셨다. "하나님의 나
라는 이렇다. 어떤 사람이 땅에 씨를 뿌리
고 27 밤낮 자고 깨는데 그 씨는 그가 알지
못하는 사이에 싹이 트고 자랐다. 28 땅이
저절로 열매를 맺게 하는데 처음에는 싹이
요 다음에는 이삭이요, 다음에는 이삭에 꽉
찬 알갱이다. 29 그러다 열매가 익으면 그는
곧바로 낫을 댄다. 거둘 때가 왔기 때문이
다."
128 III요 (209) 30 또 (예수께서) 말씀하셨다. "우리가 하나
님의 나라를 어떻게 비유할까? 그것을 무슨
비유로 설명할까? 31 (그것은) 겨자씨와 같
아서 땅에 뿌려질 때는 땅 위에 있는 모든
씨보다 더 작지만 32 뿌려져서는 자라고 모
든 채소들보다 더 크게 되고 큰 가지들을
내어서 그 그늘 아래 하늘의 새들이 깃들일
수 있다."
130 II마 33 (예수께서) 그들에게 그들이 들을 수 있
을 만큼 이렇게 많은 비유로 말씀을 하셨고
34 비유가 아니고는 그들에게 말씀하지 않으
셨으며 자신의 제자들에게는 따로 모든 것
을 풀어주셨다.
136 III요 (90) 35 그 날 저녁이 되자 (예수께서) 제자들에
게 "맞은편으로 건너가자" 고 말씀하셨다.
36 그들은 무리를 놓아두고 그를 배에 계신
채로 모셔 갔는데 다른 배들도 그와 함께
있었다. 37 아주 강한 바람이 불어오며 파도
가 배 안으로 덮쳐서 이미 배에 (물이) 차
올랐지만, 38 예수께서는 고물에서 베개를 베
시고 주무시고 계셨다. 그들이 그를 깨우며
그에게 말하였다. "선생님, 저희가 죽게 된
것을 돌아보지 않으십니까?" 39 (예수께서)
일어나셔서 바람을 꾸짖으시고 바다를 향해
말씀하셨다. "조용히 하여라. 잠잠해져라."
그러자 바람이 그치고 (바다가) 매우 잔잔
해졌다. 40 그러자 (예수께서) 그들에게 말씀
하셨다. "왜 무서워하느냐? 너희가 아직 믿
음이 없느냐?" 41 그들은 아주 크게 두려워
하였고 서로 말하였다. "바람도, 바다도 그
에게 순종하니 이분이 도대체 누구이신가?"

5

137 III요 (91) 1 그들은 바다 건너편, 곧 거라
사 사람들의 지역에 갔다. 2 그
가 배에서 내리시자 더러운 영
들린 어떤 사람이 무덤 사이에서 (나오다가)
곧바로 그와 마주쳤다. 3 그는 무덤 사이에
서 살고 있었는데 아무도 더 이상 그를 쇠
사슬로도 묶을 수 없었다. 4 그는 자주 쇠고
랑과 쇠사슬에 묶였지만 쇠사슬은 그에게
끊어지고 쇠고랑은 부서져서 아무도 그를
억제할 수 없었기 때문이다. 5 그는 밤낮으
로 늘 무덤이나 산에서 소리지르고 돌로 자
신을 치곤 했다. 6 그가 멀리서 예수를 보고
달려와서 그 앞에 엎드려 7 큰 소리로 외치
며 말하였다. "저와 당신이 무슨 상관입니
까? 가장 높으신 하나님의 아들 예수여! 하
나님을 두고 당신께 ※애원하는데, 저를 괴
롭히지 마십시오." 8 왜냐하면 (예수께서 이
미) 그에게 "더러운 영아, 그 사람에게서 나
오너라" 라고 말씀하셨기 때문이다. 9 (예수
께서) 그에게 물으셨다. "네 이름이 무엇이냐?"
그가 (예수께) 말하였다. "제 이름은 레기온

7 ※맹세하는데

입니다. 저희가 많기 때문입니다." 10 그는
예수께 자기들을 그 지방 밖으로 보내지 마
시기를 거듭거듭 빌었다. 11 거기 산기슭에
놓아먹이는 큰 돼지 떼가 있었는데, 12 (귀
신들이) 그에게 빌며 말하였다. "저희가 돼
지들 안에 들어가도록 저희를 그것들 안으
로 보내 주십시오." 13 (예수께서) 그것들에
게 허락하시자, 더러운 영들이 나와서 돼지
들에게 들어갔는데, 이천 마리 쯤의 (돼지)
떼가 비탈을 따라 바다로 내달았고 바다에
서 숨이 막혀 죽었다. 14 (돼지) 치던 사람들
이 그들을 (피하여) 달아나서 성과 들에 알
리자, 사람들이 무슨 일이 벌어졌는지 보러
왔고 15 예수께 와서는 귀신들렸던 사람, 곧
군대 지폈던 사람이 옷을 입고 멀쩡하게 앉
아 있는 것을 보고 두려워하였다. 16 본 사
람들이 그들에게 귀신들렸던 사람과 돼지들
에게 무슨 일이 벌어졌는지를 이야기해 주
자, 17 그들은 예수께 그들의 지역에서 떠나
주시기를 간청하기 시작하였다. 18 예수께서
배에 오르실 때 귀신들렸던 사람이 그와 함
께 있게 해 주시기를 그에게 빌었지만, 19 (예
수께서) 허락하지 않으시며 대신 그에게 말
씀하셨다. "네 집, 네 가족들에게로 가서 주
님이 네게 하시고 네게 자비를 베푸신 일들
을 그들에게 알려라." 20 그가 가서 예수께서
자기에게 하신 일들을 데가볼리에 전하기
시작하자 모든 사람들이 놀랐다.
138 III요 (95) 21 예수께서 [배를 타시고] 다시 맞은편으로
건너가시자, 많은 무리가 그에게 모여들었
고, 그는 바닷가에 계셨는데, 22 회당장 가운
데서 야이로라고 하는 한 사람이 와서 그를
보고 그 발 앞에 엎드려 23 그에게 거듭 빌
며 말하였다. "제 딸이 죽어 갑니다. 오셔서
그 아이에게 손을 얹어 주시면 (그 아이가)
낫고 살아날 것입니다." 24 (예수께서) 그와
함께 가셨고, 많은 무리가 그를 따르며 그
를 밀어댔다. 25 열두 해를 출혈이 있던 한
여자가 26 많은 의사들로 말미암아 많은 고
생을 하며 자기에게 있던 것을 다 허비했지
만 아무런 효력도 없이 오히려 (상태가) 더
나빠졌는데 27 예수에 관하여 듣고 무리 속
에 (섞여) 뒤에 와서 그의 옷을 만졌다. 28 "내
가 그의 옷을 만진다 해도 낫게 될 것이다"
라고 말해 왔기 때문이다. 29 그러자 그 여
자의 피나던 곳이 곧바로 말랐고, 그 여자
는 병에서 나은 것을 몸으로 느꼈다. 30 예
수께서 자신에게서 능력이 나간 줄을 즉시
스스로 아시고 무리 가운데서 돌아서서 말
씀하셨다. "누가 내 옷을 만졌느냐?" 31 그의
제자들이 그에게 말하였다. "당신을 미는 무
리를 보시면서 '누가 나를 만졌느냐?' 하고
말씀하십니까?" 32 (예수께서) 이렇게 한 여
자를 보려고 둘러보시자 33 그 여자는 자기
에게 일어난 일을 알고는 두려워하고 떨며
와서 그 앞에 엎드려 모든 사실을 말하였다.
34 (예수께서) 그 여자에게 말씀하셨다. "딸
아, 네 믿음이 너를 구원하였다. 평안히 가
거라. 네 병에서 (벗어나) 건강하여라." 35 그
가 아직 말씀하고 계실 때에 회당장의 (집)
에서 (사람들이) 와서 말하였다. "당신의 딸
이 죽었습니다. 왜 아직도 선생님을 힘들게
하십니까?" 36 그러나 예수께서 전하는 말을
엿들으시고 그 회당장에게 말씀하셨다. "두
려워하지 말고 믿고만 있어라." 37 그는 베드
로와 야고보와 야고보의 동생 요한 말고는
아무도 자기와 함께 따라가는 것을 허락하
지 않으셨다. 38 그들이 회당장의 집으로 들
어갔는데 (예수께서) 야단법석과 우는 사람
들과 크게 울부짖는 사람들을 보시고 39 들

어가서 그들에게 말씀하셨다. "왜 야단을 떨
며 울고들 있느냐? 아이는 죽지 않았고 자
고 있다." 40 그러자 사람들이 그를 비웃었
다. 그러나 그는 모두를 내쫓으셨고 아이의
아버지와 어머니, 그리고 자기와 함께 (간)
사람들을 데리고 아이가 있는 곳으로 들어
가서 41 그 아이의 손을 잡고 그녀에게 "달
리다굼" 하고 말씀하셨다. 이것을 번역하면
소녀야, 내가 네게 말하는데, 일어나라는 뜻
이다. 42 그러자 그 소녀가 곧바로 일어나서
걸어 다녔다. 열두 살이었기 때문이다. 그들
이 [곧] 크게 놀라고 또 놀랐다. 43 (예수께
서) 이것을 아무도 알지 못하게 하라고 그
들에게 거듭 당부하셨고 그녀에게 먹을 것
을 주라고 말씀하셨다.

139 III요 (33)

6

1 (예수께서) 그곳에서 나와서
자기 고향에 가셨고, 그의 제
자들이 그를 따랐다. 2 안식일
이 되어서 그는 회당에서 가르치기 시작하
셨는데, 많은 사람들이 듣고 놀라서 말하였
다. "이것들이 어디에서 이 사람에게 (났을
까?) 이 사람에게 주어져 있는 지혜는 무엇
이며 그의 손으로 벌어지는 이런 능력들은
(또 무엇인가?) 3 이 사람은 목수요 마리아
의 아들이요 야고보와 요셉과 유다와 시몬
의 형제가 아니냐? 또 그의 자매들이 여기
우리 곁에 있지 않느냐?" 그러면서 그들은
※그를 못마땅해 하였다.` 4 예수께서 그들에
게 말씀하셨다. "선지자가 자기 고향과 자기
친척들과 자기 집 밖에서는 존경을 받지 못
한 적이 없다." 5 (예수께서) 적은 병자들에
게 손을 얹어 고쳐주신 것 말고는 그곳에서
아무 기적도 일으키지 못하셨고 6 그들이 믿
지 않는 까닭에 놀라셨다.
142 III요 (99) 그는 마을들을 두루 돌아다니시며 가르치셨
다. 7 (예수께서) 열두 명을 불러내시고 그
들을 둘씩 보내기 시작하시며 그들에게 더
러운 영들을 (제어하는) 권한을 주시고 8 그
들에게 지시하시기를, "오직 지팡이밖에는
아무 것도, 곧 빵도 자루도 돈 주머니에 동
전도 길에서 쓰기 위해 챙기지 말고 9 신발
만 신고 속옷을 둘 입지도 마라" 고 하셨다.
10 또 그들에게 말씀하셨다. "어느 곳의 집에
든지 들어가면 거기서 떠날 때까지 거기 머
물러라. 11 어느 곳도 너희를 맞아들이지 않
고 사람들이 너희 (말을) 듣지도 않으면 거
기서 나가면서 그들에게 증거가 되도록 너
희 발 밑의 흙을 떨어버려라." 12 그들이 나
가서 회개하라고 선포하였고 13 많은 귀신들
을 내쫓으며 많은 아픈 사람들에게 기름을
발라서 병을 고쳐주었다.
143 III요 14 왕 헤롯이 (이것을) 들었다. 그의 이름이
알려졌기 때문이다. 사람들은 세례 주던 요
한이 죽은 사람들 가운데서 살아났고, 이
때문에 그 안에 능력들이 활동하고 있다고
말하였다. 15 다른 사람들은 그가 엘리야라
고 하였고, 또 다른 사람들은 그는 선지자
들 중 하나와 같은 선지자라고 하였다. 16 그
러나 헤롯은 듣고 말하였다. "내가 목을 자
른 요한, 이 사람이 살아났다."
144 III요 (17) 17 이 사람 헤롯이 자기 동생 빌립의 아내
헤로디아 때문에 (사람들을) 보내어서 요한
을 붙잡고 그를 감옥에 묶어 두었다. (헤롯
이) 그 여자와 결혼하였는데 18 "당신이 당
신 동생의 아내와 사는 것은 정당하지 않
다" 라고 요한이 헤롯에게 말한 까닭이었다.
19 헤로디아가 그에게 앙심을 품고 그를 죽
이고 싶어했으나 할 수 없었다. 20 왜냐하면

3 ※그에게 걸려 넘어졌다.

헤롯이 요한을 의롭고 거룩한 사람으로 알
고 그를 무서워하면서도 그를 지켰고, 그의
(말을) 듣고 많이 괴로워하면서도 기꺼이
그의 (말을) 들었기 때문이다. 21 그러나 좋
은 기회의 날이 왔다. 헤롯이 자기 생일에
자기 고관들과 천부장들과 갈릴리의 높은
사람들을 위하여 잔치를 베풀었을 때였다.
22 「그의 딸, 곧 헤로디아의」 (딸이) 들어와
서 춤을 추어 함께 앉아 있던 사람들과 헤
롯을 기쁘게 하였다. 왕이 소녀에게 "원하는
것을 무엇이나 내게 청하여라. 그러면 네게
주겠다" 라고 말하였고 23 [거듭거듭] 그 아
이에게 맹세하였다. "내게 달라고 하는 것은
무엇이든지, 내 나라의 절반까지라도 네게
주겠다." 24 그러자 (소녀는) 나가서 자기 어
머니에게 말하였다. "무엇을 달라고 할까
요?" 그 여자가 말하였다. "세례 주던 요한
의 머리를 (달라고 하여라)." 25 (소녀는) 즉
시 왕에게 황급히 들어가서 청하였다. "세례
자 요한의 머리를 쟁반에 (얹어서) 곧 제게
주시기를 원합니다." 26 왕은 무척 슬프게 되
었지만 맹세와 자리에 앉아 있던 사람들 때
문에 아이의 (청을) 거절하려 하지 않았다.
27 그래서 왕은 즉시 시위병을 보내며 그의
머리를 가져오라고 명령하였고, 그는 가서
감옥에서 그의 목을 잘랐다. 28 그의 머리를
쟁반에 (얹어서) 날라다가 그 (소녀)에게 주
자 소녀는 그것을 자기 어머니에게 주었다.
29 그의 제자들이 듣고 와서 그의 시체를 가
져다가 무덤에 안장하였다.
145 II눅 30 사도들이 예수께 모여서 자기들이 한 것
과 가르친 것을 모두 그에게 알리자, 31 (예
수께서) 그들에게 말씀하셨다. "너희는 따로
외진 곳으로 가서 좀 쉬어라." 왜냐하면 오
는 사람들과 가는 사람들이 많이 있어서 먹
을 틈도 없었기 때문이다.
146 IV 32 그래서 그들은 따로 배를 (타고) 빈 들판
으로 갔다. 33 그들이 떠날 때에 많은 사람
들이 보고 알았으며 모든 성들로부터 육지
로 거기로 달려서 그들을 앞질러 갔다. 34 (예
(98) 수께서) 나와서 많은 무리를 보시고 그들을
가엾이 여기셨다. 그들이 목자 없는 양들
같았기 때문이다. 그래서 그는 그들에게 많
은 것들을 가르치기 시작하셨다. 35 시간이
이미 많이 지났을 때 그의 제자들이 그에게
다가와서 말하였다. "장소도 외지고 시간도
늦었습니다. 36 주변의 농가와 마을로 가서
자신들을 위해 먹을 것을 사도록 그들을 흩
어지게 하십시오." 37 그러자 (예수께서) 그
들에게 대답하셨다. "너희가 그들에게 먹을
것을 주어라." 그들이 그에게 말하였다. "저
희가 가서 이백 데나리온 어치의 빵을 사다
가 그들에게 주어서 먹게 할까요?" 38 예수
께서 그들에게 말씀하셨다. "너희는 빵이 얼
마나 있느냐? 가서 보아라." 그들이 알아보
고 말하였다. "다섯 개와 물고기 두 마리입
니다." 39 (예수께서) 그들에게 모든 사람을
푸른 풀밭에 떼로 모아 앉히도록 지시하셔
서 40 사람들은 오십 명씩, 백 명씩 무리 지
어 앉았다. 41 (예수께서) 빵 다섯 개와 물고
기 두 마리를 가지고 하늘을 우러러보며 감
사하셨고 빵을 떼어 [자기] 제자들에게 주
셔서 그들 앞에 놓게 하셨다. 그는 물고기
두 마리도 모두에게 나누어 주셨다. 42 모든
사람이 먹고 배부르게 되었고 43 (빵) 부스
러기와 물고기 (남은 것을) 열두 바구니 가
득 모았다. 44 [빵을] 먹은 사람들은 남자들
오천 명이었다.

22 「헤로디아 자신의

147 III눅 45 그는 자기 제자들이 배에 올라 건너편 벳
새다로 앞서 가도록 바로 재촉하셨고 그 자
신은 그 동안 무리들을 흩으셨다. 46 그들과
헤어지신 후에 그는 기도하러 산으로 가셨
다. 47 저녁이 된 후에 배는 바다 가운데 있
었고 그 자신은 혼자 땅에 (계셨다). 48 바람
이 그들에게 마주 불어와서 그들이 노 젓기
에 시달리고 있는 것을 (예수께서) 보시고
밤 사경 즈음 바다 위를 걸어서 그들에게
오셨고 그들을 지나쳐 가려 하셨다. 49 그들
은 그가 바다 위를 걸으시는 것을 보고 유
령이라고 생각하며 소리를 질러댔다. 50 왜냐
하면 모두가 그를 보고 놀랐기 때문이다.
예수는 곧바로 그들과 이야기하시며 그들에
게 말씀하셨다. "안심하여라. 나다. 무서워하
지 마라." 51 그는 배에 오르셔서 그들에게로
(가셨는데) 바람이 그쳤고 그들은 속으로
[너무나] 크게 놀랐다. 52 왜냐하면 그들은
빵에 관한 (일을) 깨닫지 못하고 그들의 마
음이 굳어졌기 때문이다.

148 III눅 53 그들은 바다를 건너 게네사렛 땅으로 가
서 배를 대었다. 54 그들이 배에서 나오자
사람들이 곧 그를 알아보고 55 그 지방 전역
을 뛰어 돌아다니며 그가 계시다는 것을 들
은 곳으로 아픈 사람들을 침대 위에 (눕혀)
데려오기 시작하였다. 56 그가 어느 마을이
나 성이나 촌으로든지 들어가면 사람들이
병든 사람들을 시장에 (데려다) 놓고 그의
옷 가장자리라도 만지게 해 주시도록 그에
게 빌었는데, 그것을 만진 사람은 누구나
낫게 되었다.

150 III요 (194)

7

1 바리새인들과 몇몇 율법학자
들이 예루살렘으로부터 와서
(예수께) 모였다가 2 그의 제자
들 가운데 몇이 부정한, 곧 씻지 않은 손으
로 빵을 먹는 것을 보았다. 3 바리새인들과
모든 유대인들은 장로들의 전통을 지키면서
※규칙대로 손을 씻지 않으면 먹지 않았고 4
시장에서 (돌아와서도) 씻지 않으면 먹지
않는 등, 전해 받아서 지키는 다른 (규칙들
이) 많았다. 잔과 단지와 놋그릇과 [침대를]
씻는 것이다. 5 그래서 바리새인들과 율법학
자들이 그에게 물었다. "왜 당신의 제자들이
장로들의 전통을 따라서 행동하지 않고 부
정한 손으로 빵을 먹습니까?" 6 예수께서 그
들에게 말씀하셨다. "이사야가 너희 위선자
들을 두고 잘 예언하였다. 이렇게 적혀 있
다. '이 백성이 입술로는 나를 공경하지만
그들의 마음은 내게서 멀어져 있다. 7 그들
은 사람들의 규칙을 교훈으로 가르치면서
나에게 헛되이 예배한다.' 8 너희는 하나님의
계명들을 버리고 사람들의 전통을 지키고
있다." 9 그들에게 또 말씀하셨다. "너희는
너희 전통을 세우려고 하나님의 계명을 잘
저버린다. 10 모세가 '네 아버지와 네 어머니
를 공경하여라' 또 '아버지나 어머니를 욕하
는 사람은 꼭 죽여라' 라고 말씀하셨는데도,
11 너희는 말하기를 '사람이 아버지나 어머
니에게 제게 받으셔야 할 것이 고르반, 곧
헌물입니다' 라고 말하면 12 그는 아버지나
어머니에게 더 이상 아무 것도 하지 않아도
된다' 라고 함으로써 13 너희가 전해 받은 전
통을 위하여 하나님의 말씀을 쓸모없게 만
들고 이와 비슷한 일들을 많이 하기 때문이
다." 14 (예수께서) 무리를 다시 가까이 불러
서 그들에게 말씀하셨다. "모두 나에게 듣고
깨달아라. 15 사람 밖에서 그에게로 들어가
서 그를 더럽힐 수 있는 것은 아무 것도 없

3 ※주먹으로, 또는 팔꿈치까지

다. 오히려 사람에게서 나오는 것들이 사람
을 더럽히는 것들이다. [16] T " [17] (예수께서)
무리를 (떠나서) 집으로 들어가셨을 때 그
의 제자들이 그에게 그 비유를 물었다. [18] (예
수께서) 그들에게 말씀하셨다. "너희도 이렇
게 깨닫지 못하느냐? 밖에서 사람에게 들어
가는 것은 모두 그를 더럽힐 수 없다는 것
을 알지 못하느냐? [19] 그것은 그의 마음속이
아니라 뱃속으로 들어가서 뒷간으로 나가기
때문이다." 그는 (이렇게) 모든 음식을 깨끗
하다고 하셨다. [20] 또 그가 말씀하셨다. "사
람에게서 나오는 것, 그것이 사람을 더럽힌
다. [21] 속, 곧 사람들의 마음에서는 나쁜 생
각들이 나오기 때문이다. 곧 음행, 도둑질,
살인, [22] 간음, 탐욕, 악, 사기, 방탕, 악한
눈, 모독, 교만, 어리석음이다. [23] 이 모든
악한 것들이 속에서 나와서 사람을 더럽힌
다."

151 II마 [24] (예수께서) 그곳에서 일어나서 두로 지방
으로 가셔서 어떤 집에 들어가셨는데 누가
아는 것을 원하지 않으셨지만 숨길 수가 없
었다. [25] 자기 딸이 더러운 영이 들린 한 여
자가 곧 (예수에) 관하여 듣고 와서 그의
발 앞에 엎드렸다. [26] 그 여자는 헬라인으로
수로보니게 출신이었는데 자기 딸에게서 귀
신을 내쫓아 주실 것을 그에게 간청하였다.
[27] 그러자 (예수께서) 그 여자에게 말씀하셨
다. "먼저 자녀들이 배부르게 해주어라. 자
녀의 빵을 집어서 개들에게 던져 주는 것은
좋지 않기 때문이다." [28] 그러자 그 여자가
그에게 대답하였다. "주님, 개들도 상 아래
에서 자녀들이 (흘리는) 부스러기를 먹습니
다." [29] (예수께서) 그 여자에게 말씀하셨다.
"이 말을 (했으므로), 돌아가거라. 네 딸에게
서 귀신이 나갔다." [30] 그 여자가 자기 집으
로 가서 아이가 침상 위에 누워 있고 귀신
이 나간 것을 발견하였다.

152 II마 [31] (예수께서) 다시 두로 지방에서 나와서
시돈을 거쳐 데가볼리 지방 가운데를 (지나)
갈릴리 바다에 가셨다. [32] 사람들이 귀 먹고
말을 더듬는 사람을 그에게 데려와서 그에게
손을 얹어 주시기를 간청하였다. [33] (예수께
서) 그를 무리로부터 따로 데리고 나와서
자기 손가락들을 그의 귀에 넣으셨다가 침
을 뱉고 그의 혀를 만지셨으며 [34] 하늘을 우
러러보시고 나서 한숨을 쉬시며 "에바다" 라
고 그에게 말씀하셨다. 이것은 "열려라" 라
는 뜻이다. [35] 그러자 [곧바로] 그의 귀들이
열리고 뻣뻣하던 그의 혀가 풀려서 그가 또
렷하게 말하였다. [36] (예수께서는) 아무에게
도 말하지 말라고 그들에게 지시하셨는데,
그들에게 지시하실수록 그들은 더 많이 전
하였고, [37] 사람들은 매우 놀라며 말하였다.
"그가 모든 것을 잘 하였다. 귀 먹은 사람들
도 듣게 하고 [그] 말 못하는 사람들도 말
하게 한다."

153 II마 8 [1] 그 즈음에 다시 많은 무리가
있을 때에 먹을 것이 없었다.
(예수께서) 제자들을 가까이
부르셔서 그들에게 말씀하셨다. [2] "나는 무
리를 가엾이 여긴다. 그들이 이미 사흘을
내 곁에 머물러 있어서 먹을 것이 없기 때
문이다. [3] 그들을 굶은 채로 그들의 집으로
흩어 보내면 길에서 쓰러질 것이다. 그들
가운데 어떤 사람들은 멀리서부터 왔다." [4]
그의 제자들이 그에게 대답하였다. "여기 황
야 어디에서, 누가 이들을 빵으로 배부르게
할 수 있겠습니까?" [5] (예수께서) 그들에게

16 T 들을 귀 있는 사람은 들어라.

물으셨다. "빵이 얼마나 있느냐?" 그들이 말
하였다. "일곱 개입니다." [6] (예수께서) 무리
에게 땅에 앉도록 지시하시고 빵 일곱 개를
들고 감사하신 후에 떼어서 자기 제자들에
게 주셔서 나누어 주게 하셨는데, 그들이
무리에게 나누어 주었다. [7] 또 생선이 조금
있어서, (예수께서) 그것들을 축복하시고 그
것들도 나누어 주라고 하셨다. [8] 사람들이
먹고 배부르게 되었으며 남은 부스러기를
일곱 광주리 주웠는데, [9] 그들은 사천 명 가
량이었다. (예수께서) 그들을 흩으시고 [10] 곧
바로 배를 타고 자기 제자들과 함께 달마누
다 지역으로 가셨다.
154 III요 (119, 191) [11] 바리새인들이 나와서 그와 함께 논쟁하기
시작하였는데 그를 시험하며 그에게서 하늘
로부터 (오는) 표적을 찾고 있었다. [12] (예수
께서) 자기 영으로 깊은 한숨을 쉬시며 말
씀하셨다. "왜 이 세대가 표적을 찾고 있느
냐? 참으로 내가 너희에게 말하는데, 이 세
대에게 표적이 주어지지 않을 것이다." [13] (예
수께서) 그들을 놓아두고 다시 (배에) 오르
셔서 건너편으로 가버리셨다.
155 III요 (195) [14] 그들이 빵을 가져가는 것을 잊어서, 배
안에는 저희에게 빵 한 개밖에 없었는데,
[15] (예수께서) 그들에게 주의를 주시며 말씀
하셨다. "보아라, 바리새인들의 효모와 헤롯
의 효모를 조심하여라." [16] 그러자 그들은
"빵이 없다"고 서로 수군거렸다. [17] (예수께
서) 아시고 그들에게 말씀하셨다. "왜 빵이
없다고 수군거리느냐? 여태 알아채지 못하
고 깨닫지도 못하느냐? 너희 마음이 굳어졌
느냐? [18] 너희는 눈이 있어도 보지 못하고
귀가 있어도 듣지 못하느냐? 또 기억하지
못하느냐? [19] 빵 다섯 개를 오천 명에게 떼
어 주었을 때 부스러기를 몇 바구니에 가득
주워 담았느냐?" 그들이 그에게 말하였다.
"열두 (바구니)입니다." [20] "(빵) 일곱 개를
사천 명에게 (떼어 주었을) 때 부스러기를
몇 광주리에 가득히 주워 담았느냐?" 그들
이 [그에게] 말하였다. "일곱 (광주리)입니
다." [21] (예수께서) 또 그들에게 말씀하셨다.
"아직도 깨닫지 못하느냐?"
156 I [22] 그들이 벳새다로 갔는데 사람들이 그에게
한 소경을 데려와서 그를 만져 주시기를 간
청하였다. [23] (예수께서) 그 소경의 손을 잡
고 그를 마을 밖으로 데리고 나가셔서 그의
눈에 침을 뱉고 그에게 손을 얹으신 후에
그에게 물으셨다. "뭐가 보이느냐?" [24] 그가
보고 나서 말하였다. "사람들이 보입니다.
마치 나무 같은 것들이 걸어 다니는 것을
봅니다." [25] 그러자 (예수께서) 그의 눈 위에
다시 손을 얹으셨고, 그는 눈을 떴으며 나
아서 모든 것을 또렷이 보았다. [26] (예수께
서) 그를 그의 집으로 보내시며 말씀하셨다.
"마을에 들어가지 마라."
158 IV [27] 예수와 그의 제자들이 빌립보의 가이사랴
마을을 향해 나가셨는데 예수께서 길에서
자기 제자들에게 물어보셨다. "사람들이 나
를 누구라고 하느냐?" [28] 그들이 그에게 말
하였다. "(어떤 사람들은) 세례자 요한, 다른
사람들은 엘리야, 또 다른 사람들은 선지자
들 가운데 한 분이라고 (합니다.)" [29] 그가
그들에게 물어보셨다. "그러면 너희는 나를
누구라고 하느냐?" 베드로가 그에게 대답하
였다. "당신은 그리스도이십니다." [30] 그는
자신에 관해 아무에게도 말하지 말도록 그
들에게 경고하셨다.
159 III요 [31] 그는 인자가 고통을 많이 받아야 하고 장
로들과 대제사장들과 율법학자들에게 배척
당해야 하며 죽임을 당하고 사흘 후에 살아

나야 할 것을 그들에게 가르치기 시작하셨
다. 32 그가 (이) 말씀을 공공연하게 하시자
베드로가 그를 붙들고 그를 꾸짖기 시작하
였다. 33 예수께서 돌아서서 자기 제자들을
보시고 베드로를 꾸짖으셨다. "내 뒤로 물러
가라! 사탄아! 네가 하나님의 일들을 생각
하지 않고 사람의 일들을 (생각하기) 때문
이다."
160 IV 34 그는 자기 제자들과 함께 무리를 가까이
부르시고 그들에게 말씀하셨다. "누가 내 뒤
를 따르고 싶어하거든 자기를 부정하고 자
기 십자가를 지고 나를 따라라. 35 누구든지
자기 목숨을 건지고 싶어하는 사람은 그것
을 잃을 것이고, 누구든지 나와 복음 때문
에 자기 목숨을 잃는 사람은 그것을 건질
것이기 때문이다. 36 사람이 온 세상을 얻고
자기 목숨을 해치면 득 될 것이 무엇이냐?
37 사람이 자기 목숨의 대가로 무엇을 주겠
느냐? 38 누구든지 이 음란하고 죄 많은 세
대에서 나와 내 말을 부끄러워하면 인자도
자기 아버지의 영광 속에 거룩한 천사들과
함께 올 때에 그를 부끄러워할 것이다."

9

1 또 그가 그들에게 말씀하셨
다. "참으로 내가 너희에게 말
하는데, 여기 서 있는 사람들
가운데 하나님의 나라가 능력으로 와 있는
것을 보기까지 결코 죽음을 맛보지 않을 사
람들이 있다."
161 III요 2 엿새 후에 예수께서 베드로와 야고보와 요
한만을 데리시고 따로 한 높은 산으로 오르
셨는데 그들 앞에서 모습이 바뀌셨고, 3 그
의 옷은 땅에서 빨래하는 사람이 이렇게 하
얗게는 할 수 없을 만큼 매우 하얗고 빛나
게 되었다. 4 그리고 엘리야가 모세와 함께
그들에게 보였는데 그들은 예수와 함께 이
야기하고 있었다. 5 베드로가 예수께 대답하
였다. "※랍비여, 저희는 여기 있는 것이 좋
습니다. 저희가 초막 셋을 짓겠습니다. 당신
을 위해서 하나, 모세를 위해서 하나, 그리
고 엘리야를 위해서 하나(입니다.)" 6 그는
무슨 대답을 해야 할지를 알지 못했다. 그
들이 무서워하고 있었기 때문이다. 7 그러자
구름이 그들을 뒤덮었고 구름 속에서 소리
가 났다. "이 사람은 사랑하는 내 아들이다.
너희는 그의 (말을) 들어라." 8 그들이 즉시
둘러보았지만 더 이상 아무도 보지 못하였
고 예수만 자신들과 함께 (계신 것을 보았
다). 9 그들이 산에서 내려올 때에 그는 그
들에게 인자가 죽은 사람들 가운데서 살아
날 때가 아니면 본 것들을 아무에게도 이야
기하지 말라고 지시하셨다. 10 그들은 이 말
씀을 (마음에) 새기면서 서로 의논하였다. "죽
은 사람들 가운데서 살아나는 것이 무엇일
까?"
162 II마 11 그들이 그에게 물었다. "어째서 율법학자
들이 엘리야가 먼저 와야 한다고 말합니
까?" 12 예수께서 그들에게 말씀하셨다. "정
말로 엘리야가 먼저 와서 모든 것을 회복한
다. 그런데 어떻게 인자에 관하여는 '그가
고통을 많이 당하고 멸시를 받을 것이다' 라
고 적혀 있느냐? 13 그러나 내가 너희에게
말하는데, 엘리야가 와 있지만 그에 관하여
적혀 있는 것처럼 사람들은 그들이 원한 것
들을 그에게 하였다."
163 III요 14 그들은 제자들에게 와서 많은 무리가 그
들을 둘러 (싸고 있고) 율법학자들이 그들
과 말다툼을 하고 있는 것을 보았다. 15 모
든 무리가 곧바로 (예수를) 보고 매우 놀랐

5 ※선생님

고 달려와서 그에게 인사를 하였다. 16 (예
수께서) 그들에게 물으셨다. "그들과 무슨
말다툼을 하고 있느냐?" 17 무리 가운데서
한 사람이 그에게 대답하였다. "선생님, 제
가 말 못하는 영이 들린 제 아들을 당신께
데려왔습니다. 18 그 (영이) 어디서든지 그를
사로잡고 고꾸라뜨리면 그는 거품을 물고
이를 갈며 뻣뻣해집니다. 당신의 제자들에
게 그것을 내쫓아 달라고 하였지만 그들은
하지 못했습니다." 19 예수께서 그들에게 대
답하셨다. "오, 믿지 못하는 세대여! 내가
언제까지 너희 곁에 있겠느냐? 내가 언제까
지 너희에게 참겠느냐? 그를 내게로 데려오
너라." 20 사람들이 그를 (예수께) 데려왔는
데, 그 영이 그를 보자 곧바로 그 아이가
경련을 일으키게 하였고, 그는 땅에 쓰러져
서 뒹굴며 (입에) 거품을 물었다. 21 (예수께
서) 그의 아버지에게 물으셨다. "얼마나 오
래 그에게 이같은 일이 일어났느냐?" 그가
대답하였다. "어릴 적부터입니다. 22 (영이)
그를 죽이려고 그를 자주 불에도 물에도 쓰
러뜨렸습니다. 그러나 무얼 하실 수 있다면
저희를 가엾이 여겨서 저흴 도와주십시오."
23 예수께서 그에게 말씀하셨다. "'할 수 있
다면'이라고? 믿는 사람에게는 모든 것이
가능하다." 24 그 아이의 아버지가 곧바로 소
리질렀다. "제가 믿습니다. 제 불신을 도와
주십시오." 25 예수께서 무리가 몰려드는 것
을 보시고 그 더러운 영을 꾸짖으시며 그에
게 말씀하셨다. "말 못하고 귀먹은 영아, 내
가 네게 명령하는데, 그에게서 나오고 다시
는 그에게 들어가지 마라." 26 그러자 그 (영
이) 소리지르고 많은 경련을 일으키게 하고
나갔고, 아이는 죽은 사람처럼 되었다. 그래
서 많은 사람들이 아이가 죽었다고 말하였
다. 27 그러나 예수께서 그의 손을 잡고 그
(231) 를 일으키시자 그가 일어섰다. 28 그가 집으
로 들어가시자 그의 제자들이 따로 그에게
물었다. "어째서 저희는 그것을 내쫓을 수
없었습니까?" 29 그가 그들에게 말씀하셨다.
"이런 종류는 기도로 하지 않으면 무슨 수
로도 내쫓을 수 없다."
164 30 그들이 그곳에서 나와서 갈릴리를 통과했
III요 는데, (예수께서는) 누가 아는 것을 원하지
않으셨다. 31 그는 자기 제자들을 가르치셨
고, 그들에게 인자가 사람들의 손에 넘겨지
고, 그들이 그를 죽일 것이며, 그는 죽임을
당하고 나서 사흘 후에 살아날 것이라고 말
씀하셨다. 32 그러나 제자들은 그 말씀을 알
지 못했고 그에게 묻는 것도 두려워하였다.
166 33 그들은 가버나움으로 갔다. 그는 집에 들
III요 어가셔서 그들에게 물으셨다. "너희가 길에
서 무슨 일로 말다툼을 하였느냐?" 34 그들
은 말이 없었다. 왜냐하면 그들은 길에서
누가 더 큰가 하고 서로 말다툼을 하였기
때문이다. 35 그는 앉으셔서 열두 명을 부르
셨고 그들에게 말씀하셨다. "누가 으뜸이 되
고 싶으면 모두의 마지막이 되고 모두를 섬
기는 사람이 ※되어라." 36 그리고 그는 한
어린아이를 데려다가 그를 그들 가운데 세
우시고 그를 안아 주시고 나서 그들에게 말
씀하셨다. 37 "누구든지 내 이름으로 이런 어
린아이들 가운데 하나를 맞아들이는 사람은
나를 맞아들이는 것이다. 또 누구든지 나를
맞아들이는 사람은 나를 맞아들이는 것이
아니요 나를 보내신 분을 (맞아들이는 것이
다.)"
167 38 요한이 그에게 말하였다. "선생님, 누가
III요

35 ※ 되어야 한다

당신의 이름으로 귀신들을 내쫓는 것을 저
희가 보고 그가 저희를 따르지 않았기 때문
에 못하게 했습니다." 39 예수께서 말씀하셨
다. "그를 막지 마라. 내 이름으로 능력을
행하고 금방 나를 욕할 수 있는 사람은 아
무도 없기 때문이다. 40 또 우리에게 맞서지
않는 사람은 우리를 위하기 때문이다.
(104) IV 41 참으로 내가 너희에게 말하는데, 너희가
그리스도에게 속하였다는 이름으로 너희에
게 물 한 그릇을 마시게 하는 사람은 결코
자기 삯을 잃지 않을 것이다.
168 III요 42 그리고 [나를] 믿는 이 작은 사람들 가운
데서 하나를 넘어지게 하는 사람은 누구든
지 자기 목에 연자매가 매달린 채 바다에
(56, 229) 던져지는 것이 자기에게 더 좋다. 43 만일
네 손이 너를 넘어지게 하면 그것을 잘라
버려라. 장애인으로 생명에 들어가는 것이
두 손을 가진 채 지옥, 곧 꺼지지 않는 불
에 들어가는 것보다 네게는 좋다. 44 T 45 만
일 네 발이 너를 넘어지게 하면 그것을 잘
라 버려라. 절름발이로 생명에 들어가는 것
이 두 발을 가진 채 지옥에 던져지는 것보
다 네게는 좋다. 46 T 47 만일 네 눈이 너를
넘어지게 하면 그것을 뽑아 버려라. 외눈박
이로 하나님의 나라에 들어가는 것이 두 눈
을 가진 채 지옥에 던져지는 것보다 네게는
좋다. 48 거기는 그들의 구더기가 죽지 않고
불도 꺼지지 않는다. 49 모두가 불에 절여질
(52) III요 (218) 것이기 때문이다. 50 소금은 좋은 것이다. 그
러나 소금이 짜지 않게 되면 무엇으로 그것
을 간맞추겠느냐? 너희 자신들 속에 소금을
가지고 서로 평화를 이루어라."

44, 46 T 거기는 그들의 구더기가 죽지 않고 불도 꺼지지 않는다.

251 III요

10

1 (예수께서) 거기서 일어나서
유대 지방과 요단강 건너편으
로 가셨는데, 무리가 다시 그
에게로 모여와서, 늘 하시던 대로 다시 그
들을 가르치셨다.
252 III요 2 바리새인들이 다가와서 그를 시험하며 그
에게 물었다. "남편이 아내를 버리는 것이
정당합니까?" 3 예수께서 그들에게 대답하셨
다. "모세가 너희에게 어떻게 명령하였느
냐?" 4 그들이 말하였다. "모세는 이혼문서
를 써 (주고) 버리는 것을 허락하였습니다."
5 예수께서 그들에게 말씀하셨다. "그는 너
희의 완고한 마음 때문에 너희에게 이 계명
을 써 (주었다.) 6 그러나 (하나님은) 창조의
처음부터 그들을 남자와 여자로 만드셨다.
7 이러므로 사람이 자기 아버지와 어머니를
떠나서 [자기 아내에게 합하여] 8 두 사람이
한 몸이 될 것이다. 그래서 그들은 더 이상
둘이 아니고 한 몸이다. 9 그러므로 하나님
이 짝지어 주신 것을 사람이 나누지 마라."
(227) 10 집에서 제자들이 다시 이 (말씀에) 관하
여 그에게 물었고, 11 그는 그들에게 말씀하
셨다. "자기 아내를 버리고 다른 여자에게
장가드는 사람은 누구든지 그 여자에게 간
음하는 것이고 12 아내가 자기 남편을 버리
고 다른 남자에게 시집가도 간음하는 것이
다."
253 III요 13 사람들이 아이들을 만져 주시기를 (바라
며) 그에게 아이들을 데려왔지만 제자들이
그들을 꾸짖었다. 14 예수께서 보시고 성이
나서 그들에게 말씀하셨다. "아이들이 내게
로 오도록 놓아두고 그들을 막지 마라. 하
나님의 나라는 이런 사람들의 것이기 때문
이다. 15 참으로 내가 너희에게 말하는데, 누
구든지 하나님의 나라를 아이처럼 받아들이

지 않는 사람은 결코 그리로 들어가지 못할
것이다." 16 그리고 그들을 안으셔서 그들에
게 손을 얹어 주시고 축복하셨다.
254 III요 17 그가 길에 나가시자 한 사람이 달려와서
그에게 무릎을 꿇고 물었다. "선하신 선생
님! 제가 영원한 생명을 물려받으려면 무엇
을 해야 합니까?" 18 예수께서 그에게 말씀
하셨다. "왜 나를 선하다고 하느냐? 하나님
한 분밖에는 아무도 선하지 않다. 19 네가 계
명들을 알고 있다. 살인하지 마라. 간음하지
마라. 도둑질하지 마라. 거짓 증언하지 마
라. 속여서 빼앗지 마라. 네 아버지와 어머
니를 공경하여라." 20 그가 (예수께) 말하였
다. "선생님, 저는 이 모두를 제 어릴 적부
터 지켰습니다." 21 예수께서 그를 쳐다보시
고 그를 사랑하시며 그에게 말씀하셨다. "하
나가 네게 모자라다. 가서 네게 있는 것들
을 팔아서 가난한 사람들에게 주어라. 그러
면 너는 하늘에 보물이 있을 것이다. 그리
고 와서 나를 따라라." 22 그러나 그는 (이)
말씀에 풀이 죽어서 슬퍼하면서 가버렸다.
그는 많은 재산을 가지고 있었기 때문이다.
255 III요 23 예수께서 둘러보시고 나서 자기 제자들에
게 말씀하셨다. "재산을 가진 사람들이 하나
님의 나라에 들어가기가 얼마나 어려운가!"
24 제자들이 그의 말씀에 놀라자 예수께서
다시 그들에게 대답하셨다. "얘들아, 하나님
의 나라에 들어가는 것이 얼마나 어려운가!
25 낙타가 바늘구멍을 통과하는 것이 부자가
하나님의 나라에 들어가는 것보다 더 쉽다."
26 그들은 무척 놀라서 서로 말하였다. "그러
면 누가 구원될 수 있을까?" 27 예수께서 그
들을 쳐다보시고 나서 말씀하셨다. "사람들
에게는 불가능하지만 하나님에게는 (그렇지)
않다. 왜냐하면 하나님에게는 모든 것이 가
능하기 때문이다." 28 베드로가 그에게 말하
기 시작하였다. "보십시오. 저희는 모든 것
을 버리고 당신을 따랐습니다." 29 예수께서
말씀하셨다. "참으로 내가 너희에게 말하는
데, 나 때문에, 또 복음 때문에 집이나 형제
들이나 자매들이나 어머니나 아버지나 자녀
들이나 밭을 버리고도 30 지금 이 시대에 집
과 형제들과 자매들과 어머니들과 자녀들과
밭을 박해와 함께 백 배로 받지 못하고 오
는 시대에 영원한 생명을 (받지) 못할 사람
(211) 은 아무도 없다. 31 그러나 많은 첫째들이
꼴찌가 되고 꼴찌들이 첫째가 될 것이다."
262 III요 32 그들은 예루살렘으로 올라가는 길에 있었
는데 예수께서 그들을 앞서 가실 때에 그들
은 놀라고 있었다. 따르는 사람들이 두려워
하자 (예수께서) 다시 열둘을 데려다가 자
기에게 닥쳐올 일들을 그들에게 말씀하기
시작하셨다. 33 "보아라, 우리가 예루살렘으
로 올라가고 있다. 인자가 대제사장들과 율
법학자들에게 넘겨지겠고, 그들은 그에게
죽음을 선고하여 그를 이방인들에게 넘겨주
고 34 그를 웃음거리로 만들고 그에게 침 뱉
고 그를 채찍질하고 죽이겠지만, 그는 사흘
후에 살아날 것이다."
263 III요 35 세베대의 아들들, 곧 야고보와 요한이 그
에게 다가와서 말하였다. "선생님, 저희가
당신께 부탁하는 것은 무엇이든지 저희에게
해 주시기 바랍니다." 36 예수께서 그들에게
말씀하셨다. "무엇을 너희에게 해 주기를
[내게] 바라느냐?" 37 그들이 (예수께) 말하
였다. "당신의 영광 가운데 저희가 하나는
당신의 오른쪽에, 하나는 왼편에 앉도록 저
희에게 해 주십시오." 38 예수께서 그들에게
대답하셨다. "너희가 무엇을 부탁하는지 알
지 못하는구나. 내가 마시는 잔을 너희가

마시고 내가 받는 세례를 너희가 받을 수
있느냐?" 39 그들이 그에게 말하였다. "할 수
있습니다." 예수께서 그들에게 말씀하셨다.
"내가 마시는 잔은 너희가 마시고 내가 받
(313) 는 세례는 너희가 받겠지만 40 내 오른쪽과
왼쪽에 앉는 것은 내가 주는 것이 아니다.
준비되어 있는 그 사람들에게 (주어질 것이
다.)" 41 열 명이 듣고 나서 야고보와 요한에
게 성을 내기 시작하였다. 42 그래서 예수께
서 그들을 불러다가 그들에게 말씀하셨다.
"이방인을 통치한다고 생각하는 사람들은
그들을 지배하고 그들의 높은 사람들은 그
들에게 권력을 휘두른다는 것을 너희가 알
고 있다. 43 그러나 너희 사이에는 이렇지
않다. 오히려 너희 가운데 누구든지 크게
되고 싶은 사람은 너희를 섬기는 사람이 되
어야 한다. 44 또 너희 가운데 누구든지 으
뜸이 되고 싶은 사람은 모두의 종이 되어야
한다. 45 인자는 섬김을 받으러 오지 않고
오히려 섬기러, 또 자기 목숨을 많은 사람
을 대신하여 몸값으로 주러 (왔기) 때문이
다."
264 46 그들은 여리고로 들어갔다. 그와 그의 제
III요 (96) 자들, 그리고 수많은 무리가 여리고에서 나
갈 때에 디매오의 아들 바디매오라는 한 눈
먼 거지가 길가에 앉아 있다가 47 나사렛 사
람 예수시라는 (말을) 듣고 소리지르며 말
하기 시작하였다. "다윗의 아들 예수여, 저
를 불쌍히 여겨 주십시오." 48 많은 사람이
그를 조용히 하라고 꾸짖었지만 그는 더 많
이 소리질렀다. "다윗의 아들이여, 저를 불
쌍히 여겨 주십시오." 49 예수께서 서서 말씀
하셨다. "그를 불러라." 사람들이 그 눈먼
사람을 부르며 그에게 말하였다. "안심하고
일어나라. 그가 너를 부르신다." 50 그러자
그는 자기 겉옷을 팽개치고 뛰어 일어나서
예수께로 왔다. 51 예수께서 그에게 대답하
셨다. "내가 네게 무엇을 해 주기를 바라느
냐?" 그 눈먼 사람이 그에게 말하였다. "선
생님, 다시 보는 것입니다." 52 예수께서 그
에게 말씀하셨다. "가거라. 네 믿음이 너를
구원하였다." 그러자 그가 곧바로 다시 보며
길에서 그를 따랐다.

11

269 1 그들이 예루살렘에, 감람산
IV 기슭의 벳바게와 베다니에 가
까이 갔을 때에 (예수께서) 자
기 제자 중에서 둘을 보내시며 2 그들에게
말씀하셨다. "너희 맞은 편 마을로 가보아
라. 그곳에 들어가면 그 위에 사람들 중 누
구도 아직 타지 않은 나귀 새끼가 매여 있
는 것을 곧바로 발견할 것이다. 그것을 풀
어서 데려오너라. 3 누가 너희에게 '왜 이렇
게 하시오?' 라고 하면 '[T] 주님이 그것을 쓰
실 것이오. 그것을 즉시 여기로 다시 보내
겠소' 라고 하여라." 4 그들이 가서 나귀 새
끼가 문 앞, 곧 바깥쪽 길에 매여 있는 것
을 발견하였다. 그것을 푸는데 5 그곳에 서
있던 사람들 중에서 어떤 사람들이 그들에
게 말하였다. "나귀 새끼를 풀며 무얼 하시
오?" 6 제자들이 그들에게 예수께서 말씀하
신 대로 말하자 그들이 (제자들을) 가게 하
였다. 7 그들은 나귀 새끼를 예수께 데려와
서 그 위에 그들의 겉옷을 덮었고, (예수께
서) 그 위에 앉으셨다. 8 많은 사람들이 자
기 겉옷을 길에 펴놓았고 다른 사람들은 들
판에서 가지들을 잘라다가 (길에 펴놓았다).
9 앞서가거나 뒤따르는 사람들이 소리질렀
다. "호산나! 주님의 이름으로 오시는 분은

3 T 그것의

복되시다! 10 오고 있는, 우리 조상 다윗의
나라는 복되다! 가장 높은 곳에 호산나!"
271 11 (예수께서) 예루살렘으로, 또 성전으로 들
III요 어가셔서 모든 것을 둘러보시고 나서 시간
이 이미 늦었으므로 열두 명과 함께 베다니
로 나가셨다.
272 12 이튿날 그들이 베다니에서 나왔는데, (예
II마 수께서) 시장하셔서 13 멀리서 잎이 있는 무
화과나무를 보시고 행여나 그 나무에서 무
엇을 찾게 될까 하고 가셨으나 그 곁에 가
셔서 잎사귀 말고는 아무 것도 발견하지 못
하셨다. 무화과철이 아니었기 때문이다. 14 (예
수께서) 그 나무에게 대답하셨다. "네게서는
영원히 아무도 더 이상 열매를 먹지 못할
것이다." 그의 제자들이 (이것을) 들었다.
273 15 (예수께서) 예루살렘에 가시고 성전에 들
IV 어가셔서 성전 안에서 팔고 사는 사람들을
(25, 내쫓기 시작하셨고 돈 바꾸어 주는 사람들
271) 의 상과 비둘기 파는 사람들의 걸상을 둘러
엎으셨으며 16 누가 성전 안에서 기구를 가
지고 다니는 것을 허용하지 아니하시며 17 그
들을 가르치셨다. "'내 집은 모든 민족들을
위한 기도의 집이라고 불릴 것이다' 라고 적
혀 있지 않느냐? 그런데 너희는 그것을 '강
도들의 소굴' 로 만들어 놓았다."
274 18 대제사장들과 율법학자들이 듣고 어떻게
II누 그를 죽일지 궁리하고 있었다. 모든 무리가
그의 가르침에 놀라고 있어서 그들이 그를
두려워하였기 때문이다. 19 저녁이 되었을
때 그들은 성 밖으로 나갔다.
275 20 그들이 아침에 지나가다가 그 무화과나무
II마 가 뿌리까지 시들어 버린 것을 보았다. 21 베
드로가 기억이 나서 (예수께) 말하였다. "랍
비여, 보십시오. 저주하신 무화과나무가 시
들어 버렸습니다." 22 예수께서 그들에게 대
답하셨다. "하나님을 향한 믿음을 가져라.
23 참으로 내가 너희에게 말하는데, 누구든
지 이 산에게 '들려서 바다에 던져져라' 고
말하면서 자기 마음에 의심하지 않고 자기
가 말한 것이 된다고 믿으면 그에게 (그렇
게) 될 것이다. 24 그러므로 너희에게 말하
는데, 기도하고 구하는 것들은 무엇이든지
받은 것을 믿어라. 그러면 너희에게 (그렇
게) 될 것이다.
(62) 25 너희가 서서 기도할 때에 누구를 탓하는
III요 무엇이 있으면 용서해 주어라. 하늘에 계신
너희 아버지께서도 너희 잘못을 너희에게
용서해 주시도록 하려는 것이다." 26 T
276 27 그들은 다시 예루살렘으로 갔다. (예수께
III요 서) 성전에서 걸어 다니실 때에 대제사장들
과 율법학자들과 장로들이 그에게로 와서
28 그에게 말하였다. "당신이 무슨 권한으로
이런 일들을 하고 있소? 또는 누가 당신에
게 이런 일들을 하도록 이런 권한을 주었
소?" 29 예수께서 그들에게 말씀하셨다. "내
가 너희에게 한 마디 말을 묻겠다. 내게 대
답하여라. 그러면 무슨 권한으로 이런 일들
을 하는지 너희에게 말하겠다. 30 요한의 세
례가 하늘에서 났느냐? 사람에게서냐? 내게
대답해 보아라." 31 그들은 자기들끼리 의논
하며 말하였다. "'하늘에서' 라고 하면 그가
'[그러면] 왜 그를 믿지 않았느냐?' 라고 할
것이다. 32 그러면 '사람에게서' 라고 할까?"
그들은 무리를 무서워하고 있었다. 왜냐하
면 모두가 요한을 참으로 선지자였다고 생
각하기 때문이다. 33 그래서 그들은 예수께
"우리는 알지 못하오" 라고 대답하였다. 예수

26 T 너희가 용서하지 않는다면 하늘에 계신 너희 아버지께서도 너희 잘못을 용서하지 않으실 것이다.

께서도 그들에게 말씀하셨다. "내가 무슨 권
한으로 이런 일들을 하는지 나도 너희에게
말하지 않겠다."

278 III요 **12** 1 (예수께서) 그들에게 비유로
말씀하기 시작하셨다. "한 사
람이 포도나무를 심고 울타리
를 치고 즙 짜는 구덩이를 파고 원두막을
세우고 그것을 농부들에게 세주고 외국으로
떠났다. 2 세절에 그는 농부들에게서 포도원
열매 중 (얼마를) 받으려고 한 종을 농부들
에게 보냈다. 3 그들은 그를 붙잡아서 때렸
고 거저 보냈다. 4 그래서 그는 다시 다른
종을 그들에게 보냈지만, 그들은 그 종도
머리를 때리고 모욕하였다. 5 그가 다른 종
을 보냈지만, 그들은 그 종도 죽였고 다른
많은 종들을, 어떤 종들은 때리기도 하고
어떤 종들은 죽이기도 하였다. 6 그에게 아
직 하나, 곧 사랑하는 아들이 있었다. 그는
마지막으로 그 (아들을) 그들에게 보내며
말하였다. '그들이 내 아들은 존경할 것이
다.' 7 그러나 저 농부들은 자기들끼리 말하
였다. '이 사람은 상속인이다. 오라! 그를 죽
이자. 그러면 상속물이 우리 것이 될 것이
다.' 8 그들은 그를 잡아서 죽였고 그를 포도
원 밖에 내팽개쳤다. 9 [그러면] 포도원 주
인이 어떻게 하겠느냐? 그는 와서 그 농부
들을 죽이고 다른 (농부들에게) 포도원을
(세)줄 것이다. 10 너희는 이런 성경을 읽어
본 적이 없느냐? '집 짓는 사람들이 버린
돌, 이것이 모퉁이의 머릿돌이 되었다. 11 주
님으로 말미암아 이렇게 되었으니 우리 눈
에는 놀랍다.'" 12 그들은 그가 비유를 자신
들에게 말씀하셨다는 것을 알아차렸기 때문
에 그를 잡으려고 힘썼지만 백성을 두려워
하여서 그를 놓아두고 가버렸다.

280 III요 13 그들이 (예수께) 말로 올가미를 씌우려고
바리새인들과 헤롯파 사람들 가운데 몇을
그에게 보냈는데, 14 그들이 그에게 와서 말
하였다. "선생님, 저희는 당신이 진실하시며
사람들의 낯을 봐주지 않으시기 때문에 아
무도 개의치 않으시고 오히려 올바르게 하
나님의 길을 가르치시는 줄로 알고 있습니
다. 황제께 세금을 바치는 것이 옳습니까?
그렇지 않습니까? 바칠까요? 바치지 말까
요?" 15 그러나 예수께서는 그들의 위선을
알아채시고 그들에게 말씀하셨다. "왜 나를
시험하느냐? 데나리온을 내게 가져와서 보
게 하여라." 16 그들이 가져오자 (예수께서)
그들에게 말씀하셨다. "이 그림과 글자가 누
구의 것이냐?" 그들이 그에게 말하였다. "황
제의 것입니다." 17 예수께서 그들에게 말씀
하셨다. "황제의 것들은 황제에게 돌려주고
하나님의 것들은 하나님께 (돌려드려라.)"
그러자 그들이 그에게 매우 놀랐다.

281 III요 18 부활이 없다고 말하는 사두개인들이 (예
수께) 와서 그에게 물었다. 19 "선생님, 모세
는 우리에게 '누구의 형이 죽고 자식은 남기
지 않고 아내를 남겨 놓으면 그의 동생이
아내로 맞아서 자기 형을 위하여 씨를 이어
주어라' 라고 써 주었습니다. 20 일곱 형제가
있었는데, 맏이가 아내를 맞았다가 죽고 씨
를 남기지 못했습니다. 21 둘째도 그 여자를
맞았고 씨를 남기지 못하고 죽었으며 셋째
도 똑같았습니다. 22 일곱이 씨를 남기지 못
했으며 모두의 끝에 그 여자도 죽었습니다.
23 [그들이 살아나는] 부활 때에 (그 여자는)
그들 가운데 누구의 아내겠습니까? 일곱이
그 여자를 아내로 맞았기 때문입니다." 24 예
수께서 그들에게 말씀하셨다. "너희가 성경
도 하나님의 능력도 알지 못하는 이것 때문

에 오해하는 것이 아니냐? 25 죽은 사람들
가운데서 살아날 때에는 장가들지도 않고
시집가지도 않고 하늘에 있는 천사들과 같
기 때문이다. 26 가시떨기에 관한 모세의 책
에서 죽은 사람들이 살아나는 것에 관하여
하나님께서 어떻게 그에게 말씀하셨는지 읽
어보지 못하였느냐? '나는 아브라함의 하나
님, 이삭의 하나님, 야곱의 하나님이다.' 27 그
분은 죽은 사람들이 아니라 살아 있는 사람
들의 하나님이시다. 너희가 크게 오해하고
있다."
282 III요 28 그들이 토론하고 있을 때에 율법학자들
중 한 사람이 와서 듣다가 그가 그들에게
대답을 잘 하시는 것을 보고 그에게 물었
(182) 다. "모든 (계명들) 가운데서 으뜸인 계명은
어떤 것입니까?" 29 예수께서 대답하셨다. "으
뜸은 (이것이다). '들어라, 이스라엘아! 주님,
곧 우리 하나님은 하나이신 주님이시다. 30 네
온 마음과 네 온 목숨과 네 온 생각과 네
온 힘으로 주님, 곧 네 하나님을 사랑하여
라.' 31 둘째는 이것이다. '네 이웃을 네 자신
처럼 사랑하여라.' 이 (계명들)보다 더 큰
다른 계명은 없다." 32 그 율법학자가 그에게
말하였다. "맞습니다. 선생님. (하나님은) 한
분이시고 그분 말고는 다른 이가 없다고 당
신이 옳게 말씀하셨습니다. 33 또 온 마음과
온 지성과 온 힘으로 그를 사랑하는 것과
이웃을 자신처럼 사랑하는 것이 모든 번제
와 제물들보다 더 낫습니다." 34 그가 지혜롭
게 대답하는 것을 보시고 예수께서 그에게
말씀하셨다. "네가 하나님의 나라에서 먼 곳
에 있지 않구나." 그러자 아무도 감히 그에
게 더 이상 묻지 않았다.
283 III요 35 예수께서 성전에서 가르치시면서 대답하
셨다. "율법학자들은 어떻게 그리스도가 다
윗의 아들이라고 말하느냐? 36 다윗 자신은
성령으로 (이렇게) 말하였다. '주님께서 내
주님께 말씀하셨다. 내가 네 원수들을 네
발 아래 두기까지 내 오른쪽에 앉아 있어
라.' 37 다윗 자신이 그를 주님이라고 불렀는
데 어째서 그가 또 (다윗의) 아들이냐?" 많
은 무리가 그의 (말씀을) 즐겁게 듣고 있었
다.
284 III요 38 (예수께서) 가르치시면서 말씀하셨다. "율
법학자들을 조심하여라. 그들은 긴 예복을
(입고) 걸어 다니고 시장에서 인사를 (받고)
싶어하고 39 회당에서는 앞자리를, 잔치에서
는 윗자리를 (좋아한다.) 40 그들은 과부들의
집들을 삼키고 길게 기도하는 체한다. 이들
이 더욱 넘치는 심판을 받을 것이다."
286 II눅 41 (예수께서) 헌금함 맞은편에 앉으셔서 무
리가 어떻게 돈을 헌금함에 넣는지 보고 계
셨는데, 많은 부자들은 많이 넣었고, 42 가난
한 과부 한 명은 와서 두 렙돈을 넣었다.
그것은 한 고드란트이다. 43 그가 자기 제자
들을 가까이 불러서 그들에게 말씀하셨다.
"참으로 내가 너희에게 말하는데, 이 가난한
과부가 헌금함에 넣은 모두보다 더 많이 넣
었다. 44 왜냐하면 모두가 저희 넘치는 것에
서 (얼마를) 넣었지만, 그 여자는 자기의 모
자란 데서 자기가 가진 모든 것, 곧 자기
생활비 전부를 넣었기 때문이다."

13

287 III요 1 (예수께서) 성전에서 나오실
때 그의 제자들 가운데 한 명
이 그에게 말하였다. "선생님,
보십시오. 얼마나 굉장한 돌들이고 얼마나
굉장한 건물들입니까!" 2 그러자 예수께서
그에게 말씀하셨다. "네가 이 큰 건물들을
보느냐? 돌이 돌 위에 무너지지 않은 채 결
코 여기 놓여 있지 않을 것이다."

288 3 (예수께서) 감람산에서 성전 맞은편에 앉
III요 아 계실 때에 베드로와 야고보와 요한과 안
드레가 따로 그에게 물었다. 4 "저희에게 말
씀해 주십시오. 언제 이 일들이 있겠으며,
이 모든 일들이 끝나려 할 때의 표적이 무
엇입니까?" 5 예수께서 그들에게 말하기 시
작하셨다. "누가 너희를 꾀지 못하도록 조심
하여라. 6 많은 사람이 내 이름으로 와서 '나
다' 라고 말하며 많은 사람을 꾈 것이다. 7 전
쟁 (소식)과 전쟁의 소문을 들을 때에 놀라
지 마라. (그런 일이) 일어나야 하지만 아직
끝은 아니다. 8 민족이 민족에 맞서, 나라가
나라에 맞서 일어나겠고, 곳곳에 지진이 있
겠으며, 기근이 있을 것이기 때문이다. 이것
들이 진통의 시작이다.
289 9 너희는 스스로 주의하여라. 사람들이 너희
III요
(100) 를 공회에 넘겨주고, 너희는 회당에서 매를
맞을 것이며 나 때문에 총독들과 임금들 앞
에 세워져서 그들에게 증언할 것이다. 10 그
래서 모든 민족에게 먼저 복음이 전파되어
(198) 야 한다. 11 사람들이 너희를 데려다가 넘겨
줄 때에 무엇을 말할는지 미리 걱정하지 마
라. 무엇이나 그 시각에 너희에게 주어지는
것, 이것을 말하여라. 말하는 이들은 너희
자신이 아니라 성령이시기 때문이다. 12 형제
가 형제를, 아버지가 자식을 죽이도록 넘겨
줄 것이요, 자식들이 부모에 맞서 일어나서
그들을 죽일 것이다. 13 또 너희가 내 이름
때문에 모두에게 미움을 사게 되겠지만, 끝
까지 버티어 내는 사람, 이 사람이 구원될
것이다.
290 14 멸망의 혐오물이 (있어서는) 안 되는 곳
III요 에 서 있는 것을 볼 때에, 읽는 사람은 깨
달아라, 그때 유대에 있는 사람들은 산으로
(235) 달아나거라. 15 지붕 위에 있는 사람은 내려
가지 말고 자기 집에서 무엇을 챙기러 들어
가지도 말고, 16 들에 있는 사람은 자기 겉
옷을 챙기러 뒤에 있는 것을 향해 돌아서지
마라. 17 그 날에는 아이 밴 여자들과 젖먹
이는 여자들에게 화가 있을 것이다. 18 그
일이 겨울에 벌어지지 않도록 기도하여라.
19 왜냐하면 하나님께서 만드신 창조의 처음
부터 이제까지 일어난 적이 없었고 또 결코
없을 그런 큰 환난의 날들이 될 것이기 때
문이다. 20 주님께서 그 날들을 줄여 주지
않으셨다면 모든 육체가 구원되지 못하겠지
만 자기가 고르신, 곧 뽑힌 사람들을 위하
여 그 날들을 줄여 주셨다.
291 21 그때 누가 너희에게 '보라, 그리스도가 여
III요
(235) 기 (계신다) 보라, 저기 (계신다)' 라고 하여
도 믿지 마라. 22 거짓 그리스도들과 거짓
선지자들이 일어나서 표적과 기적을 보여주
면서 할 수 있다면 뽑힌 사람들을 꾀어낼
것이기 때문이다. 23 너희는 조심하여라. 내
가 너희에게 모든 것을 미리 말하였다.
292 24 그 날, 그 환난 후에 해가 어두워지고, 달
III요 이 자기 빛을 주지 않고, 25 별들이 하늘에
서 떨어질 것이요, 하늘에 있는 세력들이
흔들릴 것이다. 26 그때 사람들이 인자가 구
름에 (휩싸여) 많은 능력과 영광을 가지고
오는 것을 볼 것이다. 27 그때 그가 천사들
을 보내겠고, 그가 땅 끝에서 하늘 끝까지
사방에서 [자기의] 뽑힌 사람들을 모을 것
이다.
293 28 무화과나무로부터 비유를 배워라. 그 가
III요 지가 이미 연해지고 잎이 돋을 때 여름이
가까이 있다는 것을 안다. 29 이렇게 너희도
이 일들이 벌어지는 것을 볼 때에 그가 문
앞에 가까이 계시다는 것을 알아라. 30 참으
로 내가 너희에게 말하는데, 이 모든 일들

이 벌어지기 전에는 이 세대가 결코 지나가
지 않을 것이다. 31 하늘과 땅은 없어지겠지
만 내 말들은 결코 없어지지 않을 것이다.
32 그러나 그 날이나 그 시각에 관해서는 아
무도 알지 못한다. 아버지를 빼고는 하늘에
(있는) 천사들도 아들도 (알지) 못한다.
294 33 조심하여라. 깨어 있어라. 그 때가 언제인
III요 지 알지 못하기 때문이다. 34 먼 길을 떠나
(266, 는 어떤 사람이 자기 집을 떠나면서 자기
299) 종들 각자에게 권한을 주어 자기 일을 (맡
기고) 문지기에게 깨어 있어라고 명령하는
것과 같다. 35 그러므로 깨어 있어라. 언제
그 집의 주인이 오시는지, 곧 저녁인지, 한
밤중인지, 닭이 우는 때인지, 또는 아침인지
알지 못하기 때문이다. 36 그가 갑자기 와서
너희가 자고 있는 것을 발견하지 않도록 하
여라. 37 내가 너희에게 말하는 것이 모두에
게 말하는 것이다. 깨어 있어라."

305 III요 **14**

1 이틀 후가 유월절과 무교절
이었는데 대제사장들과 율법학
자들이 속임수를 써서 그를 잡
아 죽일 방법을 찾고 있다가 2 "백성의 소동
이 있을지도 모르니 명절에는 맙시다" 하고
말하였다.
306 3 (예수께서) 베다니에서 문둥병자 시몬의
IV 집에 계셨다. 그가 식사 자리에 앉아 계시
(267) 는 동안 어떤 여자가 매우 비싼 향유, 곧
순 나드 한 항아리를 지니고 (와서) 항아리
를 깨뜨리고 그의 머리에 부었다. 4 그런데
어떤 사람들이 있다가 자기들끼리 성내면서
(말하였다.) "웬일로 향유를 이렇게 버리게
되었는가? 5 이 향유를 삼백 데나리온보다
높게 팔아서 가난한 사람들에게 줄 수 있었
을 것이다." 그리고 그 여자를 꾸짖었다. 6 그
러나 예수께서 말씀하셨다. "그 여자를 놓아
두어라. 왜 그 여자에게 괴로움을 끼치느
냐? 그 여자는 내게 좋은 일을 하였다. 7 너
희가 가난한 사람들은 늘 너희 자신 곁에서
만나며 원할 때 그들에게 좋은 일을 할 수
있지만 나를 늘 만나지는 않기 때문이다.
8 그 여자는 할 수 있는 일을 하였다. 내 몸
에 향유를 발라서 장사 행위를 미리 한 것
이다. 9 참으로 내가 너희에게 말하는데, 온
세상 어디나 복음이 전해지는 곳에는 그 여
자를 기억하도록 이 여자가 행한 일도 이야
기될 것이다."
307 10 열둘 가운데 하나인 가룟 유다가 그를 대
III요 제사장들에게 넘겨주려고 그들에게 갔다.
11 그들은 듣고 나서 기뻐하였고 그에게 은
을 주기로 약속하였다. 그래서 그는 좋은
기회에 (예수를) 넘겨줄 방법을 찾고 있었
다.
308 12 무교절 첫 날, 곧 유월절 양을 잡는 날에
III요 그의 제자들이 그에게 말하였다. "유월절 식
사를 하시도록 어디에 가서 준비하기를 원
하십니까?" 13 (예수께서) 자기 제자들 중
둘을 보내시며 그들에게 말씀하셨다. "성 안
으로 가거라. 그러면 너희가 물동이를 멘
어떤 사람을 만날 것이다. 그를 따라가서
14 그가 어디론가 들어가면 집주인에게 말하
여라. 선생님께서 '내 제자들과 함께 유월절
식사를 할 내 방이 어디 있느냐?' 라고 말씀
하십니다. 15 그러면 그 사람이 너희에게
(자리를) 깔아 놓고 준비한 큰 다락방을 보
여줄 것이다. 그곳에 우리를 위하여 준비하
여라." 16 제자들이 나가서 성 안으로 들어갔
고 자기들에게 말씀하신 대로 (집을) 찾게
되어 유월절 식사를 준비하였다. 17 저녁이
되어서 (예수께서) 열두 명과 함께 가셨다.
310 18 그들이 식사 자리에 앉아서 먹는 중에 예
IV

(312) 수께서 말씀하셨다. "참으로 내가 너희에게
말하는데, 너희 중에서 나와 함께 먹고 있
는 한 사람이 나를 넘겨줄 것이다." [19] 그들
은 슬퍼하면서 한 사람 한 사람씩 그에게
말하기 시작하였다. "저는 아니지요?" [20] 예
수께서 그들에게 말씀하셨다. "열둘 중에서
한 사람, 곧 나와 함께 그릇에 (손을) 넣는
사람이다. [21] 인자는 자기에 관하여 적혀 있
는 대로 떠나지만 인자를 넘겨주는 그 사람
에게는 화가 있다. 그 사람은 태어나지 말
았으면 자신에게 좋았을 것이다."
311 III요 [22] 그들이 먹고 있을 때 (예수께서) 빵을 가
지고 축복하시고 나서 떼어서 그들에게 주
시며 말씀하셨다. "받아라. 이것은 내 몸이
다." [23] 또 그는 잔을 가지고 감사하시고 나
서 그들에게 주셔서 모두가 그것으로 마셨
다. [24] (예수께서) 그들에게 말씀하셨다. "이
것은 내 피, 곧 많은 사람을 위하여 부어지
는 언약의 피이다. [25] 참으로 내가 너희에게
말하는데, 하나님의 나라에서 그것을 새 것
으로 마시는 그 날까지 나는 포도나무에서
난 것을 결코 더 이상 마시지 않을 것이다."
315 IV [26] 그들은 찬송을 부르고 나서 감람산으로
나갔다. [27] 예수께서 그들에게 말씀하셨다. "너
희가 모두 걸려 넘어질 것이다. '내가 그 목
자를 때려서, 그 양들이 흩어질 것이다' 라
고 적혀 있기 때문이다. [28] 그러나 나는 살
아난 다음에 너희에 앞서 갈릴리로 갈 것이
다." [29] 그러자 베드로가 그에게 말하였다.
"모두가 걸려 넘어져도 저는 아닙니다." [30] 예
수께서 그에게 말씀하셨다. "참으로 내가 네
게 말하는데, 네가 오늘, 이 밤에, 닭이 두 번
울기 전에 세 번 나를 부인할 것이다." [31] 베
드로가 힘주어 말하였다. "제가 당신과 함께
죽어야 한다 해도 결코 당신을 부인하지 않
을 것입니다." 모두가 그와 같이 말하였다.
330 IV [32] 그들은 겟세마네라고 하는 곳에 갔다. (예
수께서) 자기 제자들에게 말씀하셨다. "내가
기도하는 동안 너희는 여기 앉아 있어라."
[33] 그는 베드로와 야고보와 요한을 자기와
함께 데려가셨는데 몹시 놀라며 괴로워하기
시작하셨다. [34] (예수께서) 그들에게 말씀하
셨다. "내 마음이 무척, 죽도록 괴롭다. 너
희는 여기 남아서 깨어 있어라." [35] 그리고
조금 더 가셔서 땅에 엎드려 가능하다면
(이) 때가 자신에게서 지나가기를 기도하셨
다. [36] 그는 또 말씀하셨다. "압바, 아버지시
여! 당신에게는 모든 것들이 가능합니다. 이
잔을 내게서 치워 주십시오. 그러나 내가
원하는 것이 아니라 당신이 (원하시는) 것
을 (하십시오.)" [37] (예수께서) 오셔서 그들이
자고 있는 것을 발견하시고는 베드로에게
말씀하셨다. "시몬아, 자느냐? 네가 한 시간
을 깨어 있을 수 없느냐? [38] 시험에 빠져 들
지 않도록 깨어서 기도하여라. 영은 간절하
지만 몸이 약하다." [39] 그는 다시 가셔서 같
은 말씀을 하시며 기도하셨다. [40] 그는 다시
와서 그들이 자고 있는 것을 발견하셨다.
그들의 눈이 묵직해져 있었기 때문이다. 그
들은 그에게 어떻게 대답할지를 알지 못했
다. [41] (예수께서) 세 번째 오셔서 그들에게
말씀하셨다. "이제는 자고 쉬어라. 충분하다.
그 시각이 왔다. 보아라, 인자가 죄인들의
손에 넘겨진다. [42] 일어나거라. 가자. 보아라,
나를 넘겨주는 사람이 가까이 와 있다."
331 IV [43] 그가 아직 말씀하고 계실 때 열둘 가운데
하나인 유다가 바로 도착하였고, 대제사장
들과 율법학자들과 장로들이 (보낸) 무리가
칼과 몽둥이를 가지고 그와 함께 (왔다.)
[44] 그를 넘겨주는 사람이 그들에게 신호를

정해 주며 "내가 입을 맞추는 사람이 그 사
람이오. 그를 잡아서 단단히 끌어가시오" 하
고 말해 두어서 [45] 그는 곧바로 가서 (예수
께) 다가가 "랍비여!" 하며 그에게 입을 맞
추었다. [46] 사람들이 그를 손으로 덮쳐서 붙
잡았다. [47] 그런데 서 있던 사람들 가운데
[누구] 하나가 칼을 빼었고 대제사장의 종
을 쳐서 그의 귀를 베었다. [48] 예수께서 그
들에게 대답하셨다. "강도에게 하듯이 너희
가 칼과 몽둥이를 가지고 나를 잡으러 나왔
느냐? [49] 내가 날마다 성전에서 가르치면서
너희 곁에 있었지만 너희가 나를 잡지 않았
다. 그러나 이것은 성경이 이루어지게 하려
는 것이다." [50] 그러자 모두가 그를 버려두고
달아났다. [51] 어떤 젊은이가 알몸에 베 이불
을 두른 채 그를 따라왔는데 사람들이 그를
잡자 [52] 그 젊은이는 베 이불을 남겨 두고
알몸으로 달아났다.

332 IV [53] 그들은 예수를 대제사장에게 데리고 갔
고, 대제사장들과 장로들과 율법학자들이
모두 모였다. [54] 베드로는 멀리서부터 대제
사장의 안마당 속에까지 그를 따라갔고 종
들과 함께 앉아서 불을 쬐고 있었다. [55] 대
제사장들과 온 공회가 예수를 죽이려고 그
에게 불리한 증거를 찾았지만 발견하지 못
하고 있었다. [56] 많은 사람들이 그에게 불리
하게 거짓증언을 했지만 그 증언들이 일치
하지 않았기 때문이다. [57] 어떤 사람들이 일
어서서 그에게 불리하게 거짓증언을 하였다.
[58] "그가 '나는 손으로 지은 이 성전을 헐고
손으로 짓지 않은 다른 것을 사흘 만에 지
을 것이다'라고 말하는 것을 우리가 직접
들었습니다." [59] 그러나 그들의 증언도 이렇
게 일치하지 않았다. [60] 대제사장이 가운데
일어서서 예수께 물었다. "이들이 당신에게
불리하게 증언하는 것이 무엇인지 아무 대
답도 없소?" [61] 그러나 예수께서는 조용히
계시면서 아무 것도 대답하지 않으셨다. 대
제사장이 다시 그에게 물었다. "당신이 복되
신 분의 아들 그리스도요?" [62] 예수께서 그
에게 말씀하셨다. "나다. 너희는 인자가 권
능의 오른쪽에 앉아 있는 것과 하늘의 구름
속에 오는 것을 볼 것이다." [63] 대제사장이
자기 속옷을 찢으며 말하였다. "이제 우리에
게 왜 증인이 필요하오? [64] 여러분이 하나님
모독을 들었소. 여러분에게는 어떻게 보이
시오?" 그러자 모두가 그는 죽어 마땅하다
고 판정하였다. [65] 어떤 사람들은 그에게 침
을 뱉고 그의 얼굴을 가리고 그를 주먹으로
치면서 그에게 말하기 시작하였다. "※알아
맞혀 보아라." 하인들도 그를 손바닥으로 때
렸다.

333 IV [66] 베드로가 아래쪽, 곧 안마당에 있는데 대
제사장의 여종들 중 하나가 와서 [67] 베드로
가 불을 쬐고 있는 것을 보고 그를 쳐다보
면서 말하였다. "당신도 나사렛 사람 예수와
함께 있었어요." [68] 그러자 그는 부인하며 말
하였다. "네가 무엇을 말하는지 나는 알지도
못하고 이해하지도 못한다." 그리고 그가 바
깥 앞마당으로 나왔는데 [닭이 울었다.]
[69] 그 여종이 그를 보고 곁에 서 있는 사람
들에게 "이 사람은 그들과 한패요" 하고 다
시 말하기 시작하였다. [70] 그는 다시 부인하
였다. 조금 후에 곁에 서 있던 사람들이 다
시 베드로에게 말하였다. "참으로 당신은 그
들과 한패요. 당신이 갈릴리 사람이기 때문
이오." [71] 그러자 그는 "나는 당신들이 말하
는 이 사람을 알지 못하오" 하며 저주하고

65 ※ 예언해

맹세하기 시작했고, 72 곧바로 닭이 두 번째
울었다. 베드로는 "닭이 두 번 울기 전에 네
가 나를 세 번 부인할 것이다" 라고 예수께
서 자기에게 하신 말씀이 떠올라서 엎드려
서 울었다.

334 IV 15 1 아침에 대제사장들이 장로들
과 율법학자들과 함께 회의,
곧 전체 공회를 소집하고 예수
를 묶은 다음 데리고 가서 빌라도에게 넘겨
주었다.

336 IV 2 빌라도가 그에게 물었다. "당신이 유대인
의 왕이오?" 예수께서 그에게 대답하셨다.
"당신이 말하고 있소." 3 대제사장들이 많은
것으로 그를 고소하였다. 4 빌라도가 다시
그에게 물었다. "당신은 아무 대답도 없소?
그들이 얼마나 많은 것으로 당신을 고소하
는지 보시오." 5 그러나 예수께서는 더 이상
아무 것도 대답하지 아니하셔서 빌라도가
이상하게 생각하였다.

339 IV 6 명절에는 그가 그들에게 그들이 요청하는
죄수 한 명을 풀어주었는데 7 소동을 일으키
고 이 소동 중에 살인을 저지른 사람들과
함께 바라바라고 하는 사람이 갇혀 있었다.
8 무리가 올라가서 그가 그들에게 해 오던
대로 요청하기 시작하였다. 9 빌라도가 그들
에게 대답하였다. "내가 여러분에게 유대인
의 왕을 풀어주기를 바라오?" 10 그는 대제
사장들이 시기하여 (예수를) 넘겨주었다는
것을 알았기 때문이다. 11 그러나 대제사장
들은 자기들에게 차라리 바라바를 풀어주게
하도록 무리를 선동하였다. 12 빌라도가 다
시 그들에게 대답하였다. "그러면 [여러분
이] 유대인의 왕[이라고 하는 사람]은 어떻
게 하기를 [바라오?]" 13 그들이 다시 소리
쳤다. "그를 십자가에 못 박으십시오." 14 빌
라도가 그들에게 말하였다. "그가 무슨 나쁜
짓을 하였다는 말이오?" 그러나 사람들은
더 크게 소리질렀다. "그를 십자가에 못 박
으십시오."

341 IV 15 빌라도는 무리에게 만족을 주고 싶어서
그들에게 바라바를 풀어 주고 예수는 채찍
질하고 나서 십자가에 못 박히도록 넘겨주
었다.

342 III눅 16 병사들이 그를 마당 안, 곧 총독 공관으
로 데리고 가서 온 부대를 불러 모았고

(40) 17 그에게 자주색 옷을 입혔으며 가시나무로
관을 엮어서 그에게 둘러씌우고 18 그에게
인사하기 시작하였다. "안녕하시오! 유대인
의 임금님!" 19 또 갈대로 그의 머리를 갈겨
대었고 그에게 침을 뱉었으며 무릎을 꿇고
그에게 절하였다. 20 그를 희롱한 후 그에게
서 자주색 옷을 벗기고 그의 겉옷을 도로
입혀서

343 IV 그를 십자가에 못 박기 위하여 그를 데리고
나갔다. 21 어떤 구레네 사람, 곧 알렉산더와
루포의 아버지인 시몬이 들에서 와서 지나
가고 있었는데, 그들은 (그로 하여금) 강제
로 (예수의) 십자가를 지게 하였다.

344 IV 22 그들은 골고다, 곧 해골의 자리라고 번역
되는 곳으로 그를 데려가서 23 쓸개즙을 타
놓은 포도주를 그에게 주었지만 그는 받지
않으셨다. 24 그들은 그를 십자가에 못 박았
고 그의 겉옷 중에서 누가 무엇을 가질지
제비를 뽑아서 그것을 나누어 (가졌다.) 25 그
를 십자가에 못 박은 것은 세 시였다. 26 그
의 죄목 판에는 "유대인의 왕"이라고 쓰여
있었다.

345 III요 27 그들은 그와 함께 두 강도를, 하나는 그
의 오른쪽에, 하나는 왼쪽에 십자가에 못
박았다. 28 ⊤ 29 지나가는 사람들이 자기 머

리를 흔들며 그를 모독하면서 말하였다.
"아! 성전을 헐고 사흘 만에 짓는 사람아!
[30] 십자가에서 내려와서 네 자신을 구원해
보아라." [31] 대제사장들도 율법학자들과 함께
똑같이 놀리면서 서로 말하였다. "남들은 구
원하였지만 자신을 구원하지는 못하는구나!
[32] 그리스도, 이스라엘의 왕은 우리가 보고
믿도록 지금 십자가에서 내려와 보아라."
346 그와 함께 십자가에 못 박힌 사람들도 그를
III요 욕하였다.
347 [33] 여섯 시가 되자 아홉 시까지 어두움이 온
IV 땅을 뒤덮었다. [34] 아홉 시에 예수께서 큰
소리로 외치셨다. "엘로이 엘로이 레마 사박
다니." 번역하면 (이것은) "나의 하나님, 나
의 하나님, 왜 나를 버리셨습니까?"라는 뜻
이다. [35] 곁에 서 있던 사람들 가운데 몇이
듣고 말하였다. "보라, 그가 엘리야를 부른
다." [36] 어떤 사람이 달려가서 해면을 신 포
도주에 가득 적신 다음 갈대에 둘러 매달아
서 그에게 먹이며 말하였다. "놓아두시오.
엘리야가 와서 그를 내려주는지 봅시다."
[37] 예수께서 큰 소리를 지르시고 숨을 거두
셨다. [38] 그리고 성전의 휘장이 위에서부터
아래까지 둘로 찢어졌다. [39] (예수의) 맞은편
에 서 있던 백부장이 그가 이렇게 숨을 거
두시는 것을 보고 말하였다. "참으로 이 사
람은 하나님의 아들이셨다."
348 [40] 여자들도 멀리서 바라보고 있었는데, 그
IV 여자들 가운데 막달라 마리아와 작은 야고
보와 요세의 어머니 마리아와 살로메도 (있
었다.) [41] 그 여자들은 (예수께서) 갈릴리에
계셨을 때에 그를 따랐고 섬겼던 사람들이
다. 또 (예수와) 함께 예루살렘으로 올라온

28 ᵀ그가 무법자들의 (하나로) 간주되었다는 말씀
이 이루어졌다.

다른 여자들이 많이 (있었다.)
350 [42] 이미 저녁이 되어서, (이 날이) 예비일,
IV 곧 안식일 전날이므로 [43] 아리마대 출신의
유능한 공회원인 요셉이 왔는데 그 사람 자
신도 하나님의 나라를 기다리고 있었다. 그
가 용감히 빌라도에게 들어가서 예수의 시
신을 달라고 하였다. [44] 빌라도는 그가 벌써
죽었는지 이상하게 생각하였고 백부장을 불
러서 그가 죽은 지 오래 되었는가를 물었으
며 [45] 백부장에게 알아보고 나서 요셉에게
(예수의) 시신을 내어 주었다. [46] 그래서 (요
셉은) 베를 샀고 (시신을) 내려서 베로 쌌으
며 그를 바위에 굴을 파 놓은 무덤에 두고
무덤 입구에 돌을 굴려다 놓았다. [47] 막달라
마리아와 요세의 (어머니) 마리아가 어디에
(시신이) 안치되는지를 보고 있었다.

16

352 [1] 안식일이 지나서 막달라 마
IV 리아와 야고보의 어머니 마리
아와 살로메가 그에게 가서 바
르기 위하여 향료를 샀다. [2] 안식일 후 첫째
날 아주 일찍 해가 돋을 때 그 여자들이 무
덤으로 가며 [3] "누가 우리를 위하여 무덤 입
구에서 돌을 굴려 내어 주겠는가?" 하고 서
로 말하다가 [4] 눈을 들어 돌이 굴려져 나가
있는 것을 보았다. 아주 큰 돌이었다. [5] 그
여자들은 무덤 안으로 들어가서 긴 흰 옷을
입은 한 청년이 오른편에 앉아 있는 것을
보고 놀랐다. [6] 그가 그 여자들에게 말하였
다. "놀라지 마라. 십자가에 못 박히신 나사
렛 예수를 ※찾느냐? 그는 살아나셨다. 그는
여기 계시지 않다. 보라! 그를 두었던 곳이
다. [7] 가서 그의 제자들과 베드로에게 '그가
너희에 앞서 갈릴리로 가신다. 너희에게 말

6 ※찾는구나!

씀하신 대로 너희가 그곳에서 그를 볼 것이
다' 라고 말하여라." 8 그 여자들은 무덤에서
나와서 달아났다. 떨었고 놀랐기 때문이다.
또 두려워서 아무에게 아무 것도 말하지 못
하였다.

353 9 「(예수께서) 안식일 후 첫째 날 일찍 살
IV 아나셔서 일곱 귀신을 내쫓아 주신 막달라
(363) 마리아에게 먼저 나타나셨다. 10 그 여자가
가서 (예수와) 함께 있던 사람들이 슬퍼하
며 울고 있을 때에 소식을 전했으나, 11 그
들은 (예수께서) 사셨고 그 여자에게 보이
셨다는 것을 듣고도 믿지 않았다.

355 12 이 일들 후에 그들 가운데 두 사람이 시
II눅 골로 가며 걷고 있을 때 (예수께서) 다른
모습으로 나타나셨다. 13 그 사람들이 와서
남은 사람들에게 소식을 전했지만 그들은
그 사람들을 믿지 않았다.

358 14 나중에 열한 명이 식사 자리에 앉아 있을
I 때에 (예수께서) 그들에게 나타나셔서 그들
의 믿지 못함과 마음의 단단함을 꾸중하셨
다. 그가 살아나신 것을 본 사람들을 그들
이 믿지 않았기 때문이다. 15 그리고 그들에
게 말씀하셨다. "온 세상으로 가서 모든 피
조물에게 복음을 전하여라. 16 믿고 세례를
받는 사람은 구원을 받겠지만 믿지 않는 사
람은 심판을 받을 것이다. 17 믿는 사람들에
게는 이런 표적들이 따를 것이다. 내 이름
으로 귀신들을 내쫓고 새 방언을 말하고
18 [손으로] 뱀을 집어 올리고, 무슨 독을 마
시더라도, 그것이 그들을 결코 해하지 못하
고, 병든 사람들에게 손을 얹으면 나을 것
이다." 19 주 예수께서 그들에게 말씀하신 후
에 하늘로 올려지셔서 하나님의 오른편에
앉으셨다. 20 그들이 나가서 모든 곳에 복음
을 전하였는데, 주께서 함께 일하셨고 뒤따
르는 표적으로 그 말씀을 확인해 주셨다.」

362 9 「16:9-20("긴 결론부") 대신 다음과 같은 "짧은
I 결론부"를 가진 사본도 있다: 베드로 주변에
있는 사람들에게 전해진 모든 소식들은 급속
히 전파되었다. 이 일들 후에 예수 자신도 거
룩하고 썩지 않는 영원한 구원의 가르침을 동
쪽에서부터 서쪽에까지 그들을 통해 보내셨다.
아멘.

누가복음

1 IV 1
[1] 우리 안에서 이루어진 일들
에 관한 이야기를 엮으려고 많
은 사람이 손을 대었습니다.
[2] 처음부터 말씀의 목격자와 일꾼이 된 사람
들이 우리에게 전해 준 대로 한 것입니다.
[3] 데오빌로 각하! 처음부터 모든 것을 자세
히 살펴본 저에게도 순서대로 당신에게 써
보내야 하겠다는 생각이 들었습니다. [4] 당신
이 가르침을 받은 말씀들이 확실함을 아시
게 하려는 것입니다.
2 I [5] 유대 왕 헤롯 시대에 이름이 사가랴인 어
떤 제사장이 있었다. 그는 아비야 조에 속
했고 그의 아내는 아론의 딸들에 속했다.
그녀의 이름은 엘리사벳이었다. [6] 두 사람은
하나님 앞에서 의로웠고 주님의 모든 계명
들과 규칙대로 흠이 없이 살았지만 [7] 엘리사
벳이 아이를 낳지 못하는 여자여서 그들에
게는 자식이 없었고 두 사람이 나이가 많았
다. [8] 사가랴가 자기 조 차례에 하나님 앞에
서 제사장 일을 하게 되었는데 [9] 제사의 관
습을 따라 제비를 뽑았고 주님의 성소에 들
어가서 분향하는 일을 맡았다. [10] 백성의 모
든 무리는 분향 시간에 밖에서 기도하고 있
었는데, [11] 주님의 천사가 그에게 나타나서
분향 단 오른쪽에 섰다. [12] 사가랴는 보고
놀랐고 두려움이 그를 사로잡았다. [13] 그 천
사가 그에게 말하였다. "무서워하지 마라.
사가랴야! 네 기도가 받아들여졌기 때문이
다. 네 아내 엘리사벳이 네게 아들을 낳을
것이다. 그러면 그의 이름을 요한이라고 불
러라. [14] 네게 기쁨과 즐거움이 있을 것이요,
많은 사람이 그의 출생을 기뻐할 것이다. [15] 그
는 주님 앞에 큰 사람이 될 것이기 때문이
다. 그는 포도주와 독주를 결코 마시지 않
고 자기 어머니의 뱃속에서 이미 성령으로
채워져서 [16] 이스라엘 아들들을 많이 주님,
곧 그들의 하나님께로 돌아오게 할 것이다.
[17] 또 그는 엘리야의 심령과 능력으로 그의
앞에 먼저 가서 아버지들의 마음을 자식들
에게로, 순종하지 않는 사람들을 의인들의
지혜로 돌아오게 하고 주님을 위하여 준비
된 백성을 예비할 것이다." [18] 그러자 사가랴
가 그 천사에게 말하였다. "저는 늙은이요
제 아내도 나이가 많은데 제가 이것을 어떻
게 알겠습니까?" [19] 천사가 그에게 대답하였
다. "나는 하나님 앞에 서 있는 가브리엘이
다. 네게 말하고 네게 이 좋은 소식을 전하
라고 보내졌다. [20] 보아라, 네가 내 말들을
믿지 못했으므로 이 일들이 일어나는 날까
지 너는 조용히, 말을 못하며 지내겠지만,
그 때가 되면 내 말들이 이루어질 것이다."
[21] 백성이 사가랴를 기다리고 있다가 그가
성소 안에서 지체하는 것을 이상하게 생각
했는데, [22] 그가 나와서 그들에게 말을 못하
자, 그가 성소에서 환상을 보았다는 것을
알아차렸다. 그는 그들에게 몸짓을 하며 (표
현했고) 말을 못하며 지내다가 [23] 그가 섬기
는 날이 끝나서 자기 집으로 돌아갔다. [24] 그
의 아내 엘리사벳은 이 날들 후에 임신하였
고 다섯 달을 스스로 숨어 지내며 말하였
다. [25] "주님이 (나를) 돌아보신 날에 사람들
틈에서 내 수치를 없애 주시려고 나에게 이
렇게 하셨다."

3 I [26]여섯째 달에 하나님이 천사 가브리엘을
나사렛이라고 하는 갈릴리의 한 성으로 보
내셔서 [27]다윗 가문에 속한 요셉이라는 남
자와 정혼한 처녀에게 (가게 하셨다), 그 처
녀의 이름은 마리아였다. [28]천사가 들어가
서 그녀에게 말하였다. "※기뻐하여라! 은혜
를 입은 여자여! 주님이 너와 함께 (하신
다)." [29]마리아는 이 말에 당황하며 이런 인
사가 어떻게 된 일인지 궁금해 하고 있었는
데, [30]천사가 그녀에게 말하였다. "무서워하
지 마라. 마리아야! 네가 하나님께 은혜를
입었기 때문이다. [31]보아라, 네가 임신하여
아들을 낳을 것이다. 그러면 그의 이름을
예수라고 하여라. [32]이 아이는 큰 사람이
되고 가장 높으신 분의 아들로 불릴 것이
다. 또 주 하나님이 그의 조상 다윗의 왕좌
를 그에게 주실 것이다. [33]그는 영원히 야
곱의 집을 다스리겠고 그의 나라는 끝이 없
을 것이다." [34]마리아가 그 천사에게 말하였
다. "나는 남자를 알지 못하는데 어떻게 이
럴 수 있습니까?" [35]천사가 그녀에게 대답
하였다. "성령이 네게 오시고 가장 높으신
분의 능력이 너를 덮을 것이다. 그러므로
태어나실 거룩하신 분은 하나님의 아들로
불릴 것이다. [36]보아라, 네 친척 엘리사벳도
늙어서 아들을 가졌다. 아이를 낳지 못하는
여자라고 불리던 그녀에게 이 달이 여섯 번
째 달이다. [37]하나님께는 어떤 말씀도 불가
능하지 않기 때문이다." [38]마리아가 말하였
다. "보소서, 주님의 여종입니다. 당신의 말
씀대로 제게 이루어지소서!" 그러자 천사가
마리아에게서 떠나갔다.

4 I [39]그 무렵에 마리아가 일어나서 급히 유대
산악지대에 있는 한 성으로 갔고, [40]사가랴
의 집으로 들어가서 엘리사벳에게 인사를
하였다. [41]엘리사벳이 마리아의 인사를 듣
자, 그녀의 뱃속에서 아이가 뛰었고, 엘리사
벳은 성령으로 충만해져서 [42]큰 소리로 외
치며 말하였다. "여자들 가운데서 네가 복이
있고, 네 뱃속의 열매가 복이 있다. [43]내 주
님의 어머니께서 내게로 오시다니, 이것이
내게 어떻게 된 일인가? [44]보이라, 네 인사
소리가 내 귀에 들리자 내 뱃속에서 아이가
기뻐서 뛰었다. [45]주님이 자기에게 말씀하
신 것들이 이루어질 것으로 믿은 여자는 복
이 있다." [46]그러자 마리아가 말하였다. "내
영혼이 주님을 찬양합니다. [47]내 영이 하나
님, 내 구원자를 기뻐하였습니다. [48]그가 자
기 여종의 천함을 돌아보셨기 때문입니다.
보십시오, 이제부터 모든 세대가 나를 복이
있다고 할 것이기 때문입니다. [49]전능하신
분이 나에게 큰 일을 행하신 것입니다. 그
의 이름은 거룩하십니다. [50]그의 자비는 그
를 두려워하는 사람들에게 대대로 (미칠 것
입니다.) [51]그는 자신의 팔로 능력을 행하
셨고 마음의 생각이 교만한 사람들을 흩으
셨습니다. [52]권력자들을 권좌로부터 끌어내
리셨고 천한 사람들을 높이셨습니다. [53]굶
주린 사람들을 좋은 것들로 채워주셨고 부
자들을 빈 손으로 보내셨습니다. [54]자비를
기억하도록 자기 종 이스라엘을 도우셨는데
[55]우리 조상들, 곧 아브라함과 그의 자손들
에게 영원히 말씀하신 것과 같습니다." [56]마
리아가 약 석 달 엘리사벳과 함께 지내다가
자기 집으로 돌아갔다.

5 I [57]엘리사벳이 아이를 낳을 기간이 차서 아
들을 낳았다. [58]이웃 사람들과 그녀의 친척
들은 주님이 그의 자비를 엘리사벳에게 크

28 ※잘 있느냐?

게 베푸셨다는 것을 듣고 그녀와 함께 기뻐
하였고 59 여덟째 날이 되자 아이에게 할례
를 행하러 와서 그의 아버지의 이름을 따라
서 그를 사가랴라고 불렀다. 60 그러자 그의
어머니가 대답하였다. "아니요. 요한이라고
불릴 것입니다." 61 사람들이 엘리사벳에게
말하였다. "당신의 친척 중에는 이 이름을
가진 사람이 아무도 없소." 62 그들은 그의
아버지에게 손짓하며 그를 어떻게 부르고
싶은지 물었다. 63 그는 서판을 달라고 하여
"그의 이름은 요한이다"라고 썼다. 그러자
모두가 놀랐고, 64 즉시 그의 입이 열리고
그의 혀가 (풀려), 말을 하며 하나님을 찬양
하였다. 65 그들 주변에 사는 모든 사람에게
두려움이 몰려왔고, 이 모든 말들이 유대
산지 전역에 두루 퍼져 나갔다. 66 들은 사
람들은 모두 (이 말들을) 자기 마음에 새기
며 말하였다. "그러면 이 아이가 어떻게 될
까?" 주님의 손이 그와 함께 있었기 때문이
다. 67 그의 아버지 사가랴가 성령으로 충만
하여 예언하였다. 68 "주님, 곧 이스라엘의
하나님은 찬양을 받으소서. 그는 자기 백성
을 돌아보셨고 구속하셨으며 69 우리를 위하
여 자기 종 다윗의 집에 구원의 뿔을 일으
키셨기 때문이다. 70 옛날부터 자신의 거룩
한 선지자들의 입을 통하여 말씀하신 것과
같이 71 우리 원수들과 우리를 미워하는 모
든 사람의 손에서 구원하시는 것이다. 72 우
리 조상들에게 자비를 베푸시고 자신의 거
룩한 약속을 기억하시려는 것이요 73 우리
조상 아브라함에게 하셨던 맹세를 우리에게
지키려는 것이다. 74 (우리를) 원수들의 손에
서 건져내셔서 두려움 없이 자기를 섬기게
하시려는 것이요 75 우리 평생을 자기 앞에
서 거룩하고 의롭게 (살게 하시려는 것이
다.) 76 너, 아가야! 너는 가장 높으신 분의
선지자로 불릴 것이다. 주님보다 앞서가서
그의 길들을 준비하여 77 그들의 죄를 용서
하는 구원을 그의 백성에게 알려 줄 것이기
때문이다. 78 (이것은) 우리 하나님의 자비로
우신 마음으로 말미암은 것이다. 그 자비로
말미암아 높은 곳으로부터 우리 위에 동이
터 와서 79 어둠 속에, 또 죽음의 그늘에 앉
아 있는 사람들을 비추고 우리 발을 평화의
길로 인도하실 것이다." 80 아이는 자라났고
심령이 강해졌으며 이스라엘에게 나타나는
날까지 황야에 있었다.

7 II마 **2** 1 그 즈음에 세상 (사람)은 모
두 호적에 등록하라는 아구스
도 황제의 칙령이 떨어졌다.
2 이 첫 호적등록은 구레뇨가 수리아의 총독
이었을 때 시행되었다. 3 그래서 모든 사람
이 등록을 하려고 각자 자기 고향으로 갔
다. 4 요셉은 다윗 가문에 속했으므로 그도
갈릴리의 나사렛 성으로부터 베들레헴이라
고 하는 유대의 다윗 성으로 올라갔다. 5 자
기와 약혼한 마리아와 함께 등록하기 위한
것인데 마리아는 임신 중이었다. 6 그들이
거기 있는 동안 마리아가 아이를 낳을 날이
차서 7 자기 맏아들을 낳았고 그를 포대기에
싸서 구유에 눕혔다. 여관에는 그들을 위한
방이 없었기 때문이다.
8 III막 8 어떤 목동들이 그 지역에서 밤에 밖에서
지내며 그들의 양떼를 지키고 있었는데, 9 주
님의 천사가 그들에게 나타나고 주님의 영
광이 그들을 둘러 비추자, 그들은 무척 무
서워하였다. 10 천사가 그들에게 말하였다.
"무서워하지 마라. 보아라, 내가 모든 백성
에게 미칠, 큰 기쁨의 좋은 소식을 너희에
게 전하기 때문이다. 11 오늘 다윗 성에 너

희를 위하여 한 구원자가 태어나셨다. 곧
그리스도, 주님이시다. 12 너희는 포대기에
싸여서 구유에 뉘어 있는 한 아기를 발견할
것이다. 이것이 너희에게 표시이다." 13 그러
자 갑자기 그 천사와 함께 하늘의 군대가
무리를 지어 나타나서 하나님을 찬송하였다.
14 "가장 높은 곳에는 하나님께 영광이, 땅
위에는 기뻐하시는 사람들에게 평화가!"
15 천사들이 그들을 떠나서 하늘로 가버리자
그 목동들이 서로 말하였다. "자, 베들레헴
까지 가서 주님이 우리에게 알려주신 이 말
씀이 이루어진 것을 보자." 16 그들은 서둘러
가서 마리아와 요셉과 구유에 뉘어 있는 아
기를 발견하였고 17 본 후에 이 아기에 관하
여 사신들에게 전해진 말을 알려주었다.
18 들은 사람들은 모두 그 목동들이 그들에
게 이야기한 것에 놀랐지만 19 마리아는 이
모든 말을 자신의 마음에 담아 두고 곰곰이
생각하였다. 20 목동들은 그들에게 말씀하신
것과 같이 듣고 본 모든 것에 대하여 하나
님께 영광을 돌리고 찬송을 하면서 돌아갔
다.
9 I 21 팔일이 지나서 아이에게 할례를 행할 때
그의 이름을 예수라고 지었다. 아이가 뱃속
에 생기기 전에 천사가 부른 이름이었다.
22 그들은 모세의 율법을 따라 자기들이 정
결하게 되는 날이 차자 그를 주님께 바치려
고 예루살렘으로 데려갔다. 23 주님의 율법
에 "모태를 여는 모든 사내아이는 주님께
거룩한 사람으로 불릴 것이다"라고 적혀 있
는 것과 같이 (하고) 24 주님의 율법에 말씀
하신 대로 제물, 곧 비둘기 한 쌍이나 비둘
기 새끼 두 마리를 바치려는 것이었다. 25 그
런데, 보라, 예루살렘에 이름이 시므온인 어
떤 사람이 있었다. 이 사람은 의롭고 경건
했으며 이스라엘의 위로를 기다리고 있었고
성령이 그 위에 계셨다. 26 그는 주님의 그
리스도를 보기 전에는 죽음을 보지 않을 것
이라고 성령을 통하여 지시를 받았었다.
27 그가 성령에 사로 잡혀 성전에 들어갔는
데, 부모가 아이에 관한 율법의 관습을 따
라 행하려고 아기 예수를 데리고 들어오는
중이었다. 28 시므온이 그 아기를 두 팔로
받아 안고 하나님을 찬송하며 말하였다.
29 "주님, 당신의 말씀대로 이제 당신의 종을
평안히 놓아주시는군요. 30 제 두 눈이 당신
의 구원을 보았기 때문입니다. 31 그것은 당
신이 모든 민족의 면전에 마련해 두신 것이
요 32 이방인들에게 계시하는 빛이요 당신의
백성 이스라엘의 영광입니다." 33 아기의 아
버지와 어머니는 아기에 관하여 말하는 것
들을 이상하게 생각하였다. 34 또 시므온이
그들을 축복하고 그의 어머니 마리아에게
말하였다. "보아라, 이 아이는 이스라엘 가
운데서 많은 사람이 넘어지거나 일어서게
하려고 세워졌다. 또 그는 비난 받는 표시
가 될 것이다. 35 칼이 네 자신의 영혼을 꿰
뚫고 지나가겠지만 많은 사람들의 마음 속
생각이 드러나게 될 것이다." 36 또 아셀 지
파에 속한 바누엘의 딸, 여선지자 안나가
있었다. 그녀는 매우 늙었는데 처녀 시절에
(결혼하여) 칠 년을 남편과 함께 살다가
37 여든 네 살까지 과부로 (살았다.) 그녀는
성전을 떠나지 않고 금식하고 기도하면서
밤낮 (하나님을) 섬겼는데 38 바로 그 시각
에 곁에 서서 하나님께 감사하고 이스라엘
의 구속을 기다리는 모든 사람에게 그 아기
에 관하여 이야기하였다.
11 II마 39 그들은 주님의 율법에 정해진 일들을 모
두 마치고 자기들의 고향인 갈릴리 나사렛

으로 돌아갔다. 40 아기는 자라나고 튼튼해
지고 지혜로워졌으며, 하나님의 은혜가 그
위에 있었다.
12 I 41 그의 부모는 해마다 유월절에 예루살렘에
갔는데 42 그가 열두 살이 되었을 때에도 명
절에 늘 하던 대로 (예루살렘으로) 올라갔
다. 43 명절이 다 끝나고 그들이 돌아갈 때
에 소년 예수는 예루살렘에 머물렀지만 그
의 부모는 알지 못하였고 44 그가 동행 가운
데 있는 줄로 생각하고 하룻길을 갔다가 친
척들과 아는 사람들 가운데서 그를 찾았지
만 45 발견하지 못하자 그를 찾으면서 예루
살렘으로 되돌아갔다. 46 사흘 후에 그들은
성전에서 그를 발견하였는데, 그는 선생들
틈에 앉아서 그들의 (말을) 듣기도 하고 그
들에게 묻기도 하고 있었다. 47 그의 (말을)
듣는 사람들은 모두 그의 이해력과 대답에
놀라고 있었다. 48 (부모는) 그를 보고 놀랐
고, 그의 어머니가 그에게 말하였다. "얘야!
우리에게 왜 이렇게 하였느냐? 보아라, 네
아버지와 내가 고생하며 너를 찾아 다녔단
다." 49 예수가 그들에게 말하셨다. "왜 저를
찾아 다녔습니까? 제가 제 아버지의 집에
있어야 한다는 것을 알지 못하셨습니까?"
50 그들은 예수가 자기들에게 한 말을 깨닫
지 못하였다. 51 그는 부모와 함께 내려갔고
나사렛으로 가서 부모에게 순종하면서 지냈
다. 그의 어머니는 이 모든 말들을 자신의
마음에 담아 두었다. 52 예수는 지혜와 키가
더 자랐고 하나님과 사람들에게 사랑을 받
았다.
13 IV **3** 1 디베료 황제의 통치 제15년,
곧 본디오 빌라도가 유대의 총
독이었고, 헤롯이 갈릴리의 사
분왕이었고, 그의 동생 빌립이 이두래와 드
라고닛의 사분왕이었고, 루사니아가 아빌레
네의 사분왕이었으며, 2 안나와 가야바가 대
제사장이었을 때에 황야에 (있던) 사가랴의
아들 요한에게 하나님의 말씀이 떨어졌다.
3 그래서 요한은 요단강 주변 일대로 가서
죄 용서에 이르는 회개의 세례를 선포하였
다. 4 선지자 이사야의 말씀 책에 적혀 있는
것과 같았다. "황야에서 외치는 사람의 소리
가 있다. '너희는 주님의 길을 마련하여라.
그의 좁은 길들을 곧게 만들어라. 5 모든 골
짜기가 메워지고, 모든 산과 언덕이 낮추어
지고, 굽은 길이 곧아지고, 험한 (길이) 고
른 길이 되고, 6 모든 육체가 하나님의 구원
을 볼 것이다.' "
14 II마 7 그래서 그는 자기에게 세례를 받으려고 나
오는 무리들에게 말하였다. "독뱀 새끼들아!
오고 있는 진노를 피하라고 누가 너희한테
알려 주었느냐? 8 그러므로 너희는 회개에
들어맞는 열매들을 맺고 너희 속으로 '아브
라함이 우리 아버지이시다' 라고 말할 시작
도 하지 마라. 내가 너희에게 말하는데, 하
나님은 이 돌들로 아브라함의 자녀들을 만
드실 수 있기 때문이다. 9 도끼도 이미 나무
뿌리를 향해 놓여 있으므로 좋은 열매를 맺
지 않는 나무마다 찍혀서 불 속에 던져진
다."
15 I 10 그러자 무리들이 그에게 물었다. "그러면
우리가 무엇을 할까요?" 11 (요한이) 그들에
게 대답하였다. "속옷이 두 벌 있는 사람은
없는 사람에게 나누어 주어라. 먹을 것이
있는 사람도 똑같이 하여라." 12 세리들도 세
례를 받으러 와서 그에게 말하였다. "선생
님, 우리는 무엇을 할까요?" 13 요한이 그들
에게 말하였다. "아무 것도 너희가 지시받은
것보다 더 많이 거두지 마라." 14 군인들도

그에게 물었다. "우리는요? 우리는 무엇을
할까요?" (요한이) 그들에게 말하였다. "아
무에게서도 강제로 빼앗지 말고 거짓으로
고소하지도 말며 너희 급여로 만족하여라."
16 [15] 백성이 기다리던 중이어서 모든 사람이
IV 그들의 마음속으로 요한에 대하여 행여 그
가 그리스도가 아닐까 하는 의문을 품고 있
었다. [16] 요한이 모두에게 대답하였다. "나는
너희에게 물로 세례를 준다. 그러나 나보다
더 강한 분이 오시는데 나는 그분의 신발끈
을 풀 자격도 없다. 그분은 너희에게 성령
과 불로 세례를 주실 것이다. [17] 그분의 키
가 그분의 손에 있다. 그분은 자기 타작마
당을 깨끗하게 하시는데 알곡은 자기 곳간
에 모으시지만 쭉정이는 꺼지지 않는 불로
태우실 것이다." [18] 그는 또 많은 다른 말로
백성을 권하며 복음을 전하였다.
17 [19] 그러나 사분왕 헤롯이 자기 동생의 아내
III요
(144) 헤로디아에 관하여, 또 자기가 행한 모든
악한 일들에 관하여 그에게 책망을 받고
[20] 모든 (악)에다 이 (하나를) 더하여 요한을
감옥에 가두었다.
18 [21] 모든 백성이 세례를 받을 때, 예수께서도
IV 세례를 받으시고 기도하시는데, 하늘이 열
리고, [22] 성령이 비둘기 같은 몸의 형태로
그의 위에 내려오고, 하늘에서 소리가 났다.
"너는 내 사랑하는 아들이다. 내가 너를 기
뻐하였다."
19 [23] 예수께서 (활동을) 시작하실 때에 서른
II마 살쯤이셨는데, 알려진 대로 하면, 그는 요셉
(6) 의 아들이요, 헬리의 아들이요, [24] 맛닷의 아
들이요, 레위의 아들이요, 멜기의 아들이요,
얀나의 아들이요, 요셉의 아들이요, [25] 맛다
디아의 아들이요, 아모스의 아들이요, 나훔
의 아들이요, 에슬리의 아들이요, 낙개의 아
들이요, [26] 마앗의 아들이요, 맛다디아의 아
들이요, 서머인의 아들이요, 요섹의 아들이
요, 요다의 아들이요, [27] 요아난의 아들이요,
레사의 아들이요, 스룹바벨의 아들이요, 스
알디엘의 아들이요, 네리의 아들이요, [28] 멜
기의 아들이요, 앗디의 아들이요, 고삼의 아
들이요, 엘마담의 아들이요, 에르의 아들이
요, [29] 예수의 아들이요, 엘리에서의 아들이
요, 요림의 아들이요, 맛닷의 아들이요, 레
위의 아들이요, [30] 시므온의 아들이요, 유다
의 아들이요, 요셉의 아들이요, 요남의 아들
이요, 엘리아김의 아들이요, [31] 멜레아의 아
들이요, 멘나의 아들이요, 맛다다의 아들이
요, 나단의 아들이요, 다윗의 아들이요, [32] 이
새의 아들이요, 오벳의 아들이요, 보아스의
아들이요, 살몬의 아들이요, 나손의 아들이
요, [33] 아미나답의 아들이요, 아드민의 아들
이요, 아니의 아들이요, 헤스론의 아들이요,
베레스의 아들이요, 유다의 아들이요, [34] 야
곱의 아들이요, 이삭의 아들이요, 아브라함
의 아들이요, 데라의 아들이요, 나홀의 아들
이요, [35] 스룩의 아들이요, 르우의 아들이요,
벨렉의 아들이요, 헤버의 아들이요, 살라의
아들이요, [36] 가이난의 아들이요, 아박삿의
아들이요, 셈의 아들이요, 노아의 아들이요,
라멕의 아들이요, [37] 므두셀라의 아들이요,
에녹의 아들이요, 야렛의 아들이요, 마할랄
렐의 아들이요, 가이난의 아들이요, [38] 에노
스의 아들이요, 셋의 아들이요, 아담의 아들
이요, 하나님의 아들이시다.

20
III요

4

[1] 예수께서 성령이 충만하여
요단강에서 돌아오셔서 성령에
게 사로잡혀 황야로 이끌려 가
셨으며 [2] 사십 일 동안 마귀에게 시험을 받
으셨는데 그때에 아무 것도 잡수시지 않아

서 그 기간이 다 지났을 때에 주리셨다. 3 마
귀가 그에게 말하였다. "네가 만일 하나님의
아들이라면 이 돌에게 빵이 되라고 말해 보
아라." 4 예수께서 그에게 대답하셨다. "'사람
이 빵으로만 살지는 못한다' 라고 적혀 있
다." 5 그러자 (마귀는) 그를 이끌고 올라가
서 삽시간에 세계의 모든 나라들을 그에게
보여주었다. 6 마귀가 그에게 말하였다. "내
가 이 모든 권세와 그 영광을 네게 주겠다.
(이것은) 내게 넘겨져 있는 것이어서 내가
원하는 사람에게 그것을 주기 때문이다. 7
그러므로 네가 만일 내 앞에 절하면 모두가
네 것이 될 것이다." 8 예수께서 그에게 대
답하셨다. "'주 너의 하나님께 경배하고 그
분만 섬겨라' 라고 적혀 있다." 9 (마귀는) 그
를 예루살렘 안으로 이끌고 가서 성전 꼭대
기에 세우고 그에게 말하였다. "네가 만일
하나님의 아들이라면 여기서 아래로 뛰어내
려 보아라. 10 '그가 자기 천사들에게 너에
관하여, 너를 지키도록 명령하실 것이다.'
11 또 '그들이 손으로 너를 받들어서 네 발
이 결코 바위에 부딪치지 않을 것이다' 라고
적혀 있기 때문이다." 12 예수께서 그에게 대
답하셨다. "'주 너의 하나님을 시험하지 마
라'라고 말씀하셨다." 13 모든 시험이 끝나자
마귀는 때가 (오기)까지 그에게서 떠났다.
30 Ⅳ 14 예수께서 성령의 힘으로 갈릴리에 돌아오
셨는데,
32 Ⅳ (139) 그에 관한 소문이 온 주변 마을에 퍼져 나
갔다. 15 그는 그들의 회당에서 가르치셨고
모든 사람에게 영광을 받으셨다.
33 Ⅲ요 16 (예수께서) 자신이 자라나신 나사렛에 가
셔서 그가 하시던 대로 안식일 날에 회당에
들어가셨고 (성경을) 읽으려고 일어나셨다.
17 그에게 선지자 이사야의 책이 건네지자,
그는 책을 펴서 (이렇게) 적혀 있는 곳을
찾으셨다. 18 "주님의 영이 내 위에 (오셨다.)
주님을 위하여 가난한 사람들에게 복음을
전하게 하시려고 그가 내게 기름을 부으셨
고 나를 보내셨다. 사로잡힌 사람들에게 놓
임과 눈먼 사람들에게 다시 봄을 전하고 억
눌린 사람들을 놓아 보내며 19 주님의 은혜
로운 해를 선포하게 하시려는 것이다." 20 (예
수께서) 책을 말아서 사환에게 돌려주고 앉
으시자 회당 안에 (있던) 모든 사람들의 눈
이 그에게 집중되었다. 21 (예수께서) 그들에
게 말씀하기 시작하셨다. "이 글이 오늘 너
희 귀에 성취되었다." 22 그러자 모든 사람들
이 그에게 한 마디씩 하였고 그의 입에서
나오는 은혜로운 말씀에 놀라며 말하였다.
"이 사람은 요셉의 아들이 아니냐?" 23 (예수
께서) 그들에게 말씀하셨다. "너희는 틀림없
이 이 속담, 곧 '의사야 네 자신을 고쳐라'
를 (빌려서) '가버나움에서 일어났다고 우리
가 들은 일들을 여기, 당신의 고향에서도
해 보아라' 라고 내게 말할 것이다." 24 (예수
께서) 또 말씀하셨다. "참으로 내가 너희에
게 말하는데, 선지자는 아무도 자기 고향에
서 환영을 받지 못한다. 25 정말로 내가 너
희에게 말하는데, 엘리야 시대, 곧 하늘이
삼 년 육 개월 동안 닫혀서 온 땅에 큰 기
근이 있었을 때에 이스라엘에 많은 과부들
이 있었으나 26 엘리야는 시돈의 사렙다에
(있던) 한 과부 여자 말고는 그들 중 누구
에게도 보냄을 받지 않았다. 27 또 선지자
엘리사 때에 이스라엘에 많은 문둥병자들이
있었으나 수리아 사람 나아만 말고는 그들
중 누구도 깨끗해지지 못했다." 28 회당에 있
던 모두가 이 말들을 듣고 성이 잔뜩 나서
29 일어나 그를 성 밖으로 몰아내고 그들의

성이 세워져 있던 산의 벼랑까지 끌고 가서
는 밑으로 밀어 떨어뜨리려고 하였다. [30] 그
러나 예수께서는 그들 가운데를 지나서 가
버리셨다.
35 II막 [31] (예수께서) 갈릴리의 한 성 가버나움으로
내려가셔서 안식일에 그들을 가르치고 계셨
는데, [32] 사람들이 그의 가르침에 놀랐다. 그
의 말씀이 권위가 있었기 때문이다.
36 II막 [33] 그 회당에 더러운 귀신의 영이 들린 어떤
사람이 있다가 큰 소리로 외쳤다. [34] "아, 우
리와 당신이 무슨 상관입니까? 나사렛 예수
여! 우리를 망하게 하려고 오셨습니까? 나
는 당신이 누구인지 압니다. 하나님의 거룩
한 분이십니다." [35] 예수께서 그를 꾸짖으셨
다. "입 닥치고 그에게서 나오너라." 그러자
마귀는 그를 가운데로 고꾸라뜨렸지만 그에
게 아무 해도 입히지 못한 채 그에게서 나
갔다. [36] 모두에게 놀라움이 일어나서 서로
에게 이야기하며 말하였다. "이게 웬 말씀인
가? 그가 권위와 능력으로 더러운 영들에게
명령하니까 그것들이 나간다." [37] 그에 관한
소문이 주변 마을 모든 곳으로 퍼져나갔다.
37 III요 (87) [38] (예수께서) 일어나셔서 회당에서 (나와)
시몬의 집으로 들어가셨다. 시몬의 장모가
심한 열이 올라 있었고, 사람들이 그 여자
에 관하여 예수께 부탁하였다. [39] (예수께서)
그 여자 앞에 서서 열병을 꾸짖으시자, 그
여자는 (열이) 없어졌고 곧장 일어나서 그
들을 시중들었다.
38 III요 (88) [40] 해가 지자 갖가지 병으로 앓는 환자가 있
는 모든 사람들이 환자들을 그에게 데려왔
는데, 예수께서는 그들 중 하나하나에게 손
을 얹어서 그들을 고쳐주셨다. [41] 귀신들도
"당신은 하나님의 아들이십니다" 라고 소리
지르며 많은 사람들에게서 나갔는데, 예수
께서는 꾸짖으시며 그것들이 말하는 것을
허락하지 아니하셨다. 그가 그리스도이신
것을 알았기 때문이다.
39 III요 [42] 날이 새자 (예수께서) 나가서 외진 곳으
로 가셨다. 무리들이 그를 찾다가 그에게
와서는 자기들에게서 떠나가지 마시도록 그
를 붙들었다. [43] 그러나 예수께서 그들에게
말씀하셨다. "나는 다른 성에서도 하나님 나
라의 복음을 전해야 한다. 나는 이 일로 보
냄을 받았기 때문이다."
40 III요 [44] 그리고 (예수께서는) 유대 여러 회당에
(가서) 전도하셨다.

41 I 5 [1] 백성이 예수를 둘러싸고 하
나님의 말씀을 듣고 있을 때에
예수께서는 게네사렛 호숫가에
서 계셨다. [2] (예수께서) 호숫가에 배 두 척
이 세워져 있는 것을 보셨는데 어부들이 거
기서 내려서 그물을 씻고 있었다. [3] (예수께
서) 그 배들 가운데 하나에 오르셨는데, 그
것은 시몬의 배였다. (예수께서) 그에게 땅
에서 조금 떨어지라고 부탁하셨고 배에 앉
아서 무리들을 가르치셨다. [4] (예수께서) 말
씀을 그치시고 시몬에게 말씀하셨다. "(고기
를) 잡도록 깊은 곳에 나가서 너희 그물을
내려라." [5] 그러자 시몬이 대답하였다. "스승
님, 저희가 온 밤을 고생하였지만 아무 것
도 못 잡았습니다. 그러나 당신의 말씀에
힘입어 그물을 내리겠습니다." [6] 그들이 이
렇게 하자 고기 떼가 많이 잡혀서, 그들의
그물이 찢어지게 되었다. [7] 그들은 다른 배
에 있던 동료들에게, 와서 자기들과 함께
잡아 올리자고 손짓하였고, 그들이 와서 배
가 둘 다 물에 잠길 정도로 (고기를) 가득
채웠다. [8] 시몬 베드로가 보고 예수의 무릎
앞에 엎드려서 말하였다. "제게서 떠나가십

시오. 주님, 저는 죄 있는 사람입니다." 9 베
드로와 그와 함께 있던 사람들 모두가 자기
들이 끌어올린 고기잡이에 놀랐기 때문이다.
10 베드로의 동료였던 세베대의 아들들, 곧
야고보와 요한도 똑같았다. 예수께서 시몬
에게 말씀하셨다. "두려워하지 마라. 이제부
터 너는 사람들을 낚을 것이다." 11 그러자
그들은 배를 땅에 대고 나서 모든 것을 버
리고 예수를 따랐다.
42 12 예수께서 한 성에 계실 때에, 보라, 온 몸
III요 이 문둥병에 걸린 어떤 남자가 예수를 보고
자기 얼굴이 땅에 닿게 엎드려 빌면서 말하
였다. "주님, 당신이 원하시면 저를 깨끗하
게 하실 수 있습니다." 13 (예수께서) 손을
내밀어서 그를 만지시며 말씀하셨다. "내가
원한다. 깨끗해져라." 그러자 문둥병이 곧바
로 그에게서 떠났다. 14 예수께서 그에게 지
시하셨다. "아무에게도 말하지 말고 가서 네
자신을 제사장에게 보이고 네 깨끗함에 관
하여 그들에게 증거가 되도록 모세가 지시
한 대로 (예물을) 바쳐라." 15 그러나 그에
관한 말이 더 퍼져서 많은 무리들이 (말씀
도) 듣고 자기들의 병에서도 고침을 받으려
고 모여들었다. 16 그러나 예수께서는 외진
곳으로 물러가서 기도하셨다.
43 17 어느 날 하루였다. 예수께서 가르치고 계
IV 셨고, 갈릴리와 유대의 모든 마을과 예루살
(92) 렘에서 온 바리새인들과 율법선생들이 앉아
있었다. 주님의 능력이 예수께서 병을 고치
시도록 역사하였다. 18 그런데, 보라, 남자들
이 중풍에 걸려 있던 한 사람을 침대 위에
데려와서 그를 데리고 들어가 (예수) 앞에
놓으려고 애를 썼지만 19 무리 때문에 그를
데리고 들어갈 방법을 찾지 못하고 지붕 위
에 올라가서 그를 침대째 기와들 사이로 달

아서 예수 앞 한가운데로 내려 보냈다. 20 (예
수께서) 그들의 믿음을 보시고 말씀하셨다.
"(이) 사람아, 네 죄들을 네게 용서한다." 21
그러자 율법학자들과 바리새인들이 수군거
리기 시작하였다. "(하나님을) 모독하는 말
을 하는 이 사람은 누구냐? 오직 하나님 밖
에는 누가 죄를 용서할 수 있는가?" 22 예수
께서 그들의 수군거림을 알아채시고 그들에
게 대답하셨다. "왜 너희 마음속으로 수군거
리느냐? 23 '네 죄들을 네게 용서한다' 라고
말하는 것과 '일어나서 걸어가거라' 라고 말
하는 것 (가운데서) 어느 것이 더 쉬우냐?
24 인자가 땅 위에서 죄를 용서하는 권한을
가지고 있다는 것을 알게 하려고 (그렇게
하였다.)" (예수께서) 그 중풍환자에게 말씀
하셨다. "내가 네게 말한다. 일어나서 네 침
대를 들고 네 집으로 가거라." 25 그러자 그
가 그들 앞에서 금방 일어서서 자기가 누워
있던 (침대를) 들고 하나님께 영광을 돌리
며 자기 집으로 가버렸다. 26 모두가 놀라움
에 사로잡혔고 하나님께 영광을 돌렸으며
두려움에 가득 차서 "오늘 신기한 일들을
보았다"라고 말하였다.
44 27 이 일들 뒤에 (예수께서) 나가셔서 레위
III요 라는 이름의 어떤 세리가 세관에 앉아 있는
(93) 것을 보시고 그에게 말씀하셨다. "나를 따라
라." 28 그러자 그가 모든 것을 버려두고 일
어서서 예수를 따랐다. 29 레위가 자기 집에
서 예수를 위하여 큰 잔치를 베풀었는데,
세리들과 그들과 함께 있던 다른 사람들의
큰 무리가 식사 자리에 앉아 있었다. 30 바
리새인들과 그들의 율법학자들이 예수의 제
자들에게 투덜거리며 말하였다. "당신들은
어째서 세리들과 죄인들하고 함께 먹고 마
시고 있소?" 31 예수께서 그들에게 대답하셨

다. "건강한 사람들은 의사가 쓸데없지만,
아픈 사람들은 (의사가 꼭) 있어야 한다.
32 나는 의인들을 부르러 와 있지 않고 죄인
들을 (불러) 회개시키려고 (와 있다.)"
45 III요 (94) 33 사람들이 예수께 말하였다. "요한의 제자
들은 자주 금식하고 기도를 하며 바리새인
의 제자들도 똑같이 하는데 당신에게 (있는
제자들은) 먹고 마시고 있습니다." 34 예수께
서 그들에게 말씀하셨다. "신랑이 결혼식
※손님들과 함께 있는 동안 너희가 그들을
금식하게 할 수 있느냐? 35 그러나 어떤 날,
곧 그들에게서 신랑을 떼어놓는 때가 올 것
이다. 그때, 그날에 금식할 것이다." 36 (예수
께서) 그들에게 또 비유를 말씀하셨다. "아
무도 새 옷에서 한 조각을 찢어서 낡은 옷
에 덧대지 않는다. 그렇게 하면 새 것도 찢
고 새 것에서 떼어낸 조각도 낡은 옷에 맞
지 않는다. 37 아무도 새 포도주를 낡은 가
죽부대에 담지 않는다. 그렇게 하면 새 포
도주가 가죽부대를 터뜨려서 그것도 쏟아지
고 가죽부대도 버리게 된다. 38 새 포도주는
새 가죽부대에 담아야 한다. 39 아무도 묵은
것을 마시면서 새 것을 원하지 않는다. '묵
은 것이 더 좋다' 고 말하기 때문이다."

6

46 III요 (111) 1 예수께서 어떤 안식일에 밀
밭 사이로 지나가신 적이 있었
는데, 그의 제자들이 이삭을
잘라서 손으로 비벼 먹었다. 2 어떤 바리새
인들이 말하였다 "당신들은 어째서 안식일
에 (해서는) 안 되는 일을 합니까?" 3 예수
께서 그들에게 대답하셨다. "다윗과 그와 함
께 [있던] 사람들이 배가 고팠을 때 그가
했던 일, 이것을 읽어보지 못하였느냐? 4 그
가 하나님의 집에 들어가서 오직 제사장이
아니면 먹어서는 안 되는 '바친 빵' 을 집어
서 먹고 자기와 함께 (하던) 사람들에게도
주지 않았느냐?" 5 또 그들에게 말씀하셨다.
"인자는 안식일의 주인이다."
47 III요 (112) 6 다른 안식일에 (예수께서) 회당에 들어가
서 가르치신 적이 있었는데, 거기 어떤 사
람이 있었고 그의 오른손이 마비되어 있었
다. 7 율법학자들과 바리새인들이 예수를 고
소할 (구실을) 찾아내려고 안식일에 (그 사
람을) 고쳐주시는지 그를 지켜보고 있었다.
8 예수께서 그들의 생각을 아시고 한 손이
마비된 남자에게 말씀하셨다. "일어나서 가
운데 서라." 그러자 그가 일어나서 섰다. 9 예
수께서 그들에게 말씀하셨다. "너희에게 물
어보자. 안식일에 착한 일 하는 것이 옳으
냐? 나쁜 일 하는 것이 (옳으냐?) 목숨을 건
지는 것이 (옳으냐?) 망하게 하는 것이 (옳
으냐?)" 10 (예수께서) 그들 모두를 둘러보시
고 나서 그에게 말씀하셨다. "네 손을 내밀
어라." 그 사람이 (그렇게) 하자 그의 손이
회복되었다. 11 그들은 잔뜩 화가 나서 예수
에게 어떻게 할는지 서로 얘기하였다.
49 III요 (99) 12 그 즈음에 예수께서 기도하러 산으로 나
가셨고 하나님께 기도하시며 밤을 새우셨다.
13 낮이 되었을 때 예수께서는 자기 제자들
을 부르셨고 그들 가운데서 열둘을 뽑아내
셔서 사도라고도 이름하셨다. 14 (이들은) 베
드로라고도 이름하신 시몬과 그의 동생 안
드레와 야고보와 요한과 빌립과 바돌로매와
15 마태와 도마와 알패오의 아들 야고보와
셀롯이라고 하는 시몬과 16 야고보의 아들
유다와 배반자가 된 가룟 유다이다.
77 III요 (48, 17 (예수께서) 그들과 함께 내려오셔서 어떤
평평한 곳에 서셨는데 그의 많은 제자 무리

34 ※아들들과

50, 와 온 유대, 예루살렘, 두로와 시돈의 해안
113) 지역에서 온 백성의 많은 무리도 (있었다.)
18 그들은 예수의 (말씀을) 듣고 자기들의 병
을 고치려고 왔는데 더러운 영들로부터 고
통을 당하던 사람들이 고침을 받았다. 19 온
무리가 예수를 만지려고 애썼는데 이는 예
수에게서 능력이 나와서 모든 사람들을 낫
게 하였기 때문이다. 20 예수께서 자기 제자
들을 향하여 자기 눈을 드시고 말씀하셨다.
"가난한 사람들이 복이 있다. 하나님의 나라
78 가 너희의 것이기 때문이다. 21 이제 주린
II마 사람들이 복이 있다. 너희가 배부르게 될
(51) 것이기 때문이다. 이제 우는 사람들이 복이
있다. 너희가 웃을 것이기 때문이다. 22 인자
때문에 사람들이 너희를 미워할 때에는, 또
너희를 멀리하고 욕하고 너희 이름을 악하
다고 내버릴 때에는 너희가 복이 있다.
23 그날에는 기뻐하고 뛰어라. 보아라! 너희
상이 하늘에 많기 때문이다. 또 그들의 조
상들이 선지자들을 같은 방식으로 대하였기
때문이다.
24 그러나 너희 부자들에게는 화가 있다. 너
79 희의 위로를 받고 있기 때문이다. 25 너희에
I 게 화가 있다. 지금 배부른 사람들아! 너희
가 주릴 것이기 때문이다. 화가 있다. 지금
웃는 사람들아! 너희가 슬퍼하고 울 것이기
때문이다. 26 모든 사람들이 너희를 좋게 말
할 때에는 화가 있다. 그들의 조상들이 거
짓 선지자들에게 같은 방식으로 행하였기
때문이다.
27 그러나 듣고 있는 너희에게 말하는데, 너
80 희 원수들을 사랑하고 너희를 미워하는 사
II마 람들에게 잘해주어라. 28 너희를 저주하는
(59) 사람들을 축복하고 너희를 모욕하는 사람들
을 위하여 기도하여라. 29 네 뺨을 치는 사
람에게 다른 쪽도 갖다 대고 네 겉옷을 빼
앗는 사람에게 속옷도 막지 마라. 30 네게
달라고 하는 모든 사람에게 주고 네 것을
빼앗는 사람에게 돌려달라고 하지 마라.
(71) 31 사람들이 너희에게 해주기를 바라는 대로
(59) 그들에게 똑같이 해 주어라. 32 너희를 사랑
하는 사람들을 너희가 사랑하면 너희에게
무슨 칭찬이 있겠느냐? 죄인들도 자기를 사
랑하는 사람들을 사랑하기 때문이다. 33 너
희에게 선을 행하는 사람들에게 너희가 선
을 행하면 너희에게 무슨 칭찬이 있겠느냐?
죄인들도 그같이 한다. 34 너희가 받기를 바
라고 사람들에게 빌려준다면 너희에게 무슨
칭찬이 있겠느냐? 죄인들도 그대로 돌려받
으려고 죄인들에게 빌려준다. 35 그러나 너
희 원수들을 사랑하고 선을 행하며 아무 것
도 돌려받을 생각 없이 빌려 주어라. 그러
면 너희 상이 많을 것이요 너희는 가장 높
으신 분의 아들이 될 것이다. 그분은 은혜
를 모르는 사람들과 악한 사람들에게도 선
하시기 때문이다. 36 너희 아버지께서 자비
로우신 것처럼 (너희도) 자비롭게 되어라.
81 37 비판을 하지 마라. 그러면 너희가 결코
III요 비판을 받지 않을 것이다. 정죄하지 마라.
(68) 그러면 너희가 결코 정죄되지 않을 것이다.
용서해 주어라. 그러면 너희가 용서 받을
것이다. 38 주어라. 그러면 너희에게 주어질
것이다. 좋은 되에 누르고 흔들고 넘치게
담아서 너희 가슴에 안겨 줄 것이다. 너희
가 재는 그 자로 너희가 도로 재어질 것이
기 때문이다."
(100) 39 (예수께서) 또 비유로 그들에게 말씀하셨
다. "소경이 소경을 인도할 수 있느냐? 둘
다 구덩이에 빠지지 않겠느냐? 40 제자가 선
생 위에 있지는 않지만 다 배운 사람마다

자기 선생과 같을 것이다. [41] 어째서 네 형
제의 눈 속에 있는 티는 보면서 자신의 눈
속에 있는 들보는 느끼지 못하느냐? [42] 네
눈 속에 있는 들보를 네 자신이 보지 못하
는데 네가 어떻게 네 형제에게 '형제여! 나
로 하여금 네 눈 속에 있는 티를 빼내게 하
여라' 라고 말할 수 있느냐? 위선자야! 먼저
네 눈에서 들보를 빼내어라. 그러면 그때
너는 네 형제의 눈에 있는 티를 빼내도록
밝히 볼 것이다.
82 II마 (73, 118) [43] 나쁜 열매 맺는 좋은 나무가 없고 또 좋
은 열매 맺는 나쁜 나무도 (없기) 때문이다.
[44] 또 각 나무는 자신의 열매로 알려지기 때
문이고, (사람들이) 가시덤불에서 무화과를
따지 못하고 가시나무에서 포도를 거두지
못하기 때문이다. [45] 선한 사람은 마음의 선
한 창고에서 선한 것을 내고 악한 (사람은)
악한 (창고에서) 악한 것을 낸다. 마음에 가
득한 것을 자기 입이 말하기 때문이다.
83 II마 (74, 75) [46] 왜 너희는 나를 '주님, 주님' 하고 부르면
서도 내가 말하는 것들을 행하지 않느냐?
[47] 내게 와서 나의 말들을 듣고 그대로 행하
는 사람마다 누구와 같은지를 너희에게 보여
주겠다. [48] 그는 집을 지으면서 땅을 깊게
파고 내려가서 기초를 바위 위에 놓은 사람
과 같다. 홍수가 나고 강물이 그 집에 몰아
닥쳐도 그 집이 잘 지어진 까닭에 그 집을
흔들 수 없었다. [49] 그러나 듣고 행하지 않
은 사람은 기초도 없이 땅 위에 집을 지은
사람과 같다. 강물이 몰아닥치면 곧바로 무
너지고 그 집이 크게 부서지게 되었다."
85 III막 7 [1] (예수께서) 자신의 모든 말씀
들을 백성에게 들려주시기를
마치시고 나서 가버나움으로
들어가셨다. [2] 어떤 백부장의 종, 곧 그가
아끼고 있었던 한 종이 병이 들어 죽게 되
었는데, [3] 그가 예수에 관하여 듣고 유대인
장로들을 그에게 보내어, 와서 자기 종을
고쳐 달라고 그에게 청하였다. [4] 그들이 예
수께 와서 그에게 간절하게 부탁하며 말하
였다. "그에게 이렇게 해 줄 만합니다. [5] 왜
냐하면 그가 우리 민족을 사랑하고 우리를
위해 직접 회당을 지었기 때문입니다." [6] 예
수께서 그들과 함께 가고 계셨는데 그가 그
집에서 멀지 않은 곳에 이르렀을 때에 그
백부장이 그에게 친구들을 보내어서 말하였
다. "주님! 수고하지 마십시오. 저는 당신이
제 처마 밑에 들어오실 만한 자격이 없기
때문입니다. [7] 그래서 제 자신이 당신께 갈
엄두도 내지 못했습니다. 그저 말씀으로 하
셔서 제 종이 낫게 해 주십시오. [8] 저도 권
력 아래 세워진 사람이고, 제 아래에도 병
사들이 있어서, 이 사람에게 '가거라' 하면
그가 가고, 다른 사람에게 '오너라' (하면) 그
가 오며, 제 종에게 '이것을 하여라' (하면)
그가 하기 때문입니다." [9] 예수께서 이 말을
들으시고 그에게 놀라서 자기를 따르는 무
리에게 돌아서서 말씀하셨다. "내가 너희에
게 말하는데, 이스라엘 가운데서 이렇게 큰
믿음을 발견하지 못하였다." [10] 보내졌던 사
람들이 집으로 돌아와서 그 종이 건강해진
것을 발견하였다.
86 I [11] 얼마 후에 (예수께서) 나인이라는 성으로
가셨는데, 그의 제자들과 많은 무리가 그와
함께 갔다. [12] 그가 성문에 가까워지셨을 때,
보라, 사람들이 한 죽은 사람을 메고 나왔
다. 그는 그 어머니의 외아들이었고 그 여
자는 과부였다. 그 성의 많은 무리가 그 여
자와 함께 있었다. [13] 주님께서 그 여자를
보시고 가엾게 여기시며 그 여자에게 말씀

하셨다. "울지 마라." [14] 그리고 그는 다가가
셔서 들것을 만지셨고, 메고 가던 사람들이
서자, 말씀하셨다. "청년아! 네게 말하는데,
일어나거라." [15] 그러자 죽은 사람이 일어나
앉고 말하기를 시작하였다. (예수께서) 그를
그의 어머니에게 주셨다. [16] 두려움이 모두
를 사로잡았고 그들은 하나님께 영광을 돌
리면서 "큰 선지자가 우리 가운데 일어나셨
다" 또 "하나님께서 자기 백성을 돌아보셨
다" 라고 말하였다. [17] 예수에 관한 이 말이
온 유대와 그 주변 전역에 퍼져 나갔다.
106 II마 [18] 요한의 제자들이 이 모든 일들을 요한에
게 알려주자 요한이 자기 제자들 중에서 어
떤 사람 둘을 불러서 [19] 주님께 보내어 "당
신이 오시는 그분이십니까? 아니면 우리가
딴 분을 기다릴까요?" 하고 말하게 하였다.
[20] 그 사람들이 예수께 와서 말하였다. "세례
자 요한이 저희를 당신께 보내어서 당신이
오시는 그분이신지 아니면 저희가 딴 분을
기다릴는지를 물어보게 하였습니다." [21] 그
시간에 (예수께서는) 많은 사람들을 병과
전염병과 악한 영들로부터 고치셨고 많은
소경들이 보도록 은혜를 베풀어 주셨는데
[22] 그들에게 대답하셨다. "요한에게 가서 너
희가 보고 들은 것을 전하여라. 눈먼 사람
들이 보고, 저는 사람들이 걷고, 문둥병자들
이 깨끗해지고, 귀 먹은 사람들이 듣고, 죽
은 사람들이 살아나고, 가난한 사람들에게
복음이 전해진다. [23] 누구든지 나에게 걸려
넘어지지 않는 사람이 복이 있다."
107 II마 [24] 요한의 심부름꾼들이 떠난 후에 (예수께
서) 요한에 관하여 무리들을 향해 말씀하기
를 시작하셨다. "너희가 무엇을 보려고 황야
로 나갔느냐? 바람에 흔들리는 갈대냐? [25] 아
니면 무엇을 보려고 나갔느냐? 부드러운 옷
을 입은 사람이냐? 보아라, 화려하고 사치
스러운 옷을 입고 사는 사람들은 궁전에 있
다. [26] 아니면 무엇을 보려고 나갔느냐? 선
지자냐? 옳다. 내가 너희에게 말하는데 선
지자보다 나은 사람이다. [27] 이것이 그에 관
하여 적혀 있는 것이다. '보아라, (내가) 내
심부름꾼을 네 앞에 보낸다. 그가 네 앞에
서 네 길을 마련할 것이다.' [28] 내가 너희에
게 말하는데, 여자한테서 태어난 사람들 가
운데서 아무도 세례자 요한보다 더 크지 않
다. 그러나 하나님의 나라에서는 가장 작은
사람도 그보다 더 크다. [29] 모든 백성과 세
리들은 (요한의 말을) 듣고 요한의 세례를
받음으로 하나님을 의롭다고 인정하였지만
[30] 바리새인들과 율법사들은 그에게 세례를
받지 않음으로 스스로 하나님의 뜻을 저버
렸다. [31] 그러면 이 세대의 사람들을 무엇에
비유할까? 그들은 누구와 같은가? [32] 그들은
장터에 앉아서 다른 아이들을 불러 (이렇게)
말하는 어떤 아이들과 같다. '우리가 너희를
위해 피리를 불었지만 너희는 춤추지 않았
고, 우리가 슬피 울었지만 너희는 울지 않
았다.' [33] 왜냐하면 세례자 요한이 와서 빵을
먹지도 않고 포도주를 마시지도 않자 너희
가 '그는 귀신이 들렸다' 라고 하고 [34] 인자가
와서 먹고 마시자 '보아라, 먹보요 술꾼이다.
세리들과 죄인들의 벗이다' 라고 말하기 때
문이다. [35] 그러나 지혜는 그것의 모든 자녀
들로부터 옳다고 확인되었다."
114 IV (267, 306) [36] 바리새인들 가운데 어떤 사람이 자기와
함께 음식 잡수시기를 그에게 청하였다. (예
수께서) 그 바리새인의 집에 들어가 자리에
앉으셨다. [37] 그러자 보라, 죄인인 어떤 여자
가 그 성에 살고 있었는데 (예수께서) 그
바리새인의 집에서 식사 자리에 앉아 계시

다는 것을 알고 향유 한 항아리를 지니고
(와서) 38 그의 뒤, 발 곁에 서서 울며 눈물
로 그의 발을 적시기 시작하여 자기의 머리
카락으로 닦고 그의 발에 입을 맞추고 향유
를 발랐다. 39 그를 청한 바리새인이 보고
속으로 "이 사람이 선지자라면 자기를 만지
는 여자가 누구며 어떤 여자, 곧 죄인임을
알았을 것이다" 하고 중얼거렸다. 40 예수께
서 그에게 대답하셨다. "시몬아, 네게 말할
것이 있다." 그가 말하였다. "선생님, 말씀하
십시오." (예수께서) 말씀하셨다. 41 "어떤 빚
쟁이에게 빚진 사람 둘이 있었는데 한 사람
은 오백 데나리온을, 다른 사람은 오십 (데
나리온)을 빚지고 있었다. 42 그들이 갚을
것이 없어서 그가 두 사람에게 은혜를 베풀
었다. 그러면 그들 가운데서 누가 그를 더
사랑하겠느냐?" 43 시몬이 대답하였다. "저는
더 많은 은혜를 입은 사람이라고 생각합니
다." 예수께서 그에게 말씀하셨다. "바르게
판단하였다." 44 그리고 그는 그 여자에게로
몸을 돌리시며 시몬에게 말씀하셨다. "이 여
자를 보느냐? 내가 네 집에 들어올 때 너는
내 발에 물을 (부어)주지 않았으나 이 여자
는 눈물로 내 발을 적시고 자기 머리카락으
로 닦았다. 45 너는 내게 입 맞추지 않았으나
이 여자는 내가 들어올 때부터 내 발에 입
맞추기를 그치지 않았다. 46 너는 내 머리에
감람유를 바르지 않았으나 이 여자는 내 발
에 향유를 발랐다. 47 그러므로 내가 네게
말하는데, 그 여자의 많은 죄들이 용서되었
다. 많이 사랑하였기 때문이다. 용서받을 일
이 적은 사람은 적게 사랑한다." 48 그리고
예수께서 그 여자에게 말씀하셨다. "네 죄가
용서되었다." 49 그러자 함께 식사 자리에 앉
아 있던 사람들이 속으로 중얼거리기 시작
하였다. "죄도 용서하는 이 사람은 누구냐?"
50 (예수께서) 그 여자에게 말씀하셨다. "네
믿음이 너를 건져내었다. 평안히 가거라."

115 I
8
1 그 후에 (예수께서) 성과 촌
을 두루 여행하시며 하나님의
나라를 선포하시고 복음을 전
하셨는데, 열두 (제자도) 그와 함께 (있었고,)
2 악한 영들과 병들로부터 고침을 받은 어떤
여자들, 곧 일곱 귀신이 나간, 막달라 여자
라고 하는 마리아와 3 헤롯의 청지기 구사의
아내 요안나와 수산나와 다른 많은 여자들
이 자기들에게 있는 것으로 그들을 섬겼다.
122 III요 4 많은 무리가 모이고 각 성 사람들이 그에
게로 와서 그가 비유로 말씀하셨다. 5 "씨
뿌리는 사람이 자기 씨를 뿌리려고 나갔다.
그가 씨를 뿌릴 때 어떤 것은 길가에 떨어
졌는데 밟히고, 하늘의 새들이 그것을 삼켜
버렸다. 6 다른 것은 바위 위에 떨어졌는데
싹이 나다가 물기가 없어서 말라죽었다. 7 다
른 것은 가시덤불 가운데 떨어졌는데, 가시
덤불이 함께 자라나서 그것의 (성장을) 막
았다. 8 다른 것은 좋은 땅에 떨어져서 자라
나서 백 배의 열매를 맺었다." 그는 이렇게
말씀하시면서 소리치셨다. "들을 귀 있는 사
람은 들어라."
123 III요 9 그의 제자들이 그에게 이 비유들이 무슨
(뜻)인지를 물었다. 10 예수께서 말씀하셨다.
"하나님 나라의 비밀들을 아는 것이 너희에
게는 주어져 있지만 나머지 사람들에게는
비유로 (주어진다). 그들이 보아도 보지 못
하고 들어도 깨닫지 못하게 하려는 것이다.
124 III요 11 이 비유는 (이렇다). 씨는 하나님의 말씀
이다. 12 길가에 (씨가 뿌려진) 사람들이란
(말씀을) 들은 다음에 마귀가 와서, 믿고 구
원 받지 못하도록 저희 마음에서 말씀을 가

져가 버리는 사람들이다. 13 바위 위에 (씨
가 뿌려진) 사람들이란 말씀을 들을 때 기
쁨으로 받아들이는 사람들이다. 그러나 이
사람들은 뿌리가 없어서 잠시 믿다가 시험
의 때에 물러서 버린다. 14 가시덤불에 떨어
진 것이란 이런 사람들, 곧 (말씀을) 듣지만
살아가는 동안 걱정과 재물과 삶의 즐거움
에 막혀서 열매가 다 익지 못하는 사람들이
다. 15 좋은 땅에 (뿌려진) 것이란 이런 사람
들, 곧 아름답고 착한 마음으로 말씀을 듣
고 간직하며 인내로 열매를 맺는 사람들이
다.
125 III요 16 아무도 등잔에 불을 붙여서 그릇으로 덮
(53) 거나 침대 아래에 놓지 않고 들어오는 사람
들이 빛을 보도록 등잔대 위에 놓는다. 17 밝
혀지지 않게 될 비밀이 없고, 알려지고 밝
히 드러나지 않은 채 숨겨질 것은 없기 때
문이다. 18 그러므로 너희가 어떻게 듣는지
조심하여라. 가진 사람은 누구든지, 그에게
는 주어지고, 가지지 못한 사람은 누구든지,
그가 가지고 있다고 생각하는 것도 자기에
게서 빼앗기겠기 때문이다."
135 III요 19 그의 어머니와 형제들이 그에게 왔지만
(121) 무리 때문에 그를 만날 수가 없었는데, 20 그
에게 소식이 전해졌다. "당신의 어머니와 당
신의 형제들이 밖에 서서 당신을 보고 싶어
합니다." 21 예수께서 그들에게 대답하셨다.
"내 어머니와 내 형제들은 하나님의 말씀을
듣고 행하는 이 사람들이다."
136 III요 22 어느 날 하루 예수와 그의 제자들이 배에
(90) 올랐고 (예수께서) 그들에게 "호수 맞은편으
로 건너가자" 고 말씀하셔서 그들이 떠났다.
23 그들이 배를 타고 가는 동안 그는 잠에
빠져 드셨고, 강한 바람이 호수 쪽으로 내
리불어서 (배는 물로) 채워졌고, 그들은 위
험에 처했다. 24 그들이 다가가서 그를 깨우
며 말하였다. "스승님, 스승님, 저희가 죽게
되었습니다." (예수께서) 일어나셔서 바람과
넘실거리는 파도를 꾸짖으시자 (바람이) 멎
고 (바다가) 잔잔해졌다. 25 (예수께서) 그들
에게 말씀하셨다. "너희 믿음이 어디 있느
냐?" 그들은 두려워하고 놀라며 서로 말하
였다. "(이분이) 바람에게도, 물에게도 명령
하시고 그것들이 그에게 순종하니 이분은
도대체 누구이신가?"
137 III요 26 그들은 갈릴리 맞은편에 있는 거라사 사
(91) 람들의 지역에 닿았다. 27 그가 땅에 내리시
자 귀신 들린 어떤 남자가 성에서 (나오다
가) 그와 마주쳤다. 그는 오랜 기간 옷을
입지 않았고 집이 아니라 무덤 사이에서 지
내고 있었다. 28 그가 예수를 보고 소리치며
그 앞에 엎드려서 큰 소리로 말하였다. "저
와 당신이 무슨 상관입니까? 가장 높으신
하나님의 아들 예수여! 당신께 비는데 저를
괴롭히지 마십시오." 29 왜냐하면 (예수께서
이미) 그 더러운 영에게 그 사람으로부터
나오라고 지시하셨기 때문이다. (귀신이) 자
주 그를 사로잡아서 그를 쇠사슬과 쇠고랑
으로 묶어두고 지켰지만, 그는 그 묶은 것
들을 끊고 귀신에게 홀려 황야로 뛰쳐나갔
다. 30 예수께서 그에게 물으셨다. "네 이름
이 무엇이냐?" 그가 말하였다. "레기온입니
다." 많은 귀신들이 그에게 들어갔기 때문이
다. 31 그들은 예수께 자기들에게 지옥으로
들어가라고 명령하지 마시기를 빌었다. 32 거
기 산에 놓아먹이는 큰 돼지 떼가 있었는
데, (귀신들이) 그것들 안에 들어가도록 허
락해 주시기를 그에게 빌었다. (예수께서) 그
것들에게 허락하시자, 33 귀신들이 그 사람
에게서 나와서 돼지들에게 들어갔는데, (돼

지) 떼가 비탈을 따라 호수로 내달았고 숨이
막혀 죽었다. 34 (돼지) 치던 사람들이 일어
난 일을 보고 달아나서 성과 들에 알리자,
35 사람들이 벌어진 일을 보러 나왔고 예수
께 와서는 귀신들이 나간 사람이 옷을 입고
멀쩡하게 예수의 발 곁에 앉아 있는 것을
발견하고 두려워하였다. 36 본 사람들이 그
들에게 귀신들렸던 사람이 어떻게 고쳐졌는
지를 알려주자, 37 거라사 사람들의 지역에
서 (온) 무리 모두가 예수께 그들에게서 떠
나 주시기를 부탁하였다. 그들이 큰 두려움
에 휩싸였기 때문이다. 예수께서 배를 타고
돌아오시는데 38 귀신들이 나간 그 남자가
그와 함께 있고 싶다고 하였지만, (예수께
서) 그를 돌려보내시며 말씀하셨다. 39 "네
집으로 돌아가서 하나님이 네게 하신 일들
을 이야기하여라." 그가 가서 예수께서 자기
에게 하신 일들을 온 성에 전하였다.
138 III요 (95) 40 예수께서 돌아오실 때 무리가 그를 반갑
게 맞았다. 모든 사람이 그를 기다리고 있
었기 때문이다. 41 그리고, 보라, 야이로라고
하는 어떤 남자가 왔다. 이 사람은 회당의
관원이었는데 예수의 발 곁에 엎드려 자기
집에 가 주실 것을 빌었다. 42 그에게 열두
살 가량인 외동딸이 있는데 그 아이가 죽어
가고 있었기 때문이다. 그가 가실 때에 무
리들이 그를 에워싸고 있었다. 43 열두 해
동안 출혈이 있던 한 여자가 [의사들에게
전 재산을 썼지만] 아무에게도 고침을 받을
수 없었는데 44 뒤에서 다가와서 그의 옷 가
장자리를 만졌고, 즉시 그 여자의 출혈이
멎었다. 45 예수께서 말씀하셨다. "나를 만진
사람이 누구냐?" 모두가 아니라고 할 때 베
드로가 말하였다. "스승님! 무리들이 당신을
에워싸고 밀고 있습니다." 46 예수께서 말씀
하셨다. "누가 나를 만졌다. 내게서 능력이
나갔음을 내가 알기 때문이다." 47 그 여자는
숨기지 못할 줄 알고 떨며 와서 그 앞에 엎
드려 그를 만진 까닭과 또 즉시 낫게 된 것
을 모든 백성 앞에서 알렸다. 48 (예수께서)
그 여자에게 말씀하셨다. "딸아, 네 믿음이
너를 구원하였다. 평안히 가거라." 49 그가
아직 말씀하고 계실 때에 회당장의 (집)에
서 누가 와서 말하였다. "당신의 딸이 죽었
습니다. 더 이상 선생님을 힘들게 하지 마
십시오." 50 그러나 예수께서 들으시고 그에
게 대답하셨다. "두려워하지 말고 믿고만 있
어라. 그러면 (딸이) 구원될 것이다." 51 그
는 집으로 들어가셔서 베드로와 요한과 야
고보와 아이의 아버지와 어머니 말고는 누
가 자기와 함께 들어가는 것을 허락하지 않
으셨다. 52 모두가 울며 그 아이 때문에 슬
퍼하고 있었는데, (예수께서) 말씀하셨다.
"울지 마라. (아이는) 죽지 않았고 자고 있
기 때문이다." 53 그러자 사람들이 그를 비웃
었다. 아이가 죽었다는 것을 알고 있었기
때문이다. 54 그러나 그는 그녀의 손을 잡으
시고 외치셨다. "아이야, 일어나라." 55 그러
자 그녀의 영이 돌아왔고 그녀는 즉시 일어
났다. (예수께서) 그녀에게 먹을 것을 주라
고 명령하셨다. 56 그녀의 부모들이 놀라자
(예수께서) "일어난 일을 아무에게도 말하지
마라" 고 그들에게 지시하셨다.

142 III요 (99) **9** 1 (예수께서) 열두 명을 함께
부르시고 그들에게 모든 ※귀
신들을 제어하고 병을 고치는
능력과 권한을 주셔서 2 하나님의 나라를 선
포하고 [아픈 사람들을] 고쳐주도록 그들을

1 ※ 모든 귀신들 위의 (권한과)

보내시며 [3] 그들에게 말씀하셨다. "아무 것
도, 곧 지팡이도 자루도 빵도 은도 속옷 둘
도 길에서 쓰기 위해 가져가려고 챙기지 마
라. [4] 어떤 집에든지 들어가면 거기 머물다
가 거기서 떠나라. [5] 누구도 너희를 맞아들
이지 않으면 그 성에서 나가면서 그들에게
증거가 되도록 너희 발에서 먼지를 떨어 버
려라." [6] 그들이 나가서 마을들을 돌아다니
며 어디서나 복음을 전하였고 병을 고쳐 주
었다.

143 III요 [7] 사분왕 헤롯이 일어난 일들을 모두 듣고
당황하였다. 어떤 사람들은 요한이 죽은 사
람들 가운데서 살아났다고 말하고 [8] 어떤 사
람들은 엘리야가 나타났다고 (하고,) 다른
사람들은 옛 (선지자들) 중 어떤 선지자가
살아났다고 (했기) 때문이다. [9] 그러나 헤롯
은 말하였다. "요한은 내가 목을 잘랐는데,
내가 그에 관해 이러한 일들을 듣고 있는
이 사람은 누구냐?" 그리고 그는 (예수를)
보려고 찾고 있었다.

145 II막 [10] 사도들이 돌아와서 자기들이 한 것을 그
에게 얘기하였다.

146 IV (예수께서) 그들을 데리시고 따로 벳새다라
고 하는 성으로 물러가셨는데, [11] 무리들이
알고 그를 따라갔다. (예수께서) 그들을 맞
아서 하나님의 나라에 관하여 그들에게 말
씀하셨고 치료가 필요한 사람들을 고쳐주셨
다. [12] 날이 저물기 시작하자 열두 (제자가)
다가와서 그에게 말하였다. "주변의 마을과
농가로 가서 머무르기도 하고 식량도 구하
도록 무리를 흩어지게 하십시오. 저희가 여
기 외진 곳에 있기 때문입니다." [13] 그러자
(예수께서) 그들에게 말씀하셨다. "너희가
그들에게 먹을 것을 주어라." 제자들이 말하
였다. "저희가 가서 이 백성 모두를 위하여
음식을 사지 않는 한 저희에게는 빵 다섯
개와 물고기 두 마리 이상은 없습니다."
[14] 왜냐하면 약 오천 명의 남자들이 있었기
때문이다. (예수께서) 자기 제자들에게 말씀
하셨다. "그들을 [한] 오십 명씩 떼 지어 앉
혀라." [15] (제자들이) 이렇게 하여서 모든 사
람을 앉혔다. [16] (예수께서) 빵 다섯 개와 물
고기 두 마리를 가지고 하늘을 우러러보며
그것들을 감사하셨고 떼어 제자들에게 주셔
서 무리 앞에 놓게 하셨다. [17] 모든 사람이
먹고 배부르게 되었고, 그들에게 남은 부스
러기가 열두 바구니 모였다.

158 IV [18] 그가 홀로 기도하고 계실 때에 제자들이
그에게 모였는데, 예수께서 그들에게 물어
보셨다. "무리들이 나를 누구라고 하느냐?"
[19] 그들이 대답하였다. "(어떤 사람들은) 세
례자 요한, 다른 사람들은 엘리야, 또 다른
사람들은 옛 사람들 가운데 어떤 선지자가
살아났다고 (합니다.)" [20] 그가 그들에게 말
씀하셨다. "그러면 너희는 나를 누구라고 하
느냐?" 베드로가 대답하였다. "하나님의 그
리스도이십니다." [21] 예수께서는 이것을 아무
에게도 말하지 말라고 그들에게 경고하시고
지시하셨다.

159 III요 [22] 그는 인자가 고통을 많이 받아야 하고
장로들과 대제사장들과 율법학자들에게 배
척당해야 하며 죽임을 당하고 셋째 날에
살아나야 할 것을 말씀하셨다.

160 III요 [23] 또 그는 모두에게 말씀하셨다. "누가 내
뒤를 따라오고 싶어하거든 자기를 부정하고
날마다 자기 십자가를 지고 나를 따라라.
[24] 누구든지 자기 목숨을 건지고 싶어하는
사람은 그것을 잃을 것이고, 누구든지 나
때문에 자기 목숨을 잃는 사람, 이 사람은
그것을 건질 것이기 때문이다. [25] 사람이 온

세상을 얻고 자신을 잃거나 해치면 득 될
것이 무엇이냐? 26 누구든지 나와 내 말을
부끄러워하면 인자가 자신과 아버지와 거룩
한 천사들의 영광 속에 올 때에 이 사람을
부끄러워할 것이다. 27 정말로 내가 너희에
게 말하는데, 여기에 서 있는 사람들 가운
데 하나님의 나라를 볼 때까지 결코 죽음을
맛보지 않을 사람들이 있다."

161 III요 28 이 말씀들이 (있은) 후 여드레쯤 되었을
때 그는 베드로와 요한과 야고보를 데리시
고 기도하러 산으로 올라가셨는데 29 그가
기도하시는 동안 그의 얼굴 모양이 달라졌
고, 그의 옷은 하얗게 빛났다. 30 그리고, 보
라, 두 남자가 그와 함께 이야기하고 있었
는데 그들은 모세와 엘리야였다. 31 영광 가
운데 보인 그들은 그의 떠나심, 곧 그가 예
루살렘에서 이루실 일에 (관하여) 말하고
있었다. 32 베드로와 그와 함께 있던 (제자
들은) 피곤하여 졸다가 깨어나서 그의 영광
과 그와 함께 서 있던 두 남자를 보았다.
33 그들이 그에게서 떠날 때에 베드로가 예
수께 말하였다. "스승님, 저희는 여기 있는
것이 좋습니다. 저희가 초막 셋을 짓겠습니
다. 하나는 당신을 위해서, 하나는 모세를
위해서, 그리고 하나는 엘리야를 위해서 (입
니다.)" 그는 자기가 말하는 것을 알지 못했
다. 34 그가 이것들을 말하고 있을 때에 구
름이 일어나서 그들을 뒤덮었다. 그들이 구
름 속으로 들어갈 때 그들은 무서워하였다.
35 그러자 구름 속에서 소리가 났다. "이 사
람은 뽑혀 있는 내 아들이다. 너희는 그의
(말을) 들어라." 36 소리가 났을 때 예수께서
는 혼자 계셨다. 그들은 침묵을 지키면서
그들이 본 것들 중에서 어느 것이나 그 무
렵에는 아무에게도 알리지 않았다.

163 III요 37 이튿날이 되어 그들이 산에서 내려오자
많은 무리가 그를 맞았는데, 38 보라, 무리로
부터 한 남자가 소리치며 말하였다. "선생
님, 당신께 비는데 제 아들을 돌아보아 주
십시오. 그는 제 외아들입니다. 39 보십시오,
영이 그를 사로잡으면, 그는 갑자기 소리지
르는데 (그 영은) 그에게 경련을 일으키고
거품을 물게 하고 그를 상하게 해야 겨우
그에게서 떠납니다. 40 당신의 제자들에게 그
것을 내쫓아 달라고 빌었지만 그들은 할 수
없었습니다." 41 예수께서 대답하셨다. "오,
믿지 못하고 뒤틀린 세대여! 내가 언제까지
너희곁에 있으며 너희에게 참겠느냐? 네 아
들을 여기 데려오너라." 42 그가 아직 오고
있을 때에 귀신이 그를 고꾸라뜨리고 경련
을 일으키게 하였다. 예수께서 그 더러운
영을 꾸짖으셔서 그 아이를 고쳐주셨고 그
를 그의 아버지에게 돌려주셨다. 43 모든 사
람이 하나님의 크신 일에 놀랐다.

164 III요 모두가 그가 하신 모든 일에 놀라고 있을
때 그가 자기 제자들에게 말씀하셨다. 44 "너
희는 이 말들을 너희 귀에 담아 두어라. 인
자가 사람들의 손에 넘겨질 것이다." 45 그러
나 그들은 이 말씀을 알지 못했다. 그들이
그것을 깨닫지 못하도록 그것이 그들에게
숨겨져 있었다. 또 그들은 이 말씀에 관하
여 그에게 묻는 것도 두려워하고 있었다.

166 III요 46 그들 가운데서 누가 더 클까 하는 말다툼
이 그들 사이에 일어났다. 47 예수께서 그들
의 마음 속에 (있던) 말다툼을 아시고 한
어린아이를 데려다가 그를 자기 곁에 세우
시고 48 그들에게 말씀하셨다. "누구든지 내
이름으로 이 어린아이를 맞아들이는 사람은
나를 맞아들이는 것이다. 또 누구든지 나를
맞아들이는 사람은 나를 보내신 분을 맞아

들이는 것이다. 너희 모두 가운데서 가장
작은 사람, 이 사람이 큰 사람이기 때문이
다."
167 49 요한이 대답하였다. "스승님, 누가 당신의
III요 이름으로 귀신들을 내쫓는 것을 저희가 보
고 그가 저희와 함께 따르지 않기 때문에
못하게 했습니다." 50 예수께서 그에게 말씀
하셨다. "막지 마라. 너희에게 맞서지 않는
사람은 너희를 위하기 때문이다."
174 III요 51 자신의 승천 날이 다 되어 가자 (예수께
(251) 서) 예루살렘에 가시기로 뜻을 굳히시고 52 심
175 I 부름꾼들을 자기 앞에 보내셨다. 그들은 그
를 위한 준비를 하려고 가다가 사마리아 사
람들의 어떤 마을에 들어갔지만, 53 그의 뜻
이 예루살렘으로 가는 것이었기 때문에 그
들은 그를 받아들이지 않았다. 54 제자 야고
보와 요한이 보고 말하였다. "주님! 불을 향
해 하늘에서 내려와서 저들을 없애버리라고
할까요?" 55 그러나 그는 돌아서서 그들을
꾸짖으셨고 56 다른 마을로 가셨다.
176 II마 57 그들이 길을 가고 있을 때에 누가 그에게
(89) 말하였다. "당신이 어디로 가시든지 저는 당
신을 따르겠습니다." 58 그러자 예수께서 그
에게 말씀하셨다. "여우들은 굴이 있고 하늘
의 새들은 둥지가 (있지만,) 인자는 머리 누
일 곳이 없다." 59 (예수께서) 다른 사람에게
말씀하셨다. "나를 따라라." 그러나 그가 말
하였다. "[주님,] 먼저 제 아버지를 장사하러
가도록 제게 허락해 주십시오." 60 그러나
(예수께서) 그에게 말씀하셨다. "죽은 사람
들이 자기네 죽은 사람들을 장사하도록 놓
아두고 너는 가서 하나님의 나라를 전파하
여라." 61 또 다른 사람이 말하였다. "주님!
저는 당신을 따르겠습니다. 그러나 먼저 제
집 식구들과 작별하도록 제게 허락해 주십
시오." 62 예수께서 [그에게] 말씀하셨다. "쟁
기에 손을 올려놓고 뒤를 쳐다보는 사람은
아무도 하나님의 나라에 쓸모가 없다."

10

177 II마 1 이 일들 후에 주님께서 다른
칠십[두] 명을 세우셔서 각 성
과 자신이 가려고 하시는 곳으
(98) 로 그들을 둘씩 자기 앞에 보내시며 2 그들
에게 말씀하셨다. "추수는 많지만 일꾼들이
적다. 그러므로 너희는 추수의 주인에게 그
의 추수에 일꾼들을 내보내 주시도록 요청
하여라. 3 가거라. 보아라, 너희를 이리들 가
운데 어린 양처럼 보낸다. 4 주머니나 자루
나 신발을 가져가지 말고 길에서 아무에게
도 인사하지 마라. 5 어떤 집에든지 들어가
면 먼저 '이 집에 평화가 (있어라)' 하고 말
하여라. 6 거기에 평화의 ※사람이 있으면 너
희가 (빈) 평화가 그에게 머물러 있을 것이
고 그렇지 않으면 너희에게로 돌아올 것이
다. 7 너희는 그 집에 머무르며 그들에게 있
는 것들을 먹고 마셔라. 일꾼이 자기 삯을
(받는 것이) 정당하기 때문이다. 이 집에서
저 집으로 옮겨 다니지 마라. 8 어느 성엔가
들어가는데 사람들이 너희를 맞아들이면 너
희 앞에 차려지는 것들을 먹고 9 그곳에 있
는 병자들을 고쳐주고 그들에게 '하나님의
나라가 너희에게 가까이 왔다' 고 말해 주어
라. 10 어느 성엔가 들어가는데 사람들이 너
희를 맞아들이지 않으면 그 성의 거리로 나
가서 (이렇게) 말하여라. 11 '너희 성에서 우
리 발에 묻은 먼지도 너희에게 떨어버린다.
그러나 하나님의 나라가 가까이 왔다는 것,
(108) 이것은 알아 두어라.' 12 내가 너희에게 말하
는데, 그 날에 소돔이 그 성보다 더 잘 버

6 ※아들이

털 것이다.
178 [13] 네게 화가 있다. 고라신아! 네게 화가 있
II마 다. 벳새다야! 너희 안에서 일어난 이적들이
(108) 두로와 시돈에서 일어났더라면 그들은 벌써
베옷을 (입고) 재에 앉아서 회개하였을 것
이다. [14] 그러나 심판 때에는 두로와 시돈이
너희보다 더 잘 버틸 것이다. [15] 그리고 너
가버나움아! 하늘까지 높아지겠느냐? 지옥
까지 낮아질 것이다.
179 [16] 너희 (말을) 듣는 사람은 나의 (말을) 듣
II마 는 것이고, 너희를 거부하는 사람은 나를
(104) 거부하는 것이고, 나를 거부하는 사람은 나
를 보내신 분을 거부하는 것이다."
180 [17] 칠십[두] 명이 돌아와서 기뻐하며 말하였
I 다. "주님! 당신의 이름에는 귀신들도 우리
에게 복종합니다." [18] 그가 그들에게 말씀하
셨다. "사탄이 하늘에서 번개처럼 떨어진 것
을 내가 보았다. [19] 보아라, 내가 너희에게
뱀과 전갈을 밟고 또 원수의 모든 힘을 능
가하는 권세를 주었으므로 아무 것도 너희
를 결코 해하지 못할 것이다. [20] 그러나 영
들이 너희에게 복종하는 것, 이것을 기뻐하
지 말고 너희 이름이 하늘에 새겨져 있는
것을 기뻐하여라."
181 [21] 그 때에 (예수께서) 성령으로 기뻐하시며
II마 말씀하셨다. "당신께 감사합니다. 아버지, 하
(109) 늘과 땅의 주인이시여! 지혜롭고 똑똑한 사
람들에게는 이것들을 숨겨버리시고 어린아
이들에게는 그것들을 나타내셨습니다. 옳습
니다. 아버지! 이것이 당신 앞에 기쁨이 되
었습니다. [22] 모든 것이 내 아버지로부터 내
게 ※주어졌습니다. 아버지밖에는 아무도 아
들이 누구인지를 알지 못하고 아들과 그 아

22 ※주어졌다

들이 (아버지를) 나타내 주고 싶어하는 사
람밖에는 (아무도) 아버지가 누구인지를
(※알지 못합니다.)" [23] 그는 따로 제자들에게
로 돌아서서 말씀하셨다. "너희가 보는 것들
을 보는 눈이 복이 있다. [24] 내가 너희에게
말하는데, 많은 선지자들과 임금들이 너희
가 보고 있는 것들을 보기 원했지만 보지
못하였고 너희가 듣고 있는 것들을 듣기
(원했지만) 듣지 못하였기 때문이다."
182 [25] 보라, 어떤 율법사가 일어나서 그를 시험
III요 하며 말하였다. "선생님, 무엇을 하여야 영
(282 원한 생명을 물려받겠습니까?" [26] 예수께서
그에게 말씀하셨다. "율법에 무엇이 적혀 있
느냐? 네가 어떻게 읽느냐?" [27] 그가 대답하
였다. "'네 온 마음과 네 온 목숨과 네 온
힘과 네 온 생각으로 주님, 곧 네 하나님을
사랑하고 네 이웃을 네 자신처럼 (사랑하여
라)'라고 (되어 있습니다.)" [28] (예수께서) 그
에게 말씀하셨다. "네가 바르게 대답하였다.
이렇게 하여라. 그러면 네가 살 것이다."
183 [29] 그는 자신을 정당화하고 싶어하며 예수
I 께 말하였다. "그러면 누가 제 이웃입니까?"
[30] 예수께서 받아서 말씀하셨다. "어떤 사람
이 예루살렘에서 여리고로 내려가다가 강도
들에게 걸려들었다. 그들은 그의 옷을 벗기
고 상처를 입혀서 반쯤 죽은 것을 버리고
가버렸다. [31] 마침 어떤 제사장이 그 길로
내려가다가 그를 보고 피하여 지나갔고,
[32] 한 레위 사람도 똑같이 그곳에 오게 [되
어서] 보고 피하여 갔는데, [33] 어떤 사마리
아 사람은 여행 중에 같은 곳에 이르러서
보고 가엾게 여기며 [34] 다가가서 그의 상처
에 기름과 포도주를 붓고 싸매었으며 그를

22 ※알지 못하다.

자기 짐승에 태워서 여관으로 데려가서 그
를 돌보아 주었다. [35] 다음 날 그는 두 데나
리온을 꺼내어 여관 주인에게 주면서 말하
였다. '그를 돌보아 주시오. 더 드는 것이
있으면 내가 돌아오는 길에 당신에게 갚겠
소.' [36] 너는 이 세 사람 가운데서 누가 강도
에게 걸려 든 사람의 이웃이 되었다고 생각
하느냐?" [37] 그가 말하였다. "그에게 자비를
베푼 사람입니다." 예수께서 그에게 말씀하
셨다. "가서 너도 똑같이 하여라."
184 I [38] 그들이 가고 있을 때에 그가 어떤 마을에
들어가셨는데 마르다라고 하는 어떤 여자가
그를 맞아들였다. [39] 그 여자에게 마리아라
고 하는 여동생이 있었는데 주님의 발 앞에
앉아서 그의 말씀을 듣고 있었다. [40] 마르다
는 접대하는 일이 많아서 분주하였으므로
(예수께) 와서 말하였다. "주님! 제 동생이
저만 일하도록 놓아둔 것을 상관하지 않으
십니까? 저를 도와주라고 동생에게 말해 주
십시오." [41] 주님께서 마르다에게 대답하셨
다. "마르다야! 마르다야! 너는 많은 일로
염려하고 부산을 떨지만 [42] 있어야 할 것은
하나다. 마리아는 좋은 쪽을 선택하였으므
로 그것을 빼앗기지 않을 것이다."

185 II마 (62) **11** [1] (예수께서) 어떤 곳에서 기도
하고 계셨는데 기도를 끝내시
자 그의 제자들 가운데서 누가
그에게 말하였다. "주님! 요한이 자기 제자
들에게 가르쳐준 것처럼 저희에게 기도하기
를 가르쳐 주십시오." [2] (예수께서) 그들에게
말씀하셨다. "기도할 때에 너희는 (이렇게)
말하여라. '아버지, 당신의 이름이 거룩해지
시고, 당신의 나라가 오시며, [3] 날마다 우리
에게 우리의 하루치 빵을 주시고, [4] 우리 자
신도 우리에게 빚진 모두를 용서하므로 우
리의 죄를 용서해 주시며, 우리를 시험으로
이끌지 마소서.'"
186 I [5] 또 그들에게 말씀하셨다. "너희 가운데 누
가 친구가 있는데 한밤중에 자기에게 와서
'친구야, 내게 빵 세 개만 빌려 주게. [6] 내
친구가 여행 중에 내게 왔는데 그에게 차려
줄 것이 없네' 하고 말하면 [7] 그가 안에서
'나를 성가시게 하지 말게. 문이 이미 닫혔
고 내 아이들이 나와 함께 잠자리에 들어서
일어나서 자네에게 줄 수가 없네' 라고 대답
하겠느냐? [8] 내가 너희에게 말하는데, 그가
벗이라는 것 때문에 일어나서 그에게 주지
않더라도 그가 조르는 것 때문에 일어나서
필요로 하는 것을 그에게 줄 것이다.
187 II마 (70) [9] 내가 너희에게 말한다. 구하여라. 그러면
너희에게 주어질 것이다. 찾아라. 그러면 너
희가 찾게 될 것이다. 두드려라. 그러면 너
희에게 열릴 것이다. [10] 구하는 사람마다 받
고 찾는 사람이 찾게 되며 두드리는 사람에
게 열릴 것이기 때문이다. [11] 너희 가운데
아들이 생선을 달라고 하는데, 생선 대신에
그에게 뱀을 줄 아버지가 누구냐? [12] 또 알
을 달라고 하는데, 그에게 전갈을 주느냐?
[13] 너희가 악하지만 자기 아이들에게 좋은
선물들을 줄 줄 안다면, 하늘에 계신 아버
지께서는 자기에게 구하는 사람들에게 성령
을 얼마나 많이 주실까!"
188 III요 (97, 117) [14] (예수께서) 벙어리[이었던] 귀신을 내쫓고
계셨다. 그 귀신이 나가게 되자 벙어리가
말하였고 무리들이 놀랐다. [15] 그러나 그들
가운데 어떤 사람들은 말하였다. "그가 귀신
들의 우두머리인 바알세불에 힘입어 귀신들
(119, 154) 을 내쫓는다." [16] 다른 사람들은 (그를) 시험
하며 하늘로부터 (오는) 표적을 그에게서
찾고 있었다. [17] 그러나 예수께서 그들의 생

각을 아시고 그들에게 말씀하셨다. "스스로
나누인 나라마다 황폐해지고, 집 위의 집은
무너진다. 18 사탄도 스스로 나누이면 어떻
게 그의 나라가 서 있겠느냐? 내가 바알세
불에 힘입어 귀신들을 내쫓는다고 너희가
말하기 때문이다. 19 만약 내가 바알세불에
힘입어 귀신들을 내쫓으면 너희 아들들은
누구에 힘입어서 (귀신들을) 내쫓느냐? 이
러므로 바로 그들이 너희의 재판관이 될 것
이다. 20 그러나 [내가] 하나님의 손가락에
힘입어서 귀신들을 내쫓으면 하나님의 나라
가 이미 너희 위에 와 있다. 21 힘센 사람이
완전 무장을 하고 자기 뜰을 지킬 때에는
자기 소유물들이 안전하지만, 22 그보다 더
힘센 사람이 달려들어서 그를 제압할 때에
는 믿고 있던 그의 무장을 해제당하고 자기
가 빼앗은 것들을 나누어 준다. 23 나와 함
께 있지 않는 사람은 내게 맞서는 것이고
나와 함께 모으지 않는 사람은 흩는 것이
다.

189 II마 24 더러운 영이 사람에게서 나와서 물 없는
(120) 곳을 돌아다니며 쉼터를 찾다가 찾지 못하
게 되자 [그때] '내가 나온 내 집으로 돌아
가야겠다' 라고 말하며 25 갔는데 그 집이 치
워지고 잘 꾸며져 있는 것을 발견한다. 26 그
때, 그것이 가서 자기보다 더 악한 다른 영
일곱을 데리고 들어가서 거기 자리를 잡는
다. 그래서 그 사람의 마지막이 처음보다
더 나쁘게 된다."

190 I 27 (예수께서) 이것들을 말씀하고 계실 때에
무리 가운데서 어떤 여자가 소리를 높여서
그에게 말하였다. "당신을 배었던 태와 먹였
던 젖이 복이 있습니다." 28 그러나 그가 말
씀하셨다. "차라리 하나님의 말씀을 듣고 지
키는 사람들이 복이 있다."

191 III요 29 무리가 많아지고 있었는데 그가 말씀하시
(119, 기 시작하셨다. "이 세대는 악한 세대이다.
154) 표적을 찾고 있지만 요나의 표적 말고는 이
(세대에게) 표적이 주어지지 않을 것이다.
30 요나가 니느웨 사람들에게 표적이 된 것
처럼 인자도 이 세대에게 이러할 것이다.
31 심판 때에 남쪽 여왕이 이 세대의 사람들
과 함께 일어나서 그들을 심판할 것이다.
그녀가 솔로몬의 지혜를 들으려고 땅 끝에
서 왔기 때문이다. 보아라, 솔로몬보다 더
큰 것이 여기 있다. 32 심판 때에 니느웨 사
람들이 이 세대와 함께 일어나서 이 세대를
심판할 것이다. 그들이 요나의 선포에 회개
하였기 때문이다. 보아라, 요나보다 더 큰
것이 여기 있다.

192 III요 33 아무도 등잔에 불을 붙여서 움 속에나
(53) [말 아래] 놓지 않고 들어오는 사람들이 빛
을 보도록 등잔대 위에 (놓는다.)

193 II마 34 몸의 등불은 네 눈이다. 네 눈이 좋은 때
는 네 온 몸이 밝지만, 나쁜 때는 네 몸이
어둡다. 35 그러므로 네 속에 있는 빛이 어
둡지 않은지 살펴보아라. 36 그러므로 네 온
몸이 밝고 어떤 어두운 부분도 없으면 등잔
이 그 빛으로 너를 비출 때처럼 온 (몸이)
밝을 것이다."

194 III요 37 (예수께서) 말씀하고 계실 때에 한 바리
(150) 새인이 자기와 함께 식사를 하자고 그를 청
하였다. 그가 들어가서 앉으셨는데 38 식사
하시기 전에 먼저 씻지 않는 것을 그 바리
새인이 보고 이상하게 생각하였다. 39 주님
께서 그에게 말씀하셨다. "지금 너희 바리새
인들은 잔과 접시의 겉은 깨끗이 하지만 너
희 속은 강탈과 악독이 가득하다. 40 멍청이
들아! 겉을 만드신 분이 속도 만드시지 않
았느냐? 41 속에 있는 것들로 구제를 하여

라. 그러면, 보아라, 모든 것이 너희에게 깨끗할 것이다. [42] 그러나 너희 바리새인들에게 화가 있다. 너희가 박하와 운향과 모든 채소의 십일조는 드리지만 하나님의 공의와 사랑은 지나쳐 버리기 때문이다. 그러나 이것들도 하고 저것들도 거부하지 말아야 했다. [43] 너희 바리새인들에게 화가 있다. 너희가 회당에서는 앞자리를, 장터에서는 인사(받기)를 사랑하기 때문이다. [44] 너희에게 화가 있다. 너희는 보이지 않는 무덤과 같다. 사람들이 그 위를 밟고 다니지만 알지를 못한다." [45] 율법사들 가운데 누가 그에게 대답하였다. "선생님, 이렇게 말씀하시면 저희도 무욕하시는 것입니다." [46] 예수께서 말씀하셨다. "또 너희 율법사들에게 화가 있다. 너희는 힘든 짐을 사람들에게 지우고 너희 자신은 자기 손가락 하나로도 그 짐들을 건드리지 않기 때문이다. [47] 너희에게 화가 있다. 너희는 선지자들의 비석을 만들고 있기 때문이다. 너희 조상들이 그들을 죽였다. [48] 그들은 저희를 죽였고, 너희는 (무덤을) 만들고 있으니, 너희는 증인들이요 너희 조상들의 행실을 함께 옳다고 하는 사람들이다. [49] 그러므로 하나님의 지혜가 말하였다. '내가 그들에게 선지자들과 사도들을 보낼 텐데 그들이 그 사람들 가운데서 (더러는) 죽이고 박해할 것이다.' [50] 그래서 세상이 만들어진 때로부터 쏟아진 모든 선지자들의 피를 이 세대에게서 찾게 될 것이다. [51] 그렇다. 내가 너희에게 말하는데, 아벨의 피로부터 제단과 ※(성전) 사이에서 죽은 사가랴의 피까지 이 세대에게서 찾게 될 것이다. [52] 너희 율법사들에게 화가 있다. 너희는 지식의 열쇠를 치우고 너희 자신이 들어가지 않았고 들어가는 사람들도 막았기 때문이다." [53] 그가 거기서 나오시자 율법학자들과 바리새인들이 독하게 앙심을 품고 그에게 많은 질문을 퍼붓기 시작하였고 [54] 그의 입에서 나오는 무엇을 꼬투리 잡으려고 그를 지켜 보았다.

51 ※집

195 III요 (155) **12** [1] 그 동안 무리가 수만 명 모
여들어서 서로 밟히게 되었는
데, 예수께서 자기 제자들에게
먼저 말씀하시기 시작하셨다. "바리새인들의
효모, 곧 위선을 스스로 주의하여라.
196 II마 (101) [2] 벗겨지지 않고 덮여 있을 것과 알려지지
않을 비밀은 아무 것도 없다. [3] 그러므로 너
희가 어둠 속에서 말한 것들이 빛 가운데서
들릴 것이요, 너희가 골방에서 귀에 얘기한
것이 지붕 위에서 선포될 것이다. [4] 내가 내
친구들인 너희에게 말하는데, 몸은 죽이지
만 이 후에는 더 이상 할 것이 없는 사람들
을 두려워하지 마라. [5] 너희가 누구를 두려
워할는지 너희에게 보여 주겠다. 죽인 후에
지옥에 던져 넣는 권세를 가지고 계신 분을
두려워하여라. 그렇다. 내가 너희에게 말하
는데, 이 분을 두려워하여라. [6] 참새 다섯
마리가 두 앗사리온에 팔리지 않느냐? 그러
나 하나님 앞에서는 그것들 가운데 하나도
잊혀지는 것이 아니다. [7] 너희 머리의 머리
카락조차도 모조리 헤아려졌다. 두려워하지
마라. 너희는 많은 참새들보다 귀하다. [8] 내
가 너희에게 말하는데, 누구든지 사람들 앞
에서 나를 시인하면 하나님의 천사들 앞에
서 인자도 그를 시인할 것이지만, [9] 사람들
앞에서 나를 부인하는 사람은 하나님의 천
사들 앞에서 부인될 것이다.
197 III요 [10] 또 인자를 대항하여 말하는 사람은 모두

(118) 용서받겠지만, 성령을 모독하는 사람은 용
서받지 못할 것이다.
198 [11] 사람들이 너희를 회당으로 데리고 들어가
Ⅳ (100) 거나 통치자들과 권력자들에게로 (데려갈)
때에 어떻게, 또는 무엇을 변호하거나 무엇
을 말할는지 걱정하지 마라. [12] 바로 그 때
에 성령이 너희를 마땅히 말해야 할 것들로
가르치실 것이기 때문이다."
199 [13] 무리 가운데서 누가 그에게 말하였다. "선
Ⅰ 생님, 제 형제에게 유산을 저와 나누라고
말씀해 주십시오." [14] 예수께서 그에게 말씀
하셨다. "(이) 사람아, 누가 나를 너희의 재
판관이나 중재인으로 세웠느냐?" [15] 그리고
그들에게 말씀하셨다. "너희는 조심하며 모
든 탐심으로부터 (자신을) 지켜라. 누구에게
나 그의 생명은 그의 소유물이 넘치는 것에
달려 있지 않기 때문이다."
200 [16] 또 그가 그들에게 비유로 말씀하셨다.
Ⅰ "어떤 부유한 사람이 밭에서 많은 수확을
얻자 [17] 속으로 궁리하였다. '내 곡식을 쌓을
곳이 없으니 어떻게 할까?' [18] 또 그는 말하
였다. '이렇게 하자. 내 창고를 헐고 더 큰
것을 지어서 거기 모든 곡식과 내 좋은 것
들을 쌓아 두자. [19] 그리고 내 영혼에게 말
하자. 영혼아, 여러 해 쓸 좋은 것들을 많이
쌓아 두었으니 편히 쉬고, 먹고, 마시고, 즐
겨라.' [20] 그러나 하나님께서 그에게 말씀하
셨다. '어리석은 사람아, 이 밤에 사람들이
네 목숨을 네게서 앗아갈 것이다. 그러면
네가 마련해 놓은 것들이 누구의 것이 되겠
느냐?' [21] 자신을 위해서 재물을 쌓아 놓으
면서 하나님을 향하여 넉넉하지 못한 사람
이 이러하다."
201 [22] 그가 [자기] 제자들에게 말씀하셨다. "그
Ⅱ마 (67) 러므로 내가 너희에게 말하는데, 목숨을 위
하여 무엇을 먹을까, 또 몸을 위하여 무엇
을 입을까 걱정하지 마라. [23] 목숨이 음식보
다, 몸이 옷보다 더 소중하기 때문이다. [24] 까
마귀들을 생각해 보아라. 그것들은 씨를 뿌
리지도 않고 거두지도 않으며, 그것들에게
는 광도 창고도 없지만, 하나님께서 그것들
을 먹이신다. 너희는 그 새들보다 얼마나
더 값지냐? [25] 너희 가운데 누가 걱정하면서
자기 ※키를 (한) ※자 늘릴 수 있느냐? [26] 그러
므로 너희가 가장 작은 것도 할 수 없다면
왜 남은 것들에 대하여 걱정하느냐? [27] 백합
이 어떻게 자라는지 생각해 보아라. 그것은
애쓰지도 않고 실을 뽑지도 않는다. 그러나
내가 너희에게 말하는데, 솔로몬이 자기 모
든 영화로도 이것들 중 하나처럼 입지 못하
였다. [28] 오늘 있다가 내일 아궁이에 던져지
는 들판의 풀을 하나님께서 이렇게 입히신
다면 너희를 얼마나 잘 입히시겠느냐? 믿음
이 작은 사람들아! [29] 너희는 무엇을 먹고,
무엇을 마실지 찾지도 말고 염려하지도 마
라. [30] 이것들은 모두 세상의 이방인들이 찾
기 때문이다. 또 너희는 이것들이 필요하다
는 것을 너희 아버지께서 아시기 때문이다.
[31] 그러므로 너희는 그의 나라를 찾아라. 그
러면 이것들이 너희에게 더해질 것이다.
[32] 무서워하지 마라. 작은 (양)떼여, 너희 아
버지께서 너희에게 그 나라를 주시기를 기
뻐하셨다.
202 [33] 너희 소유물을 팔아서 자선을 베풀어라.
Ⅱ마 (64) 너희 자신들을 위하여 낡지 않는 주머니,
곧 없어지지 않는 하늘의 보물을 만들어라.
거기는 도둑이 가까이하지 못하고 좀도 슬
(65) 지 않는다. [34] 너희 보물이 있는 곳, 거기 너

25 ※나이를 ※페퀴, 즉 큐빗

희 마음도 있을 것이기 때문이다.
203 [35]너희 허리에 띠를 동여매고 등잔불을 켜
II마 놓고 서 있어라. [36]너희는 자기 주인이 결
혼 잔치에서 돌아올 때 그가 와서 (문을)
두드리면 그에게 곧 열어 주려고 기다리고
있는 사람들과 같다. [37]주인이 와서 깨어
있는 것을 보게 될 그런 종들은 복이 있다.
참으로 내가 너희에게 말하는데, 그가 허리
띠를 동여매고 그들을 자리에 앉히고 곁에
와서 그들을 시중할 것이다. [38]그가 혹시 ※
밤에, 혹시 ※새벽에 오더라도 그렇게 (하고
있는 것을) 보게 된다면 그들은 복이 있다.
(296) [39]이것을 알고 있어라. 도둑이 몇 시에 올
지 집주인이 알았더라면 자기 집이 뚫리도
(294) 록 놓아두지는 않았을 것이다. [40]너희도 준
비하고 있어라. 인자는 너희가 생각하지 못
(297) 한 시간에 오시기 때문이다." [41]베드로가 말
하였다. "주님, 이 비유를 저희에게 말씀하
신 것입니까? 모두에게 (하신 것입니까?)"
[42]주님께서 말씀하셨다. "주인이 자기 하인
들을 맡기고 제때에 양식을 주게 할, 믿음
직하고 슬기로운 청지기가 과연 누구냐?
[43]이렇게 하고 있는 동안 자기 주인이 와서
발견하게 될 그 종은 복이 있다. [44]정말로
내가 너희에게 말하는데, (주인이) ※자기 소
유 모두를 그에게 맡길 것이다.` [45]그러나
그 종이 자기 마음속으로 '나의 주인이 오시
는 것이 늦어지시는구나' 라고 중얼거리면서
남종들과 여종들을 때리고 먹고 마시고 술
취하기 시작하면, [46]미처 생각하지 못한 날,
알지 못하는 시각에 그 종의 주인이 와서

38 ※2경에 ※3경에

44 ※자기의 모든 소유 위에 그를 세울 것이다.

46 ※둘로 쪼개고 그의 부분을 신실하지 못한 사람들과 함께 둘 것이다.

그를 ※엄하게 벌하고 그를 신실하지 못한
사람들과 함께 처리할 것이다.` [47]자기 주
인의 뜻을 알고 준비하지 않거나 그의 뜻대
로 행하지 않은 그런 종은 많이 맞을 것이
요, [48]알지 못하여서 맞을 만한 일들을 행
한 종은 적게 맞을 것이다. 많이 주어진 사
람들 모두에게서는 많이 찾을 것이요, 많이
맡겨진 사람에게는 더 많은 것을 요청할 것
이다.
204 [49]나는 땅에 불을 던지러 왔다. 이미 불이
II마 붙었으면 내가 무엇을 바라겠느냐? [50]내가
받을 세례가 있는데 이것이 끝나기까지 내
(102) 가 얼마나 괴롭겠느냐? [51]내가 땅에 평화를
주려고 온 줄로 생각하느냐? 아니다. 내가
너희에게 말하는데, 분열을 (주려고 왔다.)
[52]이제부터 한 집에 다섯이, 셋이 둘에 맞
서고 둘이 셋에 맞서며 나뉘어 있을 것이기
때문이다. [53]아버지가 아들에 맞서고 아들
이 아버지에 맞서며, 어머니가 딸에 맞서고
딸이 어머니에 맞서며, 시어머니가 자기 며
느리에 맞서고 며느리가 시어머니에 맞서
나뉠 것이다."
205 II마 [54]그가 무리들에게도 말씀하셨다. "너희가
(154) 구름이 서쪽에서 떠오르는 것을 볼 때 곧바
로 '소나기가 오겠다' 라고 말하면, 그렇게
되고, [55]남풍이 불어올 때 '덥겠다' 라고 말
하면, (그렇게) 된다. [56]위선자들아, 너희가
땅과 하늘의 모습은 관찰할 줄 알면서 어떻
게 이 시대는 관찰할 줄 모르느냐?
206 II마 [57]왜 너희는 옳은 것을 스스로 판단하지도
(55) 못하느냐? [58]너를 고소하는 사람과 함께 관
원에게 갈 때에 그에게서 벗어나도록 길에
서 힘써라. 그렇게 하지 않으면 그가 너를
재판관에게 끌고 가고, 재판관이 너를 간수
에게 넘겨주고, 간수가 너를 감옥에 가둘

것이다. [59] 내가 네게 말하는데, 네가 마지막
렙돈마저 갚기까지 거기서 절대로 나오지
못할 것이다."

207 I
13 [1] 바로 그 시간에 어떤 사람들
이 와서 빌라도가 갈릴리 사람
들의 피를 그들의 제물과 함께
섞은 것을 (예수께) 알렸는데, [2] 그가 그들
에게 대답하셨다. "이 갈릴리 사람들이 이런
고통을 당했다고 모든 갈릴리 사람들보다
더 큰 죄인이 되었다고 생각하느냐? [3] 아니
다. 내가 너희에게 말하는데, 만일 회개하지
않으면 너희 모두가 똑같이 망할 것이다.
[4] 또는 실로암에서 망대가 그들 위에 무너져
서 죽은 그 열여덟 명이 예루살렘에 살고
있는 모든 사람들보다 빚을 더 많이 졌다고
생각하느냐? [5] 아니다. 내가 너희에게 말하
는데, 회개하지 않으면 너희 모두 똑같이
망할 것이다." [6] 그가 이 비유를 말씀하셨다.
"어떤 사람이 자기 포도원에 무화과나무를
심어 두었는데 그가 와서 그 나무에서 열매
를 찾았지만 얻지 못하자 [7] 포도원 지기에게
말하였다. '보아라. 내가 삼 년을 이 무화과
나무에서 열매를 따려고 왔지만 얻지 못하
였다. [그러니] 이것을 찍어 버려라. 왜 땅
까지 버리느냐?' [8] 그러자 포도원지기가 주
인에게 대답하였다. '주인님, 올해도 그것을
놓아두십시오. 제가 그 둘레를 파고 거름을
주면 [9] 내년에는 열매를 맺을지도 모릅니다.
그렇지 않으면 그것을 찍어 버리십시오.' "

208 I
[10] 그가 안식일에 한 회당에서 가르치고 계
셨다. [11] 보라, 열여덟 해를 귀신들려서 아프
고 꼬부라져 전혀 펼 수 없는 어떤 여자가
있었는데, [12] 예수께서 그 여자를 보시고 부
르셔서 말씀하셨다. "여자여, 네가 네 병에
서 풀려났다." [13] 그리고 그 여자에게 손을
얹으시자 그 여자가 즉시 (허리를) 폈고 하
나님께 영광을 돌렸다. [14] 예수께서 안식일
에 병을 고치셨기 때문에 회당장이 성을 내
면서 무리에게 대답하였다. "일해야 하는 엿
새가 있으므로 그때 와서 고침을 받고 안식
일에는 (그러지) 마시오." [15] 주님께서 그에
게 대답하셨다. "위선자들아, 너희는 저마다
안식일에 자기 소나 나귀를 외양간에서 풀
어 끌고 가서 물을 먹이지 않느냐? [16] 보아
라, 사탄이 아브라함의 딸인 이 여자를 열
여덟 해나 묶어 놓았는데 안식일에 이 결박
에서 풀어주어야 하지 않느냐?" [17] 그가 이
렇게 말씀하시자, 그에게 맞대들던 사람들
은 모두 부끄러워하였고, 무리는 모두 그에
의하여 벌어지는, 모든 영광스러운 일들을
기뻐하였다.

209 III요 (128)
[18] 그래서 (예수께서) 말씀하셨다. "하나님의
나라는 무엇과 같은가? 내가 그것을 무엇에
비유할까? [19] 그것은 어떤 사람이 가져다가
자기 뜰에 심은 겨자씨와 같다. 그것은 자
라서 나무로 되고 하늘의 새들이 그 가지에
깃들인다."

210 II마 (129)
[20] (예수께서) 다시 말씀하셨다. "하나님의
나라를 무엇에 비유할까? [21] 그것은 어떤 여
자가 가져다가 밀가루 서 ※말에 섞어 넣어
서 전체를 발효시킨 효모와 같다."

211 III요 (72)
[22] 그는 성과 마을을 두루 다니시며 가르치
셨고 예루살렘으로 여행을 하셨는데, [23] 어
떤 사람이 그에게 말하였다. "주님, 구원되
는 사람이 적습니까?" 그가 그들에게 말씀
하셨다. [24] "좁은 문으로 들어가기를 힘써라.
내가 너희에게 말하는데, 많은 사람이 들어
가려 하겠지만 할 수 없을 것이기 때문이

21 ※헬. 사투(부피 단위)

(74) 다. [25] 집주인이 일어나서 문을 닫아 걸면,
너희가 밖에 서서 문을 두드리기 시작하며 '
주님, 저희에게 열어주십시오' 하고 말하여
도, 내가 너희에게 '나는 너희가 어디서 왔
는지 알지 못한다' 라고 대답할 것이다. [26] 그
때 너희가 '저희는 당신 앞에서 먹고 마셨으
며 당신은 저희 길에서 가르치셨습니다' 하
고 말하기 시작하여도, [27] 내가 너희에게 '나
는 너희가 어디서 왔는지 알지 못한다. 내
게서 떠나라. 불의를 저지르는 모든 사람들
아' 라고 말할 것이다. [28] 아브라함과 이삭과
야곱과 모든 선지자들은 하나님의 나라에
(있고) 너희는 밖에 내쫓긴 것을 볼 때, 거기
에서 울음과 이를 갊이 있을 것이다. [29] 사
람들이 동쪽과 서쪽으로부터, 또 북쪽과 남
쪽으로부터 와서 하나님의 나라에서 식사
자리에 앉겠지만, [30] 보아라, 첫째가 될 꼴찌
들이 있고 꼴찌가 될 첫째들이 있다."

212 I [31] 그 시간에 어떤 바리새인들이 그에게 다
가와서 말하였다. "헤롯이 당신을 죽이려고
하니까 나가서 여기를 떠나십시오." [32] 그가
그들에게 말씀하셨다. "가서 이 여우에게 말
하여라. '보아라, 내가 오늘과 내일 귀신들
을 내쫓고 병들을 고치고 셋째 날 (내 일
을) 끝낸다. [33] 그러나 오늘과 내일과 모레
나는 가야만 한다. 선지자가 예루살렘 밖에
서 죽을 수는 없기 때문이다.

213 II마 (285) [34] 예루살렘아, 예루살렘아, 선지자들을 죽이
고 네게 보낸 사람들을 돌로 치는 성이여!
암탉이 제 자신의 새끼를 날개 아래 (모으
는 것과) 마찬가지로 내가 얼마나 자주 네
자녀들을 모으고 싶어하였느냐? 그러나 너
희가 원하지 않았다. [35] 보아라! 너희 집이
너희에게 버려진다. 내가 너희에게 말하는
데, '주님의 이름으로 오시는 분은 복되시
다!' 라고 말할 때[가 오기]까지 너희가 결코
나를 보지 못할 것이다."

14

214 I [1] 그가 안식일에 빵을 잡수시
려고 바리새인의 지도자들 가
운데 어떤 사람의 집에 들어가
셨을 때 그들이 그를 지켜보고 있었는데,
[2] 보라, 수종에 걸린 어떤 사람이 그의 앞에
있었다. [3] 예수께서 그 대응으로 율법사들과
바리새인들에게 말씀하셨다. "안식일에 병을
고치는 것이 옳으냐? 그렇지 않으냐?" [4] 그
들은 침묵하였고 (예수께서는) 그를 데려다
가 고쳐서 보내셨다. [5] 그리고 그들에게 말
씀하셨다. "너희 가운데 누구의 아들이나 소
가 구덩이에 빠지면 안식일에라도 곧바로
끌어올리지 않겠느냐?" [6] 그들은 이 (말씀)
에 대하여 대답을 할 수가 없었다.

215 I [7] 그는 초대를 받은 사람들이 어떻게 윗자리
를 고르는지를 눈여겨보시며 그들에게 비유
를 말씀하셨다. [8] "누구에게 결혼잔치에 초
대를 받을 때 윗자리에 앉지 마라. 그러지
않으면, 너보다 더 귀한 사람이 그에게 초
대를 받았을 때 [9] 너와 그를 초대한 사람이
네게 와서 말할 것이다. '이 사람에게 자리
를 내주시오.' 그때 너는 부끄러워하며 끝자
리를 차지하게 될 것이다. [10] 초대를 받았을
때 차라리 끝자리에 가서 앉아라. 그러면
너를 초대한 사람이 와서 네게 '벗이여, 윗
자리로 올라앉으시오' 라고 말할 때, 그때
너와 함께 앉아 있는 모든 사람들 앞에서
네게 영광이 있을 것이다. [11] 자신을 높이는
사람마다 낮추어질 것이고, 자신을 낮추는
사람마다 높여질 것이기 때문이다." [12] 그는
자기를 초대한 사람에게도 말씀하셨다. "만
찬이나 연회를 베풀 때에 네 친구들이나 네
형제들이나 네 친척들이나 부자 이웃들을

부르지 마라. 그러지 않으면 그들도 너를
되불러서 네게 되갚아줄 것이다. [13]잔치를
베풀 때에는 차라리 가난한 사람들과 장애
인들과 저는 사람들과 눈먼 사람들을 초대
하여라. [14]그들은 네게 되갚아줄 것이 없으
므로 네게 복이 있을 것이다. 의인들이 부
활할 때에 네게 되갚아질 것이기 때문이다."
216 II마 [15]함께 식사 자리에 앉아 있던 사람들 가운
(279) 데 누가 이 말씀들을 듣고 그에게 말하였
다. "하나님의 나라에서 빵을 먹는 사람이
복이 있습니다." [16]예수께서 그에게 말씀하
셨다. "어떤 사람이 큰 잔치를 베풀고 많은
사람을 초대하였다. [17]그가 잔치 시간에
(맞추어) 자기 종을 보내어서 초대받은 사
람들에게 말하였다. '이미 준비가 되었습니
다. 오십시오.' [18]그러나 모두가 하나씩 변
명하기 시작하였다. 첫 사람이 그에게 말하
였다. '나는 밭을 샀는데 그것을 보러 꼭 나
가야 하오. 부탁하는데, 변명하는 나를 양해
해 주시오.' [19]다른 사람이 말하였다. '나는
겨릿소 다섯 쌍을 샀는데 그것들을 시험하
러 나가오. 부탁하는데, 변명하는 나를 양해
해 주시오.' [20]또 다른 사람이 말하였다. '나
는 아내를 얻었소. 그러므로 갈 수가 없소.'
[21]그 종이 돌아와서 이것을 자기 주인에게
알렸다. 그러자 집주인은 성이 나서 자기
종에게 말하였다. '빨리 성의 큰길과 거리로
나가서 가난한 사람들과 장애인들과 눈먼
사람들과 저는 사람들을 여기로 데려오너
라.' [22]그 종이 말하였다. '주인님, 명하신
대로 하였지만 아직 자리가 있습니다.' [23]주
인이 그 종에게 말하였다. '길들과 성벽으로
나가서 오라고 강요하여 내 집을 채워라.'
[24]내가 너희에게 말하는데, 초대를 받았던
저 사람들 가운데서는 아무도 내 잔치를 맛
보지 못할 것이기 때문이다."
217 II마 [25]많은 무리들이 그와 함께 가고 있었는데,
(103) 그가 그들에게로 돌아서서 말씀하셨다. [26]"누
가 내게 오면서 아직도 자신의 아버지와 어
머니와 아내와 아이들과 형제들과 자매들,
심지어 자신의 목숨까지 미워하지 못하면
내 제자가 될 수 없다. [27]누구든지 자신의
십자가를 메지 않고 내 뒤를 좇는 사람도
내 제자가 될 수 없다. [28]너희 가운데 누가
망대를 세우고 싶어하면 자신이 끝낼 만큼
가지고 있는지 먼저 앉아서 그 비용을 계산
하지 않겠느냐? [29]그렇게 하지 않고 기초만
놓고 끝낼 수가 없었다면 보는 사람들이 모
두 그를 비웃기 시작하며 [30]'이 사람이 세
우기를 시작은 하였으나 끝낼 수가 없었구
나' 하고 말할 것이다. [31]또는 어떤 왕이 다
른 왕과 전쟁을 하려고 나갈 때 이만 명과
함께 자기를 향하여 오는 그를 만 명으로
대항할 수 있는지를 먼저 앉아서 따져 보지
않겠느냐? [32]그럴 수 없으면 그가 아직 멀
리 있을 때에 대표를 보내서 평화를 위한
일들을 물을 것이다. [33]그러므로 이렇게 자
신의 모든 소유를 포기하지 않는 사람은 너
희 가운데 누구도 내 제자가 될 수 없다.
218 III요 [34]소금은 좋은 것이다. 그러나 소금이 맛을
(52) 잃으면 (그것은) 무엇으로 간맞춰지겠느냐?
[35]땅에도 거름에도 쓸 수가 없어서 (사람들
이) 그것을 밖에 버린다. 들을 귀 있는 사
람은 들어라."

219 II마 **15** [1]세리들과 죄인들이 모두 그
의 (말씀을) 들으려고 그에게
가까이 왔는데, [2]바리새인들과
율법학자들이 수군거렸다. "이 사람이 죄인
들을 받아들이고 그들과 함께 먹는다." [3]그
(169) 가 그들에게 이 비유를 말씀하셨다. [4]"너희

가운데 어떤 사람이 양 백 마리가 있는데
그 중에서 한 마리를 잃어버리면 아흔아홉
마리를 황야에 남겨 두고 그 잃어버린 양을
찾게 되기까지 (찾아) 다니지 않겠느냐? 5 찾
은 후에는 자기 어깨에 메고 기뻐하며 6 집
에 와서 벗들과 이웃들을 불러 그들에게 말
한다. '잃어버린 내 양을 찾았으니 나와 함
께 기뻐해 주시오.' 7 내가 너희에게 말하는
데, 하늘에서는 이렇게, 회개할 필요가 없는
의인 아흔아홉보다 회개하는 죄인 하나 때
문에 기쁨이 있을 것이다.
220 I 8 또는 어떤 여자가 열 드라크마를 가졌는데
한 드라크마를 잃어버리면 등잔을 켜고 집
(안)을 쓸면서 찾을 때까지 샅샅이 찾지 않
겠느냐? 9 찾은 후에는 벗들과 이웃들을 불
러 모으고 말할 것이다. '잃어버린 드라크마
를 찾았으니 나와 함께 기뻐해 주시오.' 10 내
가 너희에게 말하는데, 하나님의 천사들 앞
에서는 이렇게 회개하는 한 죄인 위에 기쁨
이 있을 것이다."
221 I 11 그가 말씀하셨다. "어떤 사람이 두 아들이
있었는데 12 그들 가운데서 작은 아들이 아
버지에게 말하였다. '아버지, 재산 중에서
(제게) 돌아올 몫을 제게 주십시오.' 그래서
아버지는 살림을 그들에게 나누어 주었다.
13 며칠이 되지 않아서 작은 아들은 모든 것
을 모아서 먼 지방으로 가버렸고 거기서 방
탕하게 살면서 자기 재산을 허비하였다.
14 그가 모든 것을 탕진하고 나서 그 지방에
기근이 크게 들었고, 그는 쪼들리기 시작하
였다. 15 그래서 그는 가서 그 지방의 주민
한 사람에게 붙어살았는데, 그 사람은 그를
자기 들로 보내서 돼지를 먹이게 하였다.
16 그는 돼지들이 먹는 쥐엄나무 열매로 배
를 채우고 싶어했지만, 아무도 그에게 주지
않았다. 17 그때 그는 정신을 차리고 말하였
다. '얼마나 많은, 내 아버지의 품꾼들이 빵
이 넘치는가! 나는 여기서 굶어 죽는구나.
18 일어나서 내 아버지께 가서 (이렇게) 말
해 봐야지. '아버지, 제가 하늘에, 또 아버지
앞에 죄를 지었습니다. 19 저는 더 이상 아
버지의 아들이라고 불릴 자격이 없습니다.
저를 아버지의 품꾼들 가운데 하나처럼 다
루어 주십시오.' 20 그는 일어나서 자신의 아
버지에게로 갔다. 그러나 그가 아직도 멀리
떨어져 있을 때에 그의 아버지가 그를 보고
가엾어 하며 달려가서 그의 목을 안고 그에
게 입을 맞추었다. 21 아들이 아버지에게 말
하였다. '아버지, 제가 하늘에, 또 아버지 앞
에 죄를 지었습니다. 저는 더 이상 아버지
의 아들이라 불릴 자격이 없습니다.' 22 그러
나 아버지는 자기 종들에게 말하였다. '빨리
제일 좋은 옷을 꺼내 와서 그에게 입히고
그의 손에 가락지를 끼우고 발에 신을 신겨
라. 23 또 살진 송아지를 끌어다가 잡아라.
우리가 먹고 즐거워하자. 24 이 내 아들이
죽었다가 다시 살았으며, 잃어버렸었는데
찾게 되었기 때문이다.' 그리고 그는 기뻐하
기 시작하였다. 25 그의 큰 아들이 들에 있
었는데 오다가 집에 가까워지자 음악 소리
와 춤추는 소리를 들었다. 26 그가 종 가운
데 하나를 불러서 이것이 무슨 일인지를 물
었다. 27 종이 그에게 말하였다. '당신의 동
생이 왔습니다. 당신의 아버지가 그를 건강
한 채 맞아들이게 되어서 살진 송아지를 잡
았습니다.' 28 그는 성이 나서 들어가고 싶어
하지 않았다. 그러자 그의 아버지가 나와서
그를 타일렀지만, 29 그는 자기 아버지에게
대답하였다. '보세요, 저는 이렇게 여러 해
를 아버지를 섬기고 아버지의 지시를 결코

어긴 적이 없었는데, 제게는 제 친구들과
즐기도록 염소 새끼를 주신 적도 없었습니
다. 30 그런데 아버지의 살림을 창녀들과 함
께 삼켜 버린 이 아들이 오자 그를 위해 살
진 송아지를 잡았습니다.' 31 아버지가 그에
게 말하였다. '얘야, 너는 언제나 나와 함께
있었고, 내 것은 모두 네 것이다. 32 이 네
동생은 죽었다가 다시 살았으며, 잃어버렸
었는데 찾게 되었으니 즐거워하고 기뻐하는
것이 당연하다.'"

222 I 16 1 그가 제자들에게도 말씀하셨
다. "어떤 부자 한 사람이 청
지기를 두었는데, 이 청지기가
그의 재산을 낭비하고 있다는 비난이 그에
게 들리자 2 그를 불러서 말하였다. '너에 관
하여 내가 이런 말을 듣는데 어떻게 된 일
인가? 이제 청지기 일을 할 수 없으니 네
청지기 직을 정리하라.' 3 그 청지기가 속으
로 생각하였다. '내 주인이 내게서 청지기
직을 빼앗으니 무얼 할까? 땅파기에는 힘이
없고 구걸하기에는 부끄럽구나. 4 무엇을 할
지 알았다. 내가 청지기 직에서 쫓겨날 때
사람들이 나를 자기 집으로 맞아들이도록
(해야겠다.)' 5 그는 자신의 주인에게 빚진
사람들을 하나하나 불러서, 그 첫 사람에게
말하였다. '당신은 내 주인에게 얼마나 빚졌
소?' 6 그가 말하였다. '기름 백 통이오.' 청
지기가 그에게 말하였다. '당신의 문서를 받
고 앉아서 빨리 오십이라고 쓰시오.' 7 그리
고 나서 그는 다른 사람에게 말하였다. '당
신은 얼마나 빚졌소?' 그가 말하였다. '밀 백
부대요.' (청지기가) 그에게 말하였다. '당신
의 문서를 받아 팔십이라고 쓰시오.' 8 불의
한 청지기가 지혜롭게 했기 때문에 주인이
그를 칭찬하였다. 이 세상의 아들들이 자신
들의 세대에는 빛의 아들들보다 훨씬 더 슬
기롭기 때문이다. 9 내가 너희에게 말하는데,
너희 자신들을 위하여 불의의 재물로 친구
들을 만들어서 (재물이) 다 없어질 때에 그
들이 너희를 영원한 거처로 맞아들이도록
하여라.

223 I 10 가장 작은 것에 믿음직한 사람은 많은 것
에도 믿음직하고 가장 작은 것에 불의한 사
람은 많은 것에도 불의하다. 11 불의의 재물
에 믿음직하게 되지 못하면 누가 참된 것을
너희에게 맡기겠느냐? 12 다른 사람의 것에
믿음직하게 되지 못하면 누가 너희 자신의
것을 너희에게 주겠느냐?

224 II마 (66) 13 어떤 하인도 두 주인을 섬길 수 없다. 왜
냐하면 한 쪽을 미워하고 다른 쪽을 사랑하
거나 한 쪽에 매달리고 다른 쪽을 업신여길
것이기 때문이다. 너희가 하나님과 재물을
(함께) 섬길 수는 없다."

225 I 14 돈을 사랑하고 있는 바리새인들이 이 모
든 말씀들을 듣고 그에게 코웃음을 쳤다.
15 그러자 그가 그들에게 말씀하셨다. "너희
는 사람들 앞에서 자신들을 의롭다고 하는
사람들이다. 그러나 하나님은 너희 마음을
알고 계신다. 사람들 사이에서 높은 것은
하나님 앞에서는 혐오스러운 것이다.

226 II마 (54) 16 율법과 선지자들은 요한까지이다. 그때부
터 하나님의 나라가 전파되고 있으며, 모두
가 힘을 써서 그 안으로 (들어간다.) 17 그러
나 율법의 한 획이 떨어지는 것보다는 하늘
과 땅이 없어지는 것이 더 쉽다.

227 III요 (56, 252) 18 자기 아내를 버리고 다른 여자에게 장가
드는 사람마다 간음하는 것이고 남편에게
버림받은 여자에게 장가드는 사람도 간음하
는 것이다.

228 I 19 어떤 부자 한 사람이 있었는데 그는 자주

색 옷과 고운 베옷을 입고 매일 호화롭게
즐거워하고 있었다. [20] 나사로라는 어떤 가
난한 사람이 그의 문 앞에 (온몸이) 헐어서
몸져누워 있었다. [21] 그는 그 부자의 밥상에
서 떨어지는 것들로 배를 채우고 싶어했지
만 개들조차 나와서 그의 헌데를 핥았다.
[22] 그 가난한 사람은 죽어서 천사들에 의하
여 아브라함의 품으로 옮겨졌고, 그 부자도
죽어서 장사되었는데 [23] 지옥에서 고통 속에
있다가 자기 눈을 들어서 멀리 아브라함과
그의 품에 있는 나사로를 보고 [24] 소리치며
말하였다. '아버지 아브라함이여, 저를 불쌍
히 여기시고 나사로를 보내서 그의 손가락
끝에 물을 찍어다가 제 혓바닥을 식히게 하
여 주십시오. 저는 이 불꽃 속에서 고통을
받고 있습니다.' [25] 그러자 아브라함이 말하
였다. '얘야, 너는 네 삶에서 네 좋은 것들
을 받았고 나사로는 ※살았을 때 나쁜 것들
을 (받았다는) 것을 기억하여라. 이제 그는
여기서 위로를 받고 너는 고통을 받는 것이
다. [26] 더욱이 우리와 너희 사이에는 큰 구
렁텅이가 놓여 있어서 여기서 너희에게로
건너가려는 사람들이 (갈) 수 없고, 거기서
우리에게로 건너오지도 못한다.' [27] (부자가)
말하였다. '아버지여, 그러면 그를 제 아버지
의 집으로 보내 주시기를 부탁합니다. [28] 제
가 다섯 형제가 있는데 그가 그들에게 증언
하여서 그들은 이 고통 받는 곳에 오지 않
도록 해 주십시오.' [29] 아브라함이 말하였다.
'그들은 모세와 선지자들이 있다. 그들은 그
들에게 들어라.' [30] 부자가 말하였다. '아닙니
다. 아버지 아브라함이여, 죽은 사람들 가운
데서 누가 그들에게로 가면 그들이 회개할
것입니다.' [31] (아브라함이) 그에게 말하였다.
'그들이 모세와 선지자들의 (말을) 듣지 않
으면 죽은 사람들 가운데서 누가 살아나도
믿지 않을 것이다.' "

229 III요 (168)

17

[1] 그가 자기 제자들에게 말씀
하셨다. "넘어지게 하는 일들
이 일어나지 않는 것은 있을
수 없지만 일어나게 하는 사람은 화가 있
다. [2] 이 작은 사람들 가운데서 하나를 넘어
지게 하는 것보다는 자기 목에 연자맷돌이
매달린 채 바다에 던져지는 것이 자기에게
더 낫다. [3] 너희는 스스로 조심하여라.
230 II마 (170, 172) 네 형제가 죄를 지으면 그를 꾸짖고, 회개
하면 그를 용서해 주어라. [4] 하루에 일곱 번
네게 죄를 짓고 일곱 번 네게로 돌아와서
'회개하네' 하면 그를 용서해 주어라."
231 III요 [5] 사도들이 주님께 말하였다. "저희에게 믿
음을 보태어 주십시오." [6] 주님께서 말씀하
셨다. "너희가 겨자씨 같은 믿음이 있으면
[이] 뽕나무더러 '뽑혀서 바다에 심겨라' 라
고 했을 것이고 그것이 너희 말을 들었을
것이다.
232 I [7] 너희 가운데 누가 밭을 갈거나 양을 치는
종이 있는데 그가 들에서 들어오면 '얼른 와
서 식사 자리에 앉아라' 라고 말하겠느냐? [8] 오
히려 그에게 '먹을 것을 준비하고 허리띠를
동이고 내가 먹고 마시기까지 내 시중을 들
어라. 그리고 너는 그 다음에 먹고 마셔라'
라고 말하지 않겠느냐? [9] 지시한 대로 했다
고 그 종에게 고맙다고 하느냐? [10] 너희도
이렇게 너희에게 지시된 것들을 다 하였을
때에 '저희는 쓸모없는 종들입니다. 저희가
해야 할 일을 하였습니다' 라고 말하여라."
233 I [11] (예수께서) 예루살렘으로 가실 때에 사마
리아와 갈릴리 사이를 지나가셨다. [12] 그가

25 ※같은 때

어떤 마을에 들어가실 때에 문둥병자 열 사
람이 [그와] 마주쳤다. 그들은 멀리 서서 13 소
리를 높여서 말하였다. "예수 스승님, 저희
를 불쌍히 여겨 주십시오." 14 그가 보시고
그들에게 말씀하셨다. "가서 제사장들에게
너희 자신을 보여라." 그러자 그들이 가는
동안에 깨끗해졌다. 15 그런데 그들 가운데
한 사람은 자신이 나은 것을 보고 큰 소리
로 하나님께 영광을 돌리며 돌아왔고 16 (예
수의) 발 앞에 얼굴이 땅에 닿도록 엎드려
서 그에게 감사하였는데, 그는 사마리아 사
람이었다. 17 예수께서 대답하셨다. "열 명이
깨끗해지지 않았느냐? 그런데 아홉 명은 어
디 있느냐? 18 하나님께 영광을 드리려고 돌
아온 사람이 이 이방인 밖에는 보이지 않느
냐?" 19 그리고 그에게 말씀하셨다. "일어나
서 가라. 네 믿음이 너를 구원하였다."
234 I 20 (예수께서) "언제 하나님의 나라가 옵니
까?" 라는 질문을 바리새인들에게 받으시고
그들에게 대답하셨다. "하나님의 나라는 보
이게 오지 않는다. 21 '보라, 여기 있다' 또는
'저기 있다' 라고도 못할 것이다. 보아라, 하
나님의 나라는 너희들 ※속에 있기 때문이
다."
235 III요 22 그가 제자들에게 말씀하셨다. "너희가 인
자의 날들 가운데 하루를 보고 싶어하여도
(291) 보지 못할 날들이 올 것이다. 23 사람들이
너희에게 '보라, 저기 (계신다)' [또는] '보라,
여기 (계신다)' 라고 하겠지만, 너희는 떠나
지 말고 뒤쫓지도 마라. 24 번개가 하늘 이
쪽에서 번쩍여서 하늘 저 쪽으로 비추는 것
처럼 인자도 [자기 날에] 이럴 것이기 때문
이다. 25 그러나 그는 먼저 고통을 많이 받
(296) 고 이 세대에게 버림을 받아야 한다. 26 노
아 때 있었던 것같이 인자의 때에도 그러할
것이다. 27 노아가 방주에 들어간 그 날까지
사람들은 먹고 마시고 장가가고 시집갔는데,
홍수가 나서 모두를 멸망시켰다. 28 롯의 때
에 있었던 것과도 같다. 사람들은 먹고 마
시고 사고 팔고 심고 집 짓고 있었는데,
29 롯이 소돔에서 나간 날 하늘에서 불과 유
황이 내려서 모두를 멸망시켰다. 30 인자가
나타나는 날에도 같을 것이다. 31 그날에는
지붕 위에 있는 사람은 자기 살림살이가 집
안에 (있어도) 그것들을 챙기러 내려가지
말고, 들에 있는 사람은 똑같이 뒤에 있는
것을 향해 돌아서지 마라. 32 롯의 아내를
(103) 기억하여라. 33 누구든지 자기 목숨을 지키
려고 힘쓰는 사람은 그것을 잃을 것이요,
누구든지 잃는 사람은 그것을 살릴 것이다.
34 내가 너희에게 말하는데, 그 밤에 둘이
한 침대에 있어도 한 사람은 데려가고 다른
사람은 버려둘 것이다. 35 둘이 같이 (맷돌
을) 갈고 있어도 한 여자는 데려가고 다른
여자는 버려둘 것이다." 36 ⊤ 37 그러자 그들
이 그에게 대답하였다. "어디로 말입니까?
주님!" 예수께서 그들에게 말씀하셨다. "주검
이 있는 곳, 거기 독수리들도 모여들 것이
다."

236 I **18** 1 (예수께서) 그들에게 항상 기
도하고 낙심하지 말아야 한다
는 것을 비유로 말씀하셨다.
2 "어떤 성에 하나님을 두려워하지 않고 사
람을 존중하지 않는 어떤 재판관이 있었다.
3 또 그 성에 한 과부가 있었는데 늘 그에게
가서 말하였다. '제 원수에게서 제 권리를

21 ※ 가운데

36 ⊤ 둘이 들에 있어도 하나는 데려가고 다른 사람
은 버려둘 것이다.

찾아 주십시오.' 4 그는 얼마 동안 응하려 하
지 않았지만 그 후에 속으로 말하였다. '내
가 하나님도 두려워하지 않고 사람도 존중
하지 않지만 5 이 과부가 나를 매우 성가시
게 하므로 그 여자의 권리를 찾아주어서 계
속 와서 나를 괴롭히지 못하게 해야 하겠
다.'" 6 주님께서 말씀하셨다. "불의한 재판
관이 말하는 것을 들어 보아라. 7 하나님께
서 밤낮 자기에게 부르짖는, 자기가 뽑은
사람들의 권리를 반드시 찾아 주시지 않겠
느냐? 그들에게 오래 참으시겠느냐? 8 내가
너희에게 말하는데, (하나님께서) 속히 그들
의 권리를 찾아 주실 것이다. 그러나 인자
가 와서 과연 땅에서 믿음을 발견하겠느
냐?"

237 9 자신이 의로운 사람이라고 스스로 믿고 다
른 사람을 업신여기는 어떤 사람들에게 이
비유를 말씀하셨다. 10 "두 사람이 기도하려
고 성전에 올라갔다. 한 사람은 바리새인이
고 다른 사람은 세리였다. 11 그 바리새인은
따로 서서 이렇게 기도하였다. '하나님, 제
가 다른 사람들, 곧 착복하거나 불의하거나
간음하는 사람들과 같지 않고 또 이 세리와
도 같지 않음을 당신께 감사합니다. 12 저는
한 주일에 두 번 금식하고 제가 버는 모든
것의 십일조를 드립니다.' 13 그러나 세리는
멀리 서서 하늘을 향해 눈을 들어 올리려고
도 하지 못하고 자기 가슴을 치면서 말하였
다. '하나님, 죄인인 제게 자비를 베풀어 주
십시오.' 14 내가 너희에게 말하는데, 저 사
람보다 이 사람이 ※의롭다고 인정받고 자
기 집으로 내려갔다. 자신을 높이는 사람마
다 낮추어질 것이고 자신을 낮추는 사람마
다 높여질 것이기 때문이다."

253 III요 15 사람들이 아기들을 만져 주시기를 (바라
며) 그에게 아기들도 데려왔지만, 제자들이
보고 그들을 꾸짖었다. 16 예수께서 그 아기
들을 가까이 부르시고 말씀하셨다. "아이들
이 내게로 오도록 놓아두고 그들을 막지 마
라. 하나님의 나라가 이런 사람들의 것이기
때문이다. 17 참으로 내가 너희에게 말하는
데, 누구든지 하나님의 나라를 아이처럼 받
아들이지 않는 사람은 결코 그리로 들어가
지 못할 것이다."

254 III요 18 어떤 관원이 그에게 물었다. "선하신 선생
님! 제가 무엇을 해야 영원한 생명을 물려
받겠습니까?" 19 예수께서 그에게 말씀하셨
다. "왜 나를 선하다고 하느냐? 하나님 한
분밖에는 아무도 선하지 않다. 20 네가 계명
들을 알고 있다. 간음하지 마라. 살인하지
마라. 도둑질하지 마라. 거짓 증언하지 마라.
네 아버지와 어머니를 공경하여라." 21 그가
말하였다. "저는 이 모두를 어릴 적부터 지
켰습니다." 22 예수께서 들으시고 그에게 말
씀하셨다. "아직 하나가 네게 남아 있다. 네
게 있는 것들을 모두 팔아서 가난한 사람들
에게 나누어 주어라. 그러면 너는 하늘에
보물이 있을 것이다. 그리고 와서 나를 따
라라." 23 그러나 그는 이 (말씀들을) 듣고
나서 몹시 슬프게 되었다. 그는 매우 부자
였기 때문이다.

255 III요 24 예수께서 [몹시 슬프게 된] 그를 보시고
나서 말씀하셨다. "재산을 가진 사람들이 하
나님의 나라에 들어가기가 얼마나 어려운가!
25 낙타가 바늘구멍으로 들어가는 것이 부자
가 하나님의 나라에 들어가는 것보다 더 쉽
기 때문이다." 26 들은 사람들이 말하였다.
"그러면 누가 구원될 수 있습니까?" 27 예수

14 ※ 의로워져서

께서 말씀하셨다. "사람들에게는 불가능한
것들이 하나님에게는 가능하다." 28 베드로가
말하였다. "보십시오. 저희는 저희 것을 버
리고 당신을 따랐습니다." 29 예수께서 그들
에게 말씀하셨다. "참으로 내가 너희에게 말
하는데, 하나님의 나라 때문에 집이나 아내
나 형제들이나 부모나 자녀들을 버리고도
30 이 시대에 여러 배를 [돌려]받지 못하고
오는 시대에 영원한 생명을 (받지) 못할 사
람은 아무도 없다."
262 III요 31 (예수께서) 열둘을 데려다가 그들에게 말
씀하셨다. "보아라, 우리가 예루살렘으로 올
라가고 있다. 선지자들에 의해 적혀 있는
것들이 모두 인자에게 이루어질 것이다. 32 그
는 이방인들에게 넘겨지고 웃음거리가 되고
모욕을 당하고 침 뱉음을 당하겠고, 33 그들
은 그를 채찍질하고 죽이겠지만, 그는 셋째
날에 살아날 것이다." 34 그들은 이 (말씀)들
가운데 아무 것도 깨닫지 못하였다. 이 말
씀이 그들에게 숨겨져 있어서 말해진 것들
을 알지 못하였던 것이다.
264 III요 (96) 35 그가 여리고에 가까워지고 있을 때 어떤
눈먼 사람이 길가에 앉아서 구걸을 하고 있
다가 36 무리가 지나가는 (소리를) 듣고 이
것이 무슨 일인지를 물었는데, 37 사람들이
그에게 나사렛 사람 예수께서 지나가신다고
알려주었다. 38 그러자 그가 외치며 말하였
다. "다윗의 아들 예수여, 저를 불쌍히 여겨
주십시오." 39 앞서가던 사람들이 그를 조용
히 하라고 꾸짖었지만 그는 더 많이 소리질
렀다. "다윗의 아들이여, 저를 불쌍히 여겨
주십시오." 40 예수께서 서서 그를 자기에게
데려오라고 지시하셨고 그가 가까이 오자
그에게 물어보셨다. 41 "내가 네게 무엇을 해
주기를 바라느냐?" 그가 말하였다. "주님,
다시 보는 것입니다." 42 예수께서 그에게 말
씀하셨다. "다시 보아라. 네 믿음이 너를 구
원하였다." 43 그러자 그가 즉시 다시 보며
하나님께 영광을 돌리면서 그를 따랐다. 모
든 백성이 보고 하나님께 찬송을 드렸다.

19

265 I 1 (예수께서) 여리고에 들어가
서 지나가고 계셨다. 2 보라,
삭개오라고 이름하는 어떤 사
람이 (있었는데,) 그는 세리장이었고 또 부
자였다. 3 그는 예수가 누구인지 보려고 했
지만 키가 작아서 무리 때문에 (볼) 수가
없었다. 4 그래서 그는 (예수를) 보려고 앞
으로 달려가서 뽕나무 위로 올라갔다. (예수
께서) 그리로 지나가실 것이었기 때문이다.
5 예수께서 그곳에 오셔서 올려다보시며 그
에게 말씀하셨다. "삭개오야, 서둘러 내려오
너라. 내가 오늘 네 집에서 머물러야 하기
때문이다." 6 그는 서둘러서 내려왔고 기뻐
하면서 (예수를) 모셔 들였다. 7 그러자 모
두가 보고 수군거리며 말하였다. "그가 죄
있는 사람 곁에 묵으려고 들어갔다." 8 삭개
오가 서서 주님께 말하였다. "보십시오. 주
님! 제가 가진 것의 절반을 가난한 사람들
에게 주겠습니다. 또 누구의 무엇을 속여서
빼앗은 적이 있으면 네 곱으로 갚겠습니다."
9 예수께서 그에게 말씀하셨다. "구원이 오
늘 이 집에 이르렀다. 이 사람도 아브라함
의 아들이기 때문이다. 10 인자는 잃어버린
것을 찾고 구원하러 왔다."
266 III요 (299) 11 그들이 이 말씀들을 듣고 있는 동안, (예
수께서) 비유를 더하여 말씀하셨다. 예루살
렘에 가까워지시고 그들은 하나님의 나라가
곧 나타날 줄로 생각하고 있기 때문에 12 말

12 ※ 나라를

(294) 씀하신 것이다. "어떤 귀족 한 사람이 자신
을 위하여 ※왕위를 받아서 돌아오려고 먼
나라로 가면서 13 자기 종 열 명을 불러 그
들에게 열 므나를 주며 말하였다. '내가 올
때까지 장사를 하여라.' 14 그러나 그의 백성
들은 그를 미워하였고 ※그가 모르게 대표
를 보내어 '우리는 이 사람이 우리 위에 군
림하는 것을 원하지 않습니다' 라고 하였다.
15 그가 ※왕위를 받고 돌아와서 누가 어떻
게 장사를 하였는지 알아보려고 자기가 은
을 주었던 이 종들을 자기에게로 부르라고
하였다. 16 첫 종이 와서 말하였다. '주인님,
당신의 므나로 열 므나를 만들었습니다.'
17 그가 그 종에게 말하였다. '잘하였다. 착
한 종아, 가장 작은 일에 성실하였으니 열
성의 권세를 가져라.' 18 둘째 종이 와서 말
하였다. '주인님, 당신의 므나로 다섯 므나
를 만들었습니다.' 19 그가 그 종에게 말하였
다. '너는 다섯 성의 (권세를) 가져라.' 20 다
른 종이 와서 말하였다. '주인님, 보십시오,
수건에 싸서 가지고 있던 당신의 므나입니
다. 21 당신은 엄한 사람이어서 당신을 두려
워하였기 때문입니다. 당신은 놓지 않은 것
을 가져가고 뿌리지 않은 것을 거두십니다.'
22 그가 그 종에게 말하였다. '악한 종아! 네
입에서 (나온 말로) 너를 판단하겠다. 내가
놓지 않은 것을 가져가고 뿌리지 않은 것을
거두는 엄한 사람이라는 것을 네가 알았느
냐? 23 그러면 왜 내 은을 은행에 주어 내가
와서 이자와 함께 그것을 찾게 하지 않았느
냐?' 24 그리고 그는 곁에 서 있는 사람들에
게 말하였다. '그에게서 므나를 빼앗아서 열
므나를 가진 종에게 주어라.' 25 그러자 그들

14 ※그의 뒤로
15 ※나라를

이 (주인에게) 말하였다. '주인님, 그는 열
므나가 있습니다.' 26 '내가 너희에게 말하는
데, 가진 사람 모두에게는 주어지지만 가지
지 않은 사람은 그가 가지고 있는 것마저
빼앗길 것이다. 27 그리고 내가 자기들의 왕
이 되는 것을 원하지 않은, 나의 이 원수들
을 여기로 끌어와서 내 앞에서 죽여라.'"
269 IV 28 (예수께서) 이것들을 말씀하시고 나서 앞
서 가시며 예루살렘으로 올라가셨다. 29 감
람산이라 하는 산기슭의 벳바게와 베다니에
가까이 가셨을 때에 제자 중에서 둘을 보내
시며 30 말씀하셨다. "맞은편 마을로 가보아
라. 거기 들어가면 그 위에 사람들 중 누구
도 한 번도 타지 않은 나귀 새끼가 매여 있
는 것을 발견할 것이다. 그것을 풀어서 끌
어오너라. 31 누가 너희에게 '왜 푸시오?'라
고 물으면 이렇게 말하여라. 'ᵀ 주님이 그
것을 쓰실 것이오.'" 32 보냄을 받은 사람들
이 가서 (예수께서) 그들에게 말씀하신 대
로 (나귀 새끼를) 발견하였다. 33 그들이 나
귀 새끼를 풀 때에 그 주인들이 그들에게
말하였다. "나귀 새끼를 왜 푸시오?" 34 그들
은 "ᵀ 주님이 그것을 쓰실 것이다" 라고 말
하였다. 35 그들은 나귀 새끼를 예수께 끌어
와서 그 위에 그들의 겉옷을 깔았고 예수를
앉혔다. 36 그가 가실 때 사람들은 자기 겉
옷을 길에 펴놓았다. 37 그가 감람산의 내리
막에 가까이 가시자 제자들의 무리 모두가
기뻐하면서 그들이 보았던 모든 능력 있는
일들에 관하여 큰 소리로 하나님을 찬송하
기 시작하며 38 말하였다. "주님의 이름으로
오시는 임금은 복되시다! 하늘에는 평화요
가장 높은 곳에는 영광이다!" 39 바리새인들

31 ᵀ 그것의
34 ᵀ 그것의

가운데 어떤 사람들이 무리로부터 (나서며)
그에게 말하였다. "선생님, 당신의 제자들을
꾸짖으십시오." 40 그가 대답하셨다. "내가
너희에게 말하는데, 이 사람들이 조용히 있
으면 돌들이 소리칠 것이다."
270 I 41 (예루살렘에) 가까워지자 (예수께서) 성을
보시고 그 성을 위해 우시며 42 말씀하셨다.
"이 날 너도 평화를 위한 일들을 알았더라
면! 그러나 지금은 그것이 네 눈에 가리어
졌다. 43 어느 날이 네게 닥쳐서 네 원수들
이 네 주위에 토성을 쌓고 너를 둘러싸고
사방에서 너를 가둘 것이며 44 너와 네 안에
있는 네 자녀들을 땅에 팽개치고 네 안에
돌 위에 돌을 놓아두지 않을 것이다. 너를
찾아오신 때를 네가 알지 못했기 때문이다."
273 IV (25, 271) 45 그는 성전에 들어가셔서 장사하는 사람들
을 내쫓기 시작하셨고 46 그들에게 말씀하셨
다. "'내 집은 기도의 집이 될 것이다' 라고
적혀 있다. 그런데 너희는 그것을 '강도들의
소굴' 로 만들었다."
274 II막 47 그는 날마다 성전에서 가르치고 계셨는데
대제사장들과 율법학자들과 백성의 우두머리
들이 그를 죽이려고 궁리하고 있었다. 48 그
러나 모든 백성이 그의 (말씀을) 들으며 열
중하고 있어서 어떻게 할지를 찾아내지 못
하였다.

276 III요 **20** 1 어느 날 하루였다. (예수께
서) 성전에서 백성을 가르치며
복음을 전하고 계실 때에 대제
사장들과 율법학자들이 장로들과 함께 나타
나서 2 그에게 말하였다. "당신이 무슨 권한
으로 이런 일들을 하고 있는지, 또는 당신
에게 이런 권한을 준 사람이 누구인지 우리
에게 말하시오." 3 (예수께서) 그들에게 대답
하셨다. "나도 너희에게 어떤 말을 묻겠다.
내게 말하여라. 4 요한의 세례가 하늘에서
났느냐? 사람에게서냐?" 5 그들은 자기들끼
리 의논하며 말하였다. "'하늘에서' 라고 하
면 그가 '왜 그를 믿지 않았느냐?' 라고 할
것이다. 6 그렇다고 '사람에게서' 라고 하면
백성이 모두 우리를 돌로 칠 것이다. 왜냐
하면 요한을 선지자라고 믿고 있기 때문이
다." 7 그래서 그들은 어디서인지 알지 못한
다고 대답하였다. 8 예수께서 그들에게 말씀
하셨다. "내가 무슨 권한으로 이런 일들을
하는지 나도 너희에게 말하지 않겠다."
278 II막 9 그러나 (예수께서는) 이 비유를 백성에게
말씀하시기 시작하셨다. "[어떤] 사람이 포
도나무를 심고 그것을 농부들에게 세주고
오랫동안 외국으로 떠났다. 10 제철에 그는
(농부들이) 포도원 열매 중에서 (얼마를) 자
기에게 내도록 한 종을 농부들에게 보냈다.
그러나 농부들은 그를 때리고 거저 돌려보
냈다. 11 그래서 그는 다른 종을 더 보냈지
만, 그들은 그 종도 때리고 모욕해서 거저
돌려보냈다. 12 그가 세 번째 종을 더 보냈지
만, 그들은 이 종도 상처를 입혀서 내쫓았
다. 13 그러자 포도원 주인이 말하였다. '어
떻게 할까? 사랑하는 내 아들을 보내자. 아
마 그들이 이 (아들은) 존경할 것이다.' 14 그
러나 그 농부들은 그를 보고 서로 의논하였
다. '이 사람은 상속인이다. 상속물이 우리
것이 되도록 그를 죽이자.' 15 그들은 그를
포도원 밖에 내팽개친 후 죽여 버렸다. 그
러면 포도원 주인이 그들에게 어떻게 하겠
느냐? 16 그가 와서 이 농부들을 죽이고 다
른 (농부들에게) 포도원을 (세)줄 것이다."
들은 사람들이 말하였다. "(그렇게) 되지 말
기를!" 17 예수께서 그들을 쳐다보시고 말씀
하셨다. "그러면 이렇게 적혀 있는 것은 무

엇이냐? '집 짓는 사람들이 버린 돌, 이것이
모퉁이의 머릿돌이 되었다.' [18] 그 돌 위에
떨어지는 사람은 모두 부스러질 것이요, 그
것이 누구 위에든지 떨어지면 그를 박살낼
것이다." [19] 율법학자들과 대제사장들은 그가
이 비유를 자신들에게 말씀하셨다는 것을
알아차렸기 때문에 그 시간에 그에게 손을
대려고 힘썼지만 백성을 두려워하였다.
280 III요 [20] 그들은 (예수를) 지켜보다가 그의 말을
흠잡아서 그를 총독의 통치와 권력 아래 넘
겨주려고 자신이 의인인 체 연기할 정탐꾼
들을 보냈는데, [21] 그들이 그에게 물었다.
"선생님, 저희는 당신이 바르게 말씀하시고
가르치시며 낯을 가리지 않으시고 오히려
올바르게 하나님의 길을 가르치시는 줄로
알고 있습니다. [22] 저희가 황제께 세금을 바
치는 것이 옳습니까? 그렇지 않습니까?"
[23] 그러나 (예수께서는) 그들의 꾀를 꿰뚫어
보시고 그들에게 말씀하셨다. [24] "데나리온을
내게 보여라. 누구의 그림과 글자가 있느
냐?" 그들이 말하였다. "황제의 것입니다."
[25] 예수께서 그들에게 말씀하셨다. "그러면
황제의 것들은 황제에게 돌려주고 하나님의
것들은 하나님께 (돌려드려라.)" [26] 그들은
백성 앞에서 그의 말을 흠잡을 수 없었고
그의 대답에 놀라서 조용히 있었다.
281 III요 [27] 부활이 없다고 [반대]하는 사두개인들 가
운데 어떤 사람들이 다가와서 (예수께) 물
었다. [28] "선생님, 모세는 우리에게 '누구의
형이 아내를 맞았다가 죽고 이 사람이 자식
이 없으면 그의 동생이 아내로 맞아서 자기
형을 위하여 씨를 이어주어라' 라고 써 주었
습니다. [29] 일곱 형제가 있었는데, 맏이가 아
내를 맞았다가 자식 없이 죽었습니다. [30] 둘
째와 [31] 셋째도 그 여자를 맞았고 똑같이 일
곱이 자식을 남기지 못하고 죽었으며 [32] 마
지막에 그 여자도 죽었습니다. [33] 그러면 부
활 때에 그 여자는 그들 가운데 누구의 아
내가 되겠습니까? 일곱이 그 여자를 아내로
맞았기 때문입니다." [34] 예수께서 그들에게
말씀하셨다. "이 시대의 자녀들은 장가들고
시집가지만 [35] 저 세상과 죽은 사람들의 부
활에 함께 할 가치가 있는 사람들은 장가들
지도 않고 시집가지도 않는다. [36] 천사들과
같고 부활의 자녀로서 하나님의 자녀들이므
로 이제는 죽을 수도 없기 때문이다. [37] 죽
은 사람들이 살아나는 것이란 모세도 가시
떨기에 관한 (곳에서) 주님을 아브라함의
하나님, 이삭의 하나님, 야곱의 하나님이라
고 함으로써 알려주었는데 [38] 그분은 죽은
사람들이 아니라 살아 있는 사람들의 하나
님이시다. 그분에게는 모두가 살아 있기 때
문이다." [39] 율법학자들 가운데서 어떤 사람
들이 대답하였다. "선생님, 잘 말씀하셨습니
다." [40] 그들이 더 이상 아무 것도 그에게
감히 물을 수 없었기 때문이다.
283 III요 [41] (예수께서) 그들에게 말씀하셨다. "사람들
은 어떻게 그리스도가 다윗의 아들이라고
말하느냐? [42] 다윗 자신은 시편에 (이렇게)
말하였기 때문이다. '주님께서 내 주님께 말
씀하셨다. 내 오른쪽에 앉아 있어라. [43] 내가
네 원수들을 네 발의 발판으로 두기까지.'
[44] 그러므로 다윗이 그를 주님이라고 불렀는
데 어떻게 그가 또 (다윗의) 아들이냐?"
284 III요 [45] 모든 백성이 듣고 있는 동안 (예수께서)
[자기] 제자들에게 말씀하셨다. [46] "율법학자
들을 주의하여라. 그들은 긴 예복을 (입고)
걸어 다니고 싶어하고 시장에서 인사 (받기)
와 회당에서는 앞자리를, 잔치에서는 윗자
리를 좋아한다. [47] 그들은 과부들의 집들을

삼키고 길게 기도하는 체한다. 이들이 더욱
넘치는 심판을 받을 것이다."

286 II막 **21** 1 (예수께서) 쳐다보시다가 부
자들이 저희 예물들을 헌금함
에 넣는 것을 보셨고 2 어떤
가난한 과부가 거기에 두 렙돈을 넣는 것을
보셨다. 3 그가 말씀하셨다. "참으로 내가 너
희에게 말하는데, 이 가난한 과부가 모두보
다 더 많이 넣었다. 4 왜냐하면 이 사람들
모두가 저희 넘치는 것에서 (얼마를) 예물
로 넣었지만, 그 여자는 자기의 모자란 데
서 자기가 가진 생활비 모두를 넣었기 때문
이다."

287 III요 5 어떤 사람들이 성전에 대하여 그것이 좋은
돌들과 예물들로 꾸며져 있다고 말할 때
(예수께서) 말씀하셨다. 6 "너희가 보고 있는
이것들이, 돌이 돌 위에 무너지지 않은 채
놓여 있지 않을 날이 올 것이다."

288 III요 7 그들이 그에게 물었다. "선생님, 그러면 언
제 이 일들이 있겠으며, 이 일들이 일어나
려 할 때의 표적이 무엇입니까?" 8 예수께서
말씀하셨다. "꾀이지 않도록 조심하여라. 많
은 사람이 내 이름으로 와서 '나다' 또 '때가
가까웠다' 라고 말하겠기 때문이다. 그들을
따라가지 마라. 9 전쟁과 난리의 (소식)을
들을 때에 무서워하지 마라. 이런 일들이
먼저 일어나야 하지만 곧바로 끝은 아니기
때문이다." 10 그때에 그들에게 말씀하셨다.
"민족이 민족에 맞서, 나라가 나라에 맞서
일어나겠고, 11 큰 지진과 곳곳에 기근과 전
염병이 있을 것이다. 또 무서운 일들이 (일
어나고) 하늘로부터 큰 징조가 있을 것이다.

289 III요 (100) 12 이 모든 일 이전에 사람들이 너희에게 그
들의 손을 뻗쳐서 박해하고 회당과 감옥에
넘겨주겠고, 너희는 내 이름 때문에 임금들
과 총독들에게 이끌려가겠지만, 13 이것이
(198) 너희에게 증언할 (기회를 줄) 것이다. 14 그
러므로 너희는 변명할 것을 미리 궁리하지
않도록 너희 마음에 새겨 두어라. 15 너희를
반대하는 모든 사람들이 맞서거나 되받아
칠 수 없는 입과 지혜를 내가 너희에게 줄
것이기 때문이다. 16 그러나 너희는 부모와
형제들과 친척들과 친구들에 의하여 넘겨질
것이고, 그들이 너희들 가운데서 (몇을) 죽
일 것이다. 17 또 너희가 내 이름 때문에 모
두에게 미움을 사게 되겠지만, 18 너희 머리
에서 머리카락 하나도 절대로 없어지지 않
을 것이다. 19 너희 인내로 너희 생명을 얻
어라.

290 III요 20 예루살렘이 군대에 포위되는 것을 볼 때,
그때 그 멸망이 가까워진 것을 알아라. 21 그
때 유대에 있는 사람들은 산으로 달아나고,
(성) 안에 있는 사람들은 떠나고, 시골에 있
는 사람들은 그 안으로 들어가지 마라. 22 그
날들은 적혀 있는 모든 것들이 이루어지는
처벌의 날이 될 것이기 때문이다. 23 그 날
에는 아이 밴 여자들과 젖먹이는 여자들에
게 화가 있을 것이다. 땅 위에 큰 재난과
이 백성에게 진노가 있을 것이기 때문이다.
24 그들은 칼날에 쓰러지고 모든 나라로 잡
혀가겠고, 예루살렘은 이방인의 때가 채워
지기까지 이방인들에게 짓밟힐 것이다.

292 III요 25 해와 달과 별들에 징조가 있고, 땅 위에
는 바다와 파도 소리로 말미암아 혼란에
(빠진) 민족들의 고통이 있을 것이다. 26 사
람들은 무서워하며 또 세상에 닥쳐올 일들
을 예상하며 기절할 것이다. 왜냐하면 하늘
의 세력들이 흔들릴 것이기 때문이다. 27 그
때 사람들이 인자가 구름에 (휩싸여) 능력
과 많은 영광을 가지고 오는 것을 볼 것이

다. [28]이 일들이 벌어지기 시작할 때에 너
희는 똑바로 일어나서 너희 머리를 쳐들어
라. 너희 구속이 가까이오기 때문이다."
293 III요 [29](예수께서) 그들에게 비유를 말씀하셨다.
"무화과나무와 모든 나무들을 보아라. [30](싹
이) 이미 나왔을 때 스스로 보고 여름이 이
미 가까이 있다는 것을 안다. [31]이렇게 너
희도 이 일들이 벌어지는 것을 볼 때에 하
나님의 나라가 가까이 있다는 것을 알아라.
[32]참으로 내가 너희에게 말하는데, 모든 일
들이 벌어지기까지는 이 세대가 결코 지나
가지 않을 것이다. [33]하늘과 땅은 없어지겠
지만 내 말들은 결코 없어지지 않을 것이다.
295 I [34]너희는 스스로 조심하여라. 그렇게 하지
않으면 방탕과 술취함과 삶의 염려로 너희
마음이 무거워지고, 그 날이 덫처럼 갑자기
너희에게 닥칠 것이다. [35](그 날은) 온 땅의
표면에 앉아 있는 모두에게 들이닥칠 것이
기 때문이다. [36]너희가 벌어질 이 모든 일
들을 피하고 인자 앞에 설 수 있도록 늘 기
도하며 깨어 있어라."
301 I [37]그는 낮에는 성전에서 가르치고 계셨고
밤에는 나가서 감람산이라는 산에서 밤을
보내셨다. [38]온 백성이 그의 (말씀을) 들으
려고 일찍이 성전에 있는 그에게로 왔다.

305 III요 **22** [1]유월절이라는 무교절이 가까
워지자 [2]대제사장들과 율법학
자들이 그를 없앨 방법을 찾고
있었다. 백성을 두려워하였기 때문이다.
307 III요 [3]열둘의 수에 들어 있던 가룟이라는 유다에
게 사탄이 들어갔다. [4]그는 가서 대제사장
들과 경비대장들과 함께 (예수를) 그들에게
넘겨줄 방법을 의논하였는데 [5]그들은 기뻐
하였고 그에게 은을 주기로 합의하였다. [6]그
는 좋다고 하였고 무리가 없을 때 그들에게
(예수를) 넘겨주려고 좋은 기회를 찾고 있
었다.
308 III요 [7]유월절 양을 잡아야 하는 무교절 날이 오
자 [8](예수께서) 베드로와 요한을 보내시며
말씀하셨다. "가서 우리를 위하여 유월절 식
사를 준비하고 우리가 먹게 하여라." [9]그들
이 그에게 말하였다. "어디에 준비하기를 원
하십니까?" [10]예수께서 그들에게 말씀하셨
다. "보아라, 너희가 성 안으로 들어가면 물
동이를 멘 어떤 사람을 만날 것이다. 그가
들어가는 집 안으로 그를 따라가서 [11]그 집
의 주인에게 말하여라. 선생님께서 당신에
게 '내 제자들과 함께 유월절 식사를 할 방
이 어디 있느냐?' 라고 말씀하십니다. [12]그
러면 그 사람이 너희에게 (자리를) 깔아 놓
은 큰 다락방을 보여줄 것이다. 그곳에 준
비하여라." [13]그들이 가서 자기들에게 말씀
하신 대로 (집을) 찾게 되어 유월절 식사를
준비하였다. [14]시간이 되었을 때 (예수께서)
식사 자리에 앉으셨고, 사도들이 그와 함께
(하였다.)
311 III요 [15](예수께서) 그들에게 말씀하셨다. "내가
고통을 받기 전에 너희와 함께 이 유월절
식사하기를 아주 간절히 바랐다. [16]내가 너
희에게 말하는데, (유월절이) 하나님의 나라
에서 이루어지기까지 그것을 결코 먹지 않
을 것이다." [17]그는 잔을 받으셔서 감사하시
고 나서 말씀하셨다. "이것을 받아서 너희들
끼리 나누어라. [18]내가 너희에게 말하는데,
하나님의 나라가 오기까지 나는 지금부터
포도나무에서 난 것을 결코 마시지 않을 것
이다." [19](예수께서) 또 빵을 가지시고 감사
하시고 나서 떼어서 그들에게 주시며 말씀
하셨다. "이것은 너희를 위하여 주어지는 내
몸이다. 이것을 행하여 나를 기념하여라."

[20] 저녁 먹은 후에 그는 똑같이 잔을 (가지
고) 말씀하셨다. "이 잔은 너희를 위하여 부
어지는 나의 피 안에 있는 새 언약이다.
312 [21] 그러나, 보아라, 나를 넘겨주는 사람의 손
IV 이 나와 함께 상 위에 있다. [22] 인자는 정해
(310) 진 것을 따라 가지만 (인자를) 넘겨주는 그
사람에게는 화가 있다." [23] 그러자 그들은 그
들 가운데서 이런 짓을 할 사람이 누구인지
를 서로 묻기 시작하였다.
313 [24] 그들 중에서 누가 더 크다고 생각하는지
III요 를 놓고 그들 사이에 말다툼도 벌어졌다.
(263) [25] 예수께서 그들에게 말씀하셨다. "이방인의
왕들은 그들을 속박한다. 또 그들에게 권력
을 행사하는 사람들이 은인이라고 불린다.
[26] 그러나 너희는 이렇지 않다. 오히려 너희
가운데서 더 큰 사람은 더 젊은 사람처럼
되고 다스리는 사람은 섬기는 사람처럼 되
어라. [27] 누가 더 크냐? (식탁에) 앉아 있는
사람이냐? 섬기는 사람이냐? (식탁에) 앉아
있는 사람이 아니냐? 그러나 나는 섬기는
사람으로 너희 가운데 있다. [28] 너희는 나의
시험에 나와 함께 머물러 있던 사람들이어
서 [29] 내 아버지께서 내게 나라를 맡기신 것
처럼 나도 너희에게 (나라를) 맡긴다. [30] 너
희가 내 나라, 내 상에서 먹고 마시게 하려
는 것이다. 또 너희는 보좌에 앉아서 이스
라엘의 열두 지파를 심판할 것이다.
315 [31] 시몬아, 시몬아, 보아라, 사탄이 밀처럼
IV 체질하려고 너희를 요구하였다. [32] 그러나 내
가 네 믿음이 떠나지 않도록 너를 위해 기
도하였다. 그러니 너는 돌이킨 후에 네 형
제들을 굳세게 하여라." [33] 베드로가 그에게
말하였다. "주님, 저는 당신과 함께 감옥에
도 죽음에도 들어갈 준비가 되어 있습니다."
[34] 예수께서 말씀하셨다. "내가 네게 말하는
데, 베드로야, 오늘 네가 나를 아는 것을 세
번 부인하기까지는 닭이 울지 않을 것이다."
316 [35] (예수께서) 또 그들에게 말씀하셨다. "주
I 머니와 자루와 신발 없이 내가 너희를 보냈
을 때 무엇이 모자랐느냐?" 그들이 말하였
다. "아무 것도 없었습니다." [36] 그가 그들에
게 말씀하셨다. "그러나 이제는 주머니 없는
사람은 챙겨라. 자루도 똑같이 하고, 없는
사람은 자기 겉옷을 팔아서 칼을 사거라. [37] 내
가 너희에게 말하는데, '그가 무법자들과 함
께 계산되었다' 라고 적혀 있는 이것이 내게
이루어져야 하고, 내게 관한 것이 끝나가고
있기 때문이다." [38] 그들이 말하였다. "주님,
보십시오. 여기 칼이 둘 있습니다." 예수께
서 그들에게 말씀하셨다. "충분하다."
330 [39] 그는 나가셔서 늘 하시던 대로 감람산으
IV 로 가셨고, 그의 제자들도 그를 따랐다. [40] (예
수께서) 그곳에 도착하셔서 그들에게 말씀
하셨다. "시험에 빠져 들지 않도록 기도하여
라." [41] 그리고 그 자신은 그들과 돌팔매 거
리쯤 떨어져서 무릎을 꿇고 기도하시며 [42] 말
씀하셨다. "아버지시여! 당신이 바라신다면
이 잔을 내게서 치워 주십시오. 그렇지만
나의 뜻이 아니라, 당신의 (뜻이) 이루어지
소서." [43] [그에게 하늘로부터 천사가 나타나
서 그에게 힘을 주었고, [44] 그는 고통에 시
달리며 더 간절히 기도하셨는데 그의 땀이
핏방울처럼 땅에 떨어져 내렸다.] [45] (예수께
서) 기도 후에 일어나서 제자들에게 오셨다
가 그들이 슬픔에 겨워 자고 있는 것을 발
견하시고는 [46] 그들에게 말씀하셨다. "왜 자
고 있느냐? 시험에 빠져 들지 않도록 일어
나서 기도하여라."
331 [47] 그가 아직 말씀하고 계실 때, 보라, 무리
IV 가 (왔고) 열둘 가운데 하나인 유다라고 하

는 사람이 그들의 앞장을 섰다. 그는 예수
께 가까이 가서 그에게 입을 맞추려 하였
다. [48] 예수께서 그에게 말씀하셨다. "유다
야! 네가 입맞춤으로 인자를 넘겨주느냐?"
[49] 그의 둘레에 있던 사람들이 일어날 일을
보고 말하였다. "주님, 칼로 칠까요?" [50] 그
들 가운데 누구 하나가 대제사장의 종을 쳐
서 그의 오른 귀를 베었다. [51] 그런데 예수
께서 대답하셨다. "이것까지 그만 두어라."
그리고 귀를 만지셔서 그를 낫게 하셨다.
[52] 예수께서 자기에게 온 대제사장들과 성
전의 경비대장들과 장로들에게 말씀하셨다.
"강도에게 하듯이 너희가 칼과 몽둥이를 가
지고 나왔느냐? [53] 내가 날마다 성전에서 너
희와 함께 있는 동안 너희가 내게 손을 뻗
치지 않았다. 그러나 이제는 너희 시간이요
어둠의 권세이다."
332 IV [54] 사람들이 그를 붙잡아서 끌고 대제사장의
집으로 데리고 들어갔는데 베드로가 멀찍이
따라갔다. [55] 사람들이 안마당 가운데 불을
피워놓고 함께 앉아 있을 때 베드로도 그들
가운데 앉아 있었다.
333 IV [56] 어떤 여종이 그가 불빛을 향해 앉아 있는
것을 보고 그를 바라보면서 말하였다. "이
사람도 그와 함께 있었어요." [57] 그러자 그는
부인하며 말하였다. "여자여, 나는 그를 알
지 못한다." [58] 잠시 후에 다른 사람이 그를
보고 말하였다. "당신도 그들과 한패요." 베
드로가 말하였다. "(이) 사람아, 나는 아니
네." [59] 한 시간쯤 지나고 나서 어떤 다른
사람 하나가 장담하며 말하였다. "참말로 이
사람도 그와 함께 있었소. 그가 갈릴리 사
람이기 때문이오." [60] 그러자 베드로가 말하
였다. "(이) 사람아, 당신이 말하는 것을 나
는 알지 못하오." 그가 아직 말하고 있는 동
안 닭이 곧 울었고, [61] 주님께서 돌이켜서
베드로를 쳐다보셨다. 베드로는 "오늘 닭이
울기 전에 네가 나를 세 번 부인할 것이다"
라고 자기에게 하신 주님의 말씀이 떠올라
서 [62] 밖으로 나가서 속이 쓰리게 울었다.
332 IV [63] (예수를) 붙들고 있던 사람들이 그를 놀
리고 때렸으며 [64] 그의 눈을 가리고 물었다.
"※알아맞혀 보아라. 너를 때린 사람이 누구
냐?" [65] 또 그들은 다른 많은 말로 그를 모
욕하였다. [66] 날이 밝자 백성의 장로회, 곧
대제사장들과 율법학자들이 모였고 그를 그
들의 공회로 데려가서 [67] 말하였다. "당신이
그리스도인지 우리에게 말하시오." 그가 그
들에게 말씀하셨다. "내가 너희에게 말해도
너희는 절대로 믿지 않을 것이다. [68] 내가
물어도 너희는 절대로 대답하지 않을 것이
다. [69] 지금부터 인자는 하나님의 권능의 오
른쪽에 앉아 있을 것이다." [70] 그러자 모두가
말하였다. "그렇다면 당신은 하나님의 아들
이오?" (예수께서) 그들에게 말씀하셨다.
"너희들이 나라고 말하고 있다." [71] 그들이
말하였다. "왜 우리에게 아직도 증언이 필요
하오? 여러분 자신이 그의 입에서 (나오는
말을) 들었기 때문이오."

23

334 IV [1] 그들 무리가 모두 일어나서
그를 빌라도에게 데려갔다.
336 IV [2] 그들이 (예수를) 고소하기 시
작하였다. "이 사람이 우리 민족을 꾀고 황
제에게 세금 바치는 것을 막고 자신을 그리
스도요 왕이라고 하는 것을 우리가 알게 되
었습니다." [3] 빌라도가 그에게 물었다. "당신
이 유대인의 왕이오?" 예수께서 그에게 대
답하셨다. "당신이 말하고 있소." [4] 빌라도가

63 ※ 예언해

대제사장들과 백성들에게 말하였다. "나는
이 사람에게서 아무 죄목도 못 찾겠소." [5] 그
러나 그들은 더 강경하게 말하였다. "그는
갈릴리에서 시작하여 여기까지 (오면서) 유
대 전역에서 백성을 가르치면서 선동하고
있습니다."

337 I [6] 빌라도가 듣고 이 사람이 갈릴리 사람인지
를 물었다. [7] 그는 (예수께서) 헤롯의 권한
아래 있다는 것을 알고 나서 그를 헤롯에게
로 보냈다. (헤롯도) 이때에는 예루살렘에
있었다. [8] 헤롯이 예수를 보고 매우 기뻐하
였다. (예수에) 관하여 들은 까닭에 오랫동
안 그를 보고 싶어하였고 그에 의해 일어나
는 무슨 이적이라도 보기를 기대하고 있었
기 때문이다. [9] 그러나 그가 (예수께) 많은
말을 물었으나 (예수께서는) 그에게 아무
것도 대답하지 아니하셨는데, [10] 대제사장들
과 율법학자들이 서서 강력하게 그를 고소
하였다. [11] 헤롯이 자기 군인들과 함께 (예
수를) 업신여기고 조롱한 후에 화려한 옷을
입혀서 그를 빌라도에게 도로 보내었다.
[12] 헤롯과 빌라도는 전에는 서로 원수 관계
로 있었으나 이 날 서로 친구가 되었다.

338 I [13] 빌라도가 대제사장들과 지도자들과 백성
을 불러 모아서 [14] 그들에게 말하였다. "여러
분이 이 사람을 백성을 선동하는 사람이라
고 내게 데리고 왔는데, 보시오, 내가 여러
분 앞에서 심문하였지만 여러분이 그를 향
해 고소하는 죄목을 이 사람에게서 아무 것
도 찾아내지 못하였소. [15] 헤롯도 (찾아내지)
못하고 그를 우리에게 되돌려 보내었소. 보
시오, 죽음에 해당하는 일을 저지른 것은
그에게 아무 것도 없소. [16] 그러므로 그를
매질하고 나서 풀어주겠소."

339 IV [17] T [18] 그러나 그들이 다같이 소리 질렀
다. "이 사람을 없애고 바라바를 우리에게
풀어주십시오." [19] 그는 성 안에서 일어난 어
떤 소동과 살인 때문에 감옥에 갇혀 있던
사람이다. [20] 빌라도는 예수를 풀어주고 싶
어하며 그들에게 다시 말을 하였지만 [21] 그
들은 "십자가에 못 박으십시오. 그를 십자가
에 못 박으십시오" 하고 외쳤다. [22] 빌라도가
세 번째로 그들에게 말하였다. "이 사람이
무슨 나쁜 짓을 하였다는 말이오? 나는 그
에게서 죽일 죄목을 아무 것도 찾아 내지
못했소. 그러므로 그를 때리고 나서 풀어주
겠소." [23] 그러나 사람들은 큰 소리를 질러
대면서 그를 십자가에 못 박히게 하라고 요
구했는데 그들의 소리가 더 컸다.

341 IV [24] 그래서 빌라도는 그들의 요구대로 하라고
판결을 내렸고 [25] 그들이 요구한 (대로) 소
동과 살인 까닭에 옥에 갇혀 있던 사람을
풀어 주고 예수를 그들의 뜻에 넘겨주었다.

343 IV [26] 그들은 그를 데려가다가 들에서 오던 어
떤 구레네 사람, 곧 시몬을 붙잡았고 그에
게 십자가를 지워서 예수 뒤에서 따라가게
하였다. [27] 백성과 여자들의 많은 무리가 그
를 따랐는데 여자들은 가슴을 치며 그를 위
하여 슬프게 울고 있었다. [28] 그런데 예수께
서 그 여자들에게로 돌이키시고 말씀하셨다.
"예루살렘의 딸들아, 나를 위하여 울지 말고
너희 자신과 너희 자녀들을 위하여 울어라.
[29] 보아라, '불임녀와 (아이를) 낳지 않은 배
와 (젖을) 빨리지 않은 가슴이 복이 있다'
라고 말할 날들이 오고 있기 때문이다.
[30] 그때에 산에게 '우리 위에 무너져라' 언덕
에게 '우리를 덮어라' 라고 말하기 시작할 것
이다. [31] 푸른 나무에 이렇게 한다면 마른

[17] T 명절에 그는 그들에게 한 사람을 풀어주어야 했다

나무에는 무슨 일이 벌어지겠느냐?" 32 다른
사람들, 곧 악인들 둘도 (예수와) 함께 (십
자가에) 달리기 위해 끌려갔다.
344 IV 33 그들은 해골이라는 곳에 가서 거기에 그
와 악인들을, 한 사람은 오른쪽에, 한 사람
은 왼쪽에 못 박았다. 34 [예수께서 말씀하
셨다. 아버지, 저들을 용서해 주십시오. 자
신들이 하는 짓을 알지 못하기 때문입니다.]
그들은 제비를 뽑아서 그의 겉옷을 나누어
(가졌다.)
345 III요 35 백성은 쳐다보며 서 있었고 지도자들도
비웃으면서 말하였다. "남들을 구원하였으니
이 사람이 뽑힌 하나님의 그리스도라면 자
신을 구원해 보아라." 36 병사들도 그를 놀렸
고 다가가서 그에게 신포도주를 가져다주면
서 37 말하였다. "네가 유대인들의 왕이라면
네 자신을 구원해 보아라." 38 그의 위쪽에
"이 사람은 유대인의 왕이다"라는 판이 있었
다.
346 III요 39 그런데 매달려 있던 악인들 가운데 하나
가 그를 모독하며 말하였다. "너는 그리스도
아니냐? 네 자신과 우리를 구원해 보아라."
40 그러자 다른 (악인이) 그를 꾸짖으며 대
답하였다. "같은 판결을 받았으면서 너는 하
나님을 두려워하지 않느냐? 41 우리는 우리
가 저지른 일에 해당하는 (벌을) 받고 있어
서 (이것이) 당연하지만 이 사람은 잘못이
라곤 아무 것도 하지 않았다." 42 그리고 말
하였다. "예수여, 당신의 나라에 들어가실
때에 저를 기억해 주십시오." 43 (예수께서)
그에게 말씀하셨다. "참으로 내가 네게 말하
는데, 네가 오늘 나와 함께 낙원에 있을 것
이다."
347 IV 44 여섯 시쯤이었을 때 아홉 시까지 어두움
이 온 땅을 뒤덮었고, 45 해가 어두워졌으며,
성전의 휘장 가운데가 찢어졌다. 46 예수께
서 큰 소리를 내시며 말씀하셨다. "아버지,
당신의 손에 내 영혼을 맡깁니다." 이렇게
말씀하시고 나서 숨을 거두셨다. 47 백부장
이 벌어진 일을 보고 하나님께 영광을 돌리
며 말하였다. "정말 이 사람은 의로우셨다."
48 이것을 구경하려고 함께 왔던 모든 무리
들은 벌어진 일들을 보고 나서 가슴을 치면
서 돌아갔다.
348 IV 49 그를 아는 사람들과 갈릴리로부터 그를
함께 따라온 여자들은 모두 멀리 서서 이
일들을 보고 (있었다.)
350 IV 50 보라, 어떤 남자, 곧 요셉이라고 하는 공
회원이 (있었는데) 그는 선하고 의로운 사
람이었다. 51 이 사람은 그들의 결정과 행동
에 동참하지 않았었는데 유대의 한 성 아리
마대 출신이요 하나님의 나라를 기다리고
있었다. 52 이 사람이 빌라도에게 나아가서
예수의 시신을 달라고 하였고 53 (시신을)
내려서 베로 쌌으며 그를 아직 아무도 장사
한 적이 없는, 바위에 판 무덤에 두었다. 54 이
날은 예비일이었고 안식일이 시작되고 있었
는데 55 갈릴리에서 그와 함께 왔던 여자들
이 따라와서 무덤과 그의 시신이 어떻게 안
치되었는지를 보았고 56 돌아가서 향료들과
향유를 준비하였으며 계명을 따라 안식일에
는 쉬었다.

352 IV **24** 1 안식일 후 첫째 날 이른 새
벽에 그 여자들이 준비한 향료
들을 가지고 무덤으로 갔다가
2 돌이 무덤에서 굴려 나가 있는 것을 발견
하였다. 3 그 여자들은 들어가서 주 예수의
시신을 발견하지 못하였고 4 이 일에 대해
어리둥절하고 있었는데, 보라, 두 남자가 눈
부신 옷을 (입고) 그들 앞에 서 있었다. 5 그

여자들은 무서워하면서 얼굴이 땅에 닿도록
엎드렸는데 그들이 그 여자들에게 말하였다.
"왜 살아 계신 분을 죽은 사람들 속에서 찾
고 있느냐? [6] 그는 여기 계시지 않다. 그는
살아나셨다. 아직 갈릴리에 계실 때에 너희
에게 어떻게 말씀하셨는지를 기억해 보아라.
[7] '인자가 죄 있는 사람들의 손에 넘겨지고
십자가에 못 박히며 셋째 날에 살아나야 한
다'라고 말씀하셨다." [8] 그 여자들은 (예수
의) 말씀들을 기억하였고 [9] 무덤에서 돌아가
서 이 모든 것을 열한 명과 모든 남은 사람
(353) 들에게 알렸다. [10] 이들은 막달라 마리아와
요안나와 야고보의 어머니 마리아와 이들과
함께 (했던) 다른 여자들이었는데 그들이
이것을 사도들에게 말하였지만 [11] 그들에게
는 이 말들이 헛소리처럼 생각되어서 그 여
자들을 믿지 않았다. [12] 그러나 베드로는 일
어나서 무덤으로 달려갔고 몸을 구부려서
천만 (있는 것을) 보았다. 그는 벌어진 일을
이상하게 생각하면서 집으로 돌아갔다.
355 II막 [13] 그런데, 보라, 그들 가운데서 두 사람이
같은 날 예루살렘에서 ※삼십 리쯤 떨어져
있는 엠마오라는 마을로 가고 있었다. [14] 그
들이 이 일어난 일들 모두에 관해 서로 이
야기하고 있었는데 [15] 그들이 이야기하며 토
론하고 있을 때 예수께서 몸소 가까이 오셔
서 그들과 함께 가셨지만 [16] 그들의 눈이 가
려져 있어서 그를 알아보지 못하였다. [17] 그
런데 그가 그들에게 말씀하셨다. "당신들이
걸어가면서 서로 주고받는 이 말들이 무슨
이야기요?" 그러자 그들은 서글픈 표정으로
섰고 [18] 한 사람, 곧 글로바라고 하는 사람
이 그에게 대답하였다. "당신은 예루살렘에
살면서 이즈음에 그곳에서 일어난 일들을
홀로 알지 못하시오?" [19] 그가 그들에게 말
씀하셨다. "어떤 일이오?" 그들이 그에게 말
하였다. "나사렛 예수에 관한 일들이오. 그
는 하나님과 모든 백성들 앞에서 행동과 말
씀에 능력이 있는 선지자이셨는데 [20] 우리
대제사장들과 지도자들이 사형 판결을 받도
록 그를 넘겨주었고 또 십자가에 못 박았
소. [21] 우리는 그가 이스라엘을 구속하실 분
이라는 희망을 가지고 있었소. 이 모든 일
들 외에도 이 일들이 일어난 지 이 날이 사
흘째인데 [22] 우리 가운데 어떤 여인들이 우
리를 놀랜 일도 있소. 그 여자들이 새벽녘
에 무덤에 갔었는데 [23] 그의 시신을 발견하
지 못하고 와서 그가 살아 계신다고 말하는
천사들의 환상을 보았다고 말하였소. [24] 그
래서 우리와 함께 있던 사람들 가운데 몇이
무덤에 갔지만 여인들이 말한 것과 같이 그
렇게 발견했을 뿐 그를 보지는 못하였소."
[25] (예수께서) 그들에게 말씀하셨다. "아, 어
리석고 선지자들이 말한 모든 것을 믿기에
는 마음이 둔한 사람들아! [26] 그리스도가 이
런 고난을 받고 자기 영광에 들어가야 하지
않겠소?" [27] 그리고 그는 모세와 모든 선지
자로부터 시작하여 모든 성경에서 자신에
관한 것들을 그들에게 설명하여 주셨다. [28] 그
들이 가고 있던 마을에 가까워졌는데 그는
더 멀리 가실 것처럼 하셨다. [29] 그들이 억
지로 그를 말리며 "우리와 함께 머무시오.
저녁이 다 되었고 날이 이미 저물었소" 하고
말해서 그는 그들과 함께 머물기 위하여 들
어갔다. [30] 그가 그들과 함께 식사 자리에
앉으셨을 때에 빵을 받아서 축복하셨고 떼
어서 그들에게 주셨는데 [31] 그들의 눈이 열
렸고 그를 알아보았으나 그는 그들에게 보

13 ※ 약 11km

이지 않게 되셨다. 32 그들이 서로 말하였다.
"그가 길에서 우리에게 말씀하시고 우리에
게 성경을 열어 주셨을 때에 [우리 속에서]
우리 마음이 뜨거워지지 않던가?" 33 그들은
바로 그 시각에 일어나서 예루살렘으로 돌
아왔고 열한 명과 그들과 함께 있는 사람들
이 모여 있는 것을 발견하였는데, 34 그들은
주님께서 참으로 살아나셨고 시몬에게 보이
셨다고 말해 주었다. 35 그 (두 사람도) 길에
서 있었던 일들과 그가 빵을 떼실 때에 자
기들에게 알려진 것을 이야기해 주었다.
356 II요 36 그들이 이런 것들을 말하고 있을 때에
(예수께서) 그들 가운데 서서 그들에게 말
씀하셨다. "너희에게 평화가 있어라." 37 그
들은 놀라고 무서워하며 영을 본다고 생각
하였다. 38 그가 그들에게 말씀하셨다. "왜
당황하고 있느냐? 무엇 때문에 너희 마음에
의심이 떠오르느냐? 39 내 손과 내 발을 보
아라. 바로 나다. 나를 만져 보아라. 또 보
아라. 영은 너희가 보는, 내가 가진 것과 같
은 살과 뼈가 없다." 40 그는 이렇게 말씀하
시고 나서 그들에게 손과 발을 보여 주셨
다. 41 그러나 그들은 기뻐서, 또 놀라서 여
전히 믿지 못하고 있었는데 그가 그들에게
말씀하셨다. "여기 무슨 먹을거리를 가지고
있느냐?" 42 그들이 그에게 구운 생선 한 토
막을 드리자 43 받아서 그들 앞에서 잡수셨
다.
365 I 44 그가 그들에게 말씀하셨다. "이것이 내가
아직 너희와 함께 있을 때에 너희에게 했던
내 말, 곧 모세의 율법과 선지자들과 시편
에 나에 관하여 적혀 있는 모든 것이 이루
어져야 한다는 것이다." 45 그때 그는 성경을
깨닫도록 그들의 마음을 열어 주셨고 46 그
들에게 말씀하셨다. "이렇게 그리스도가 고
난을 받고 셋째 날에 죽은 사람들 가운데서
살아나신다고 적혀 있다. 47 또 그의 이름으
로 죄 용서에 이르는 회개가 예루살렘에서
시작하여 모든 민족에게 전파된다고 (적혀
있다.) 48 너희는 이 일들의 증인이다. 49 [보
아라,] 내가 내 아버지의 약속을 너희에게
보낸다. 너희가 높은 곳으로부터 능력으로
입혀질 때까지 그 성에 머물러라." 50 (예수
께서) 그들을 베다니로 가는 곳까지 [밖으
로] 데려가셨고 자기 손을 들어 올려 그들
을 축복하셨으며 51 그가 그들을 축복하시는
동안 그들을 떠나서 하늘로 올려지셨다. 52 그
들은 그에게 경배하고 큰 기쁨으로 예루살
렘에 돌아와서 53 하나님께 찬송하며 늘 성
전에 있었다.

요한복음

1 IV **1** 1 처음에 말씀이 계셨다. 그 말
씀은 하나님과 함께 계셨다.
그 말씀은 하나님이셨다. 2 이
(말씀은) 처음에 하나님과 함께 계셨다. 3 모
든 것이 그로 말미암아 생겼고 그가 없이는
생긴 것 어느 하나도 생기지 않았다. 4 그
안에 생명이 있었는데 그 생명은 사람들의
빛이었다. 5 그 빛이 어두움 속을 비쳤으나
어두움이 그것을 받지 않았다. 6 하나님이
보내신 한 사람이 나타났는데 그의 이름은
요한이었다. 7 이 사람은 증언하러 왔다. 곧
그 빛에 관하여 증언하고 자기로 말미암아
모두가 믿게 하려고 (왔다). 8 그 사람은 빛
이 아니었다. 다만 그 빛에 관하여 증언하
려고 (왔다). 9 세상에 와서 모든 사람을 비
추는 참 빛이 있었다. 10 그는 세상에 계셨
고 세상이 그로 말미암아 생겼는데 세상은
그를 알지 못하였다. 11 자신의 것에 오셨지
만 자기 사람들이 그를 받아들이지 않은 것
이다. 12 그러나 그를 받아들이는 사람들, 곧
그의 이름을 믿는 사람들, 그들에게 그는
하나님의 자녀가 되는 권리를 주셨다. 13 그
들은 피에서나 살의 뜻에서나 사람의 뜻에
서가 아니라 하나님에게서 태어났다. 14 그
말씀이 육체가 되셔서 우리 가운데 사셨다.
우리가 그의 영광을 보았는데 아버지의 독
생자 같은 영광이었고 은혜와 진리가 가득
했다. 15 요한이 그에 관하여 증언하며 소리
쳤다. "이분이 내가 '내 뒤에 오시는 분이
내 앞이 되셨다. 그분이 나보다 먼저 계셨
기 때문이다' 라고 말한 분이시다." 16 우리는
모두 그의 충만으로부터 은혜 위에 은혜를
받았다. 17 율법은 모세를 통해 주어졌고 은
혜와 진리는 예수 그리스도를 통해 왔기 때
문이다. 18 어느 때 어느 한 사람도 하나님
을 보지 못하였지만 아버지 품 안에 계시는
독생하신 하나님, 그분이 (하나님을) 알려주
셨다.
13 IV 19 유대인들이 예루살렘에서 요한에게 제사
장들과 레위인들을 보내서 "당신은 누구요?"
라고 그에게 물었을 때 이것이 요한의 증언
이다. 20 그는 공언하고 부정하지 않았는데
그는 "나는 그리스도가 아니오" 라고 공언하
였다. 21 그래서 그들이 그에게 물었다. "그
러면 누구요? 당신이 엘리야요?" 그는 "나
는 아니오" 하고 말하였다. "당신은 선지자
요?" 하고 묻자 그는 "아니오" 하고 대답하
였다. 22 그러자 그들이 그에게 말하였다. "당
신은 누구요? 우리는 우리를 보낸 사람들에
게 답을 주어야 하오. 당신은 당신 자신에
관하여 무엇이라 말하시오?" 23 그가 말하였
다. "나는 선지자 이사야가 말한 대로 황야
에서 '너희는 주님의 길을 곧게 하라' 고 외
치는 사람의 소리요."
16 IV 24 그들은 바리새인들이 보낸 사람들이었다.
25 또 그들이 그에게 물었다. "그러면 왜 세
례를 주시오? 당신이 그리스도도 엘리야도
선지자도 아니라면 말이오?" 26 요한이 그들
에게 대답하였다. "나는 물로 세례를 준다.
너희 가운데 너희가 알지 못하는 분이 서
계신다. 27 내 뒤에 오시는 분인데 나는 그
분의 신발끈을 풀 만한 가치도 없다." 28 이
일들은 요한이 세례를 주던 곳인 요단강 건

너편의 베다니에서 일어났다.
18 IV 29 이튿날 그는 예수께서 자기에게 오시는
것을 보고 말하였다. "보라, 세상의 죄를 치
우는 하나님의 어린양이시다. 30 이분이 내
가 '내 뒤에 어떤 남자 분이 오시는데 그가
내 앞이 되셨다. 그분이 나보다 먼저 계셨
기 때문이다' 라고 말한 분이시다. 31 나도
그를 알지 못했다. 그러나 그가 이스라엘에
알려지게 하려는 이 일 때문에 내가 와서
물로 세례를 준다." 32 요한이 또 증언하였
다. "나는 하늘에서 영이 비둘기같이 내려와
서 그 위에 머무는 것을 보았다. 33 나도 그
를 알지 못했다. 그러나 물로 세례를 주도
록 나를 보내신 분, 그분이 나에게 말씀하
셨다. '누구든지 영이 내려와서 그 위에 머
무는 것을 네가 보면, 이 사람이 성령으로
세례를 주는 사람이다.' 34 그래서 내가 보고
이분이 하나님의 아들이심을 증언하였다."
21 I 35 이튿날 다시 요한이 자기 제자들 중 두
사람과 (함께) 서 있었는데 36 예수께서 걸
어가시는 것을 쳐다보고 말하였다. "보라.
하나님의 어린 양이시다." 37 그 두 제자가
(요한이) 말하는 것을 듣고 예수를 따랐다.
38 예수께서 돌아서서 그들이 따르는 것을
보시고 그들에게 말씀하셨다. "무엇을 찾느
냐?" 그러자 그들이 그에게 말하였다. "랍비
여, 어디에 머무십니까?" 이것은 '선생님이
여' 라고 번역되는 말이다. 39 그가 그들에게
말씀하셨다. "와서 보아라." 그래서 그들은
가서 그가 어디에 머무시는 지를 보고 그날
그와 함께 머물렀다. 열시쯤이었다. 40 요한
에게 듣고 그를 따른 둘 중 하나는 시몬 베
드로의 형제 안드레였다. 41 이 사람이 먼저
자기 형제 시몬을 발견하고 그에게 말하였
다. "우리가 메시야를 발견하였소." 이것은
'그리스도' 라고 번역되는 것이다. 42 그가 그
를 예수께 데려 왔는데 예수께서 그를 쳐다
보시고 말씀하셨다. "너는 요한의 아들 시몬
이구나. 너는 게바라고 불릴 것이다." 이것
은 '베드로' 로 번역된다. 43 이튿날 (예수께
서) 갈릴리로 나가려 하시다가 빌립을 발견
하셨다. 예수께서 그에게 말씀하셨다. "나를
따라라." 44 빌립은 안드레와 베드로의 성 벳
새다 출신이었다. 45 빌립이 나다나엘을 발
견하고 그에게 말하였다. "모세가 율법에 썼
고 선지자들이 (쓴) 분을 우리가 발견하였소.
나사렛 출신인 요셉의 아들 예수요." 46 나다
나엘이 그에게 말하였다. "나사렛에서 무슨
선한 것이 날 수 있겠소." 빌립이 그에게 말
하였다. "와서 보시오." 47 예수께서 나다나
엘이 자기에게 오는 것을 보시고 그에게 말
씀하셨다. "보아라, 진짜 이스라엘 사람이다.
그 안에 거짓이 없다." 48 나다나엘이 그에게
말하였다. "어떻게 저를 아십니까?" 예수께
서 그에게 대답하셨다. "빌립이 너를 부르기
전, 네가 무화과나무 아래에 있을 때 너를
보았다." 49 나다나엘이 그에게 대답하였다.
"랍비여, 당신은 하나님의 아들이십니다. 당
신은 이스라엘의 왕이십니다." 50 예수께서
그에게 대답하셨다. "무화과나무 아래 (있
는) 너를 보았다고 네게 말하는 것 때문에
네가 믿느냐? 너는 이것들보다 더 큰 일들
을 볼 것이다." 51 또 그에게 말씀하셨다.
"진실로 진실로 내가 너희에게 말하는데 너
희는 하늘이 열리고 하나님의 천사들이 올
라가고 인자 위로 내려오는 것을 볼 것이
다."

2

22 I 1 셋째 날에 갈릴리 가나에 결
혼식이 있었는데 예수의 어머
니가 거기 계셨고 2 예수와 그

의 제자들도 그 결혼식에 초대되었다. 3 그
런데 포도주가 모자라자 예수의 어머니가
그에게 말하였다. "그들이 포도주가 없구나."
4 그러자 예수께서 어머니에게 말씀하셨다.
"여자여, 나와 당신이 무슨 상관이 있습니
까? 아직 내 때가 오지 않았습니다." 5 그의
어머니가 하인들에게 말하였다. "그가 너희
에게 말하는 것은 무엇이든지 하여라." 6 그
곳에 유대인의 정결의식을 따라서 각각 (물)
두세 통이 들어가는, 돌로 만든 물독 여섯
이 놓여 있었다. 7 예수께서 그들에게 말씀
하셨다. "물독을 물로 채워라." 그들은 물독
들을 아가리까지 채웠다. 8 그러자 그들에게
말씀하셨다. "이제 퍼서 잔치잡이에게 가져
가라." 그래서 그들이 가져갔다. 9 잔치잡이
는 포도주가 된 물을 맛보았지만 그것이 어
디에서 났는지 알지 못하였다. 그러나 물을
펐던 하인들은 알았다. 잔치잡이가 신랑을
불러서 10 그에게 말하였다. "모든 사람이 먼
저 좋은 포도주를 내놓고 사람들이 취했을
때 덜한 것을 (내놓는데) 당신은 여태껏 좋
은 포도주를 간직하고 있었군요!" 11 예수께
서 표적들 중 이 첫 번째 것을 갈릴리 가나
에서 행하셨고 자기 영광을 나타내셨다. 그
래서 그의 제자들이 그를 믿었다.

23 I 12 이 일 후에 그는 가버나움에 내려가셨는
데 그의 어머니와 그의 형제들과 그의 제자
들도 (갔다.) 그들은 그곳에 여러 날을 머물
지는 않았다.

24 I (273) 13 유대인의 유월절이 가까웠고 예수께서는
예루살렘으로 올라가셨다.

25 IV (273) 14 그는 성전에서 소와 양과 비둘기를 파는
사람들과 돈 바꾸어 주는 사람들이 앉아 있
는 것을 발견하셨고 15 밧줄로 채찍을 만들
어서 양들과 소들을 모두 성전에서 내쫓으
셨고 돈 바꾸어 주는 사람들의 돈을 쏟으셨
으며 상을 둘러 엎으셨다. 16 그리고 비둘기
파는 사람들에게 말씀하셨다. "이것들을 여
기서 치워라. 내 아버지의 집을 장사하는
집으로 만들지 마라." 17 그의 제자들이 "당
신의 집을 (향한) 열정이 나를 삼킬 것이다"
라고 기록되어 있는 것을 기억하였다. 18 유
대인들이 그에게 대답하였다. "당신이 이런
일을 하는데 우리에게 무슨 표적을 보여 주
겠소?" 19 예수께서 그들에게 대답하셨다. "너
희가 이 성전을 헐어라. 내가 그것을 사흘
안에 세울 것이다." 20 그러자 유대인들이 말
하였다. "이 성전은 사십육 년 동안 지어졌
는데 당신이 그것을 사흘 안에 세운다구
요?" 21 그러나 그는 자기 몸의 성전에 관하
여 말씀하신 것이었다. 22 그의 제자들은 그
가 이것을 말씀하셨다는 것을 그가 죽은 사
람들 가운데서 살아나셨을 때 기억했고 성
경과 예수께서 하신 말씀을 믿었다.

26 I 23 그가 유월절 명절에 예루살렘에 계셨을
때 많은 사람이 그가 행하신 그의 표적들을
보고 그의 이름을 믿었다. 24 그러나 예수
자신은, 그가 모든 사람을 아시는 까닭에,
자신을 그들에게 맡기지 않으셨다. 25 누가
사람에 관하여 증언하는 것이 그에게 필요
하지 않았기 때문이다. 또 그는 사람 속에
무엇이 있었는지 아셨기 때문이다.

3

27 I 1 바리새인들 가운데 어떤 사
람이 있었다. 그의 이름은 니
고데모로 유대인의 관원이었
다. 2 이 사람이 밤에 그에게 와서 말하였다.
"랍비여, 저희는 당신이 하나님에게서 오신
선생이신 것을 알고 있습니다. 하나님께서
그와 함께 하지 않으신다면 당신이 하는 이
표적들을 아무도 할 수 없기 때문입니다."

3 예수께서 그에게 대답하셨다. "진실로 진
실로 내가 네게 말하는데 누가 ※다시 태어
나지 않으면 그는 하나님의 나라를 볼 수
없다." 4 니고데모가 그에게 말하였다. "사람
이 늙었는데 어떻게 태어날 수 있습니까?
자기 어머니의 뱃속에 두 번째 들어가서 태
어날 수 있습니까?" 5 예수께서 대답하셨다.
"진실로 진실로 내가 네게 말하는데 누가
물과 영으로 태어나지 않으면 그는 하나님
의 나라에 들어갈 수 없다. 6 육에서 태어난
것은 육이요 영에서 태어난 것은 영이다.
7 내가 네게 "너희는 ※다시 태어나야 한다"
고 말한 것을 이상해 하지 마라. 8 바람은
원하는 곳으로 불고 너는 그 소리를 듣지만
그것이 어디서 와서 어디로 가는지 알지 못
한다. 영에서 태어난 사람은 모두 이러하
다." 9 니고데모가 그에게 대답하였다. "어떻
게 이런 일들이 일어날 수 있습니까?" 10 예
수께서 그에게 대답하셨다. "너는 이스라엘
의 선생인데 이런 것들을 알지 못하느냐?
11 진실로 진실로 내가 네게 말하는데 우리
는 우리가 아는 것을 말하고 우리가 본 것
을 증언하지만 너희는 우리 증언을 받아들
이지 않는다. 12 내가 너희에게 땅의 일들을
말해도 너희가 믿지 못하는데 하늘의 일들
을 너희에게 말하면 어떻게 믿겠느냐? 13 하
늘에서 내려 온 사람 곧 인자 말고는 아무
도 하늘에 올라가지 못하였다. 14 모세가 황
야에서 뱀을 들어 올린 것처럼 이렇게 인자
도 들어 올려져야 한다. 15 그를 믿는 사람
마다 영원한 생명을 가지게 하려는 것이다.
16 하나님은 독생자를 주시기까지, 이렇게
세상을 사랑하셔서 그를 믿는 사람마다 멸

3 ※위로부터
7 ※위로부터

망하지 않고 영원한 생명을 가지게 하셨기
때문이다. 17 하나님은 세상을 심판하시려고
아들을 세상에 보내시지 않고 그로 말미암
아 세상이 구원되도록 (보내셨기) 때문이다.
18 그를 믿는 사람은 심판을 받지 않지만 믿
지 않는 사람은 벌써 심판을 받았다. 하나
님의 독생자의 이름을 믿지 않았기 때문이
다. 19 이것이 그 심판이다. 곧 빛이 세상에
왔지만 사람들이 자기 행실이 악했기 때문
에 빛보다는 어두움을 더 사랑한 것이다.
20 악한 일들을 저지르는 사람마다 빛을 미
워하고 빛에게 오지 않는다. 자기 행위가
드러나지 않게 하려는 것이다. 21 그러나 진
리를 행하는 사람은 빛에게 온다. 자기 행
위가 하나님 안에서 행한 것임을 드러나게
하려는 것이다."

28 I 22 이 일들 후에 예수께서 유대 땅으로 들어
가셨는데 그의 제자들이 (함께 했고) 그는
그곳에서 그들과 함께 지내시며 세례를 주
셨다.

29 I 23 요한도 살렘에 가까운 애논에서 세례를
주고 있었다. 그곳에 물이 많이 있었기 때
문이다. 사람들이 와서 세례를 받았다. 24 요
한이 아직 감옥에 갇히지 않았기 때문이다.
25 요한의 제자들 중에서 어떤 유대인과 함
께 정결의식에 관하여 논쟁이 벌어졌는데
26 그들이 요한에게 와서 말하였다. "랍비여,
보십시오. 당신과 함께 요단강 건너편에 계
셨던 분, 곧 당신이 증언하셨던 분, 이분이
세례를 주는데 모두가 그에게 갑니다." 27 요
한이 대답하였다. "사람은, 하늘로부터 자기
에게 주어지는 것이 아니라면 하나도 받을
수 없다. 28 너희들 자신이 나에 대하여 내
가 '나는 그리스도가 아니요 그 사람 앞에
보내진 사람이다' 라고 말했다는 것을 증언

할 것이다. 29 신부를 맞는 사람은 신랑이다.
그러나 서서 그의 소리를 듣는 신랑의 친구
가 신랑의 목소리에 무척 기뻐한다. 이런
나의 기쁨이 채워졌다. 30 그는 자라나야 하
지만 나는 줄어들어야 한다. 31 위에서 오시
는 분은 모든 것 위에 계신다. 땅에서 난
사람은 땅에 있고 땅에서 말한다. 하늘에서
오시는 분은 모든 것 위에 계시고 32 보고
들은 것, 이것을 증언하는데 아무도 그의
증언을 받아들이지 않는다. 33 그의 증언을
받아들이는 사람은 하나님이 참되시다는 것
을 날인하였다. 34 하나님이 보내신 분은 하
나님의 말씀을 하시기 때문이다. 또 (하나님
이) 성령을 한량없이 주시기 때문이다. 35 아
버지께서 아들을 사랑하셔서 그의 손에 모
든 것을 주셨다. 36 아들을 믿는 사람은 영
원한 생명을 가지지만 아들에게 순종하지
않는 사람은 생명을 보지 못할 것이요 오히
려 하나님의 진노가 그 위에 머문다."

30 Ⅳ

4

1 예수께서 요한보다 더 많은
제자를 삼고 세례를 준다는 것
을 바리새인들이 들었다는 것
을 예수께서 아셨다. 2 사실 예수 자신이 아
니라 그의 제자들이 세례를 준 것이다. 3 (예
수께서) 유대를 떠나서 다시 갈릴리로 떠나
가셨는데

31 Ⅰ 4 그가 사마리아를 통과하셔야 했다. 5 그래
서 그는 야곱이 그의 아들 요셉에게 준 들
에 가까운 사마리아의 한 성, 수가라 불리
는 곳에 들어가셨는데 6 그곳에 야곱의 우물
이 있었다. 예수께서 여행으로 지치셔서 이
렇게 우물 곁에 앉아 계셨다. 약 여섯 시
경이었다. 7 어떤 여자가 사마리아에서 물을
길러 나왔는데 예수께서 그 여자에게 말씀
하셨다. "나에게 마실 것을 달라." 8 그의 제
자들이 음식을 사려고 성 안으로 떠나갔기
때문이다. 9 그러자 그 사마리아 여자가 그
에게 말하였다. "유대인인 당신이 어떻게 사
마리아 여자인 나에게 마실 것을 달라고 하
십니까?" 왜냐하면 유대인들은 사마리아인
들과는 상종하지 않기 때문이다. 10 예수께
서 그 여자에게 대답하셨다. "네가 하나님의
선물과 '나에게 마실 것을 달라'고 네게 말
하는 사람이 누구인지를 알았다면 네가 그
에게 청하였을 것이고 그가 너에게 살아 있
는 물을 주었을 것이다. 11 그 여자가 그에
게 말하였다. "주님, 당신은 두레박도 없고
우물은 깊은데 어디서 살아 있는 물을 얻겠
습니까? 12 당신이 우리 ※조상 야곱보다 더
크신 분입니까? 그는 우리에게 우물을 주었
고 그와 그의 아들들과 그의 가축이 마셨습
니다." 13 예수께서 그 여자에게 대답하셨다.
"이 물을 마시는 사람마다 다시 목마를 것
이다. 14 그러나 내가 그에게 줄 물을 마시
는 사람은 누구든지 결코 영원히 목마르지
않을 것이다. 내가 그에게 줄 물은 영원한
생명에 이르도록 그 안에서 솟아나는 물샘
이 될 것이다." 15 그 여자가 그에게 말하였
다. "주님, 내가 목마르지도 않고 여기 물을
길러 오지도 않도록 나에게 이 물을 주십시
오." 16 (예수께서) 그 여자에게 말씀하셨다.
"가서 네 남편을 불러서 여기로 오너라." 17 그
여자가 그에게 대답하였다. "나는 남편이 없
습니다." 예수께서 그 여자에게 말씀하셨다.
"네가 '나는 남편이 없다' 고 잘 말하였다. 18
너는 남편 다섯이 있었고 지금 있는 사람은
네 남편이 아니기 때문이다. 이것을 네가
바르게 말하였다." 19 그 여자가 그에게 말하

12 ※아버지

였다. "주님, 내가 보기에 당신은 선지자이
십니다. 20 우리 ※조상들은 이 산에서 예배
하였는데 당신들은 예배해야 할 장소가 예
루살렘에 있다고 말합니다." 21 예수께서 그
여자에게 말씀하셨다. "나를 믿어라, 여자여!
너희가 아버지께 예배할 곳이 이 산도 아니
고 예루살렘도 아닌 때가 오고 있다. 22 너
희는 알지 못하는 것을 예배하고 우리는 아
는 것을 예배한다. 구원이 유대인들에게서
나기 때문이다. 23 참된 예배자들이 아버지
께 영과 진리로 예배할 때가 오고 있다. 지
금이다. 아버지께서 자신에게 예배하는 그
런 사람들을 찾고 계시기 때문이다. 24 하나
님은 영이시다. 그래서 그에게 예배하는 사
람들은 영과 진리로 예배해야 한다." 25 그
여자가 그에게 말하였다. "나는 그리스도라
고 하는 메시야가 오신다는 것을 압니다.
그가 오실 때 그가 우리에게 모든 것을 알
려 줄 것입니다." 26 예수께서 그 여자에게
말씀하셨다. "너에게 말하고 있는 내가 (그
다)." 27 이때 그의 제자들이 왔고 (예수께
서) 어떤 여자와 얘기하고 계신 것에 놀랐
다. 그렇지만 아무도 "무엇을 찾으십니까?"
또는 "왜 그 여자와 얘기하십니까?" 하고 말
하지 않았다. 28 그 여자는 자기 항아리를
버려두고 성으로 들어가서 사람들에게 말하
였다. 29 "와서, 내가 한 모든 일을 나에게
말한 사람을 보십시오. 이 분이 그리스도입
니까?" 30 사람들이 성에서 나와서 그에게로
왔다. 31 그 사이에 제자들이 그에게 권하며
말하였다. "랍비여, 잡수십시오." 32 그러나
(예수께서) 그들에게 말씀하셨다. "나는 너
희가 알지 못하는 먹을 양식이 있다." 33 그
러자 제자들이 서로에게 말하였다. "누가 그
에게 드실 것을 갖다 드렸다구요?" 34 예수
께서 그들에게 말씀하셨다. "내 양식은 나를
보내신 분의 뜻을 행하고 그의 일을 끝내는
것이다. 35 너희는 아직 넉 달 있어야 밭걷
이 때가 온다고 말하지 않느냐? 보아라, 내
가 너희에게 말한다. 너희 눈을 들어서 들
판을 보아라. (곡식을) 거두도록 이미 하얗
다. 36 거두는 사람이 삯을 받고 영원한 생
명에 (들어갈) 열매를 모은다. 뿌리는 사람
과 거두는 사람이 함께 기뻐하려는 것이다.
37 그러므로 한 사람은 뿌리는 사람이고 다
른 사람은 거두는 사람이라는 말이 옳다. 38 나
는 너희가 수고하지 않은 것을 거두도록 너
희를 보냈다. 다른 사람들이 수고하였고 너
희는 그들의 수고에 가담하였다." 39 '내가
한 모든 일을 그가 나에게 말했다'고 그 여
자가 증언한 말 때문에 그 성에서 (나온)
많은 사마리아 사람들이 그를 믿었다. 40 그
래서 사마리아 사람들이 그에게 와서 그가
자기들 곁에 머물기를 청했고 그는 그곳에
서 이틀을 머무셨다. 41 그래서 더 많은 사
람들이 그의 말로 말미암아 믿었고 42 그 여
자에게 말했다. "우리는 더 이상 당신의 말
때문에 믿지는 않소. 우리 자신이 들었고
이분이 참으로 세상의 구주이신 것을 알았
기 때문이오."

32 IV 43 이틀 뒤에 (예수께서) 그곳에서 나와 갈
릴리로 가셨는데 44 예수께서는 선지자가 자
기 고향에서는 존경을 받지 못한다고 친히
공언하셨다. 45 그가 갈릴리에 오셨을 때 갈
릴리 사람들이 그를 맞았다. 그들도 명절에
갔다가 그가 명절에 예루살렘에서 하신 모
든 일들을 보았기 때문이다. 46 그는 다시
갈릴리 가나로 가셨다. 그가 물을 포도주로

20 ※아버지들은

만드셨던 곳이었다.
85 III막 가버나움에 왕의 신하 한 사람이 있었는데
그의 아들이 병들어 있었다. 47 이 사람이
예수께서 유대로부터 갈릴리로 오셨다는 (소
문을) 듣고 그에게 와서, 내려와서 자기 아
들을 낫게 해 달라고 청하였다. (아들이) 죽
어 가고 있었기 때문이다. 48 예수께서 그에
게 말씀하셨다. "너희가 표적과 기적을 보지
않으면 절대로 믿지 않을 것이다." 49 왕의
신하가 그에게 말하였다. "주님, 제 아이가
죽기 전에 내려와 주십시오." 50 예수께서 그
에게 말씀하셨다. "가라. 네 아들이 살아 있
다." 이 사람이 예수께서 자기에게 하신 말
씀을 믿고 갔다. 51 그가 아직 내려가고 있
을 때 그의 종들이 그를 마중하며 그의 아
이가 살아 있다고 말하였다. 52 그가 그들에
게 아이가 낫게 된 시각을 묻자 그들은 "어
제 일곱 시에 그에게서 열이 떨어졌습니다."
하고 그에게 말하였다. 53 아버지는 예수께
서 "네 아들이 살아 있다"고 자기에게 말씀
하신 그 시각인 것을 알고 그와 그의 온 집
안이 믿었다. 54 예수께서는 유대로부터 갈
릴리로 와서 이 두 번째 표적을 다시 행하
셨다.

140 I **5** 1 이 일들 후에 유대인의 명절
이 있었고 예수께서 예루살렘
에 올라가셨다.
141 I 2 예루살렘에는 양의 문 곁에 히브리 말로
「벧자다라고 하는, 행각 다섯이 있는 연못
이 있는데 3 이 (행각들) 안에는 병든 사람
들과 소경들과 절름발이들과 중풍병자들의

2 「베데스다, 또는 벳새다

4 ⊤천사가 때때로 연못에 내려와서 물을 움직였는데 물이 움직인 다음에 처음 내려가는 사람은 어떤 병을 가지고 있든지 건강하게 되었기 때문이다.

무리가 누워 있었다. 4 ⊤ 5 거기 38년 동안
자기 병을 앓고 있는 어떤 사람이 있었다.
6 예수께서 이 사람이 누워 있는 것을 보시
고, 그가 이미 많은 세월을 보낸 것을 아시
(43 IV) 고 그에게 말씀하셨다. "건강하게 되고 싶으
냐?" 7 아픈 사람이 그에게 대답하였다. "주
님, 저는 물이 움직일 때 저를 연못에 넣어
줄 사람이 없습니다. 제가 가는 동안 다른
사람이 제 앞서 내려갑니다." 8 예수께서 그
에게 말씀하셨다. "일어나서 네 침상을 들고
걸어가라." 9 그러자 그 사람이 곧바로 건강
하게 되어 자기 침상을 들고 걸어갔다. 그
날은 안식일이었다. 10 그래서 유대인들이
병이 나은 사람에게 말하였다. "안식일이므
로 당신이 당신 침상을 들고 (가는) 것은
옳지 않소." 11 그가 그들에게 말하였다. "나
를 건강하게 하신 그 분이 나에게 '네 침상
을 들고 걸어가라'고 말씀하셨소." 12 그들이
그에게 물었다. "당신에게 '들고 걸어가라'
고 말한 그 사람이 누구요?" 13 병이 나은
사람은 그가 누군지 알지 못했다. 왜냐하면
예수께서 자리를 뜨셨고 그곳에 무리가 있
었기 때문이다. 14 이 일들 후에 예수께서
성전에서 그를 발견하시고 그에게 말씀하셨
다. "보아라, 네가 건강해졌다. 네게 더 나
쁜 것이 생기지 않도록 더 이상 죄를 짓지
마라." 15 그 사람이 가서 유대인들에게 자신
을 건강하게 하신 분이 예수이신 것을 알렸
다. 16 이런 까닭에 유대인들이 예수를 박해
하였다. 그가 안식일에 이런 일들을 하셨기
때문이다. 17 그러나 [예수께서] 그들에게 대
답하셨다. "내 아버지께서 지금까지 일을 하
시므로 나도 일을 한다." 18 이 때문에 유대
인들이 더욱 그를 죽이려고 노력하였다. 그
가 안식일을 범하셨을 뿐만 아니라 하나님

을 자신의 아버지라고 하심으로써 자신을
하나님과 똑같다고 하셨기 때문이다. 19 그
러므로 예수께서 그들에게 대답하셨다. "진
실로 진실로 내가 너희에게 말하는데 아들
은 아버지가 행하는 것을 보지 않고는 아무
것도 스스로 할 수 없다. 그분이 하시는 것
이 무엇이든지 이것들을 아들도 똑같이 행
하기 때문이다. 20 아버지께서 아들을 사랑
하셔서 자신이 하는 일들을 모두 그에게 보
여 주시고 이런 일들보다 더 큰 일들을 그
에게 보여 주셔서 너희가 놀라게 하실 것이
기 때문이다. 21 아버지께서 죽은 사람들을
일으키고 살리시는 것처럼 이렇게 아들도
자신이 원하는 사람들을 살리신다. 22 아버
지께서는 아무도 심판하지 아니하시고 모든
심판을 아들에게 넘겨주셨다. 23 모든 사람
이 아버지를 존경하는 것처럼 아들을 존경
하게 하려는 것이다. 아들을 존경하지 않는
사람은 그를 보내신 아버지를 존경하지 않
는다. 24 진실로 진실로 내가 너희에게 말하
는데, 내 말을 듣고 나를 보내신 분을 믿는
사람은 영원한 생명을 가지며 심판에 이르
지 않는다. 그는 죽음에서 생명으로 옮겼다.
25 진실로 진실로 내가 너희에게 말하는데,
죽은 사람들이 하나님의 아들의 음성을 들
을 시각이 오고 있는데 지금이다. 듣는 사
람들은 살아날 것이다. 26 아버지께서 자신
안에 생명을 가지신 것처럼 이렇게 아들에
게도 생명을 주셔서 그 자신 안에 생명을
가지게 하셨기 때문이다. 27 또 그는 인자이
시므로 (아버지께서) 그에게 심판하는 권한
을 주셨다. 28 이것을 이상히 여기지 마라.
무덤 안에 있는 사람들 모두가 그의 음성을
들을 시각이 온다. 29 선한 일들을 행한 사
람들은 생명의 부활로, 악한 일들을 저지른
사람들은 심판의 부활로 나갈 것이다. 30 나
는 나 스스로는 아무 것도 할 수 없다. 나는
듣는 대로 심판하는데 내 심판은 의롭다.
내 뜻을 찾지 않고 나를 보내신 분의 뜻을
(찾기) 때문이다. 31 내가 나 자신에 관하여
증언하면 내 증언은 참되지 않다. 32 나에
관해 증언하시는 분은 다른 분이다. 나는
나에 관하여 증언하시는 그 증언이 참되다
는 것을 알고 있다. 33 너희가 요한에게 (사
람을) 보냈고 그가 진리를 증언하였다. 34 그
러나 나는 사람에게서 증언을 얻지 않는다.
다만 너희가 구원되도록 이런 것들을 말한
다. 35 그는 불타고 비치는 등불이었는데 너
희는 잠시 동안 그의 빛 안에서 즐거워하려
했다. 36 그러나 나는 요한(의 증언)보다 더
큰 증언이 있다. 내가 그것들을 끝내도록
아버지께서 나에게 주신 일들, 곧 내가 하
고 있는 일들 자체가 나에 관하여, 아버지
께서 나를 보내셨다는 것을 증언한다. 37 또
나를 보내신 아버지, 그분이 나에 관하여
증언하셨다. 너희는 언제라도 그의 음성을
듣지도 못했고 그의 모습을 보지도 못했다.
38 너희는 그의 말씀을 너희 속에 머무는 것
으로 가지고 있지 않다. 그분이 보내신 분,
이분을 너희가 믿지 않기 때문이다. 39 너희
는 (성경) 안에서 영원한 생명을 얻는다고
생각하기 때문에 성경을 연구한다. 그런데
그것은 나에 관해 증언하는 것이다. 40 너희
는 생명을 얻기 위하여 나에게 오려고 하지
않는다. 41 나는 사람에게서 영광을 받지 않
는다. 42 그러나 나는 너희를 알고 있는데
너희는 너희 자신 안에 하나님의 사랑을 가
지고 있지 않다. 43 내가 내 아버지의 이름
으로 왔지만 너희는 나를 받아들이지 않는
다. 만약 다른 사람이 자신의 이름으로 오

면 너희는 그 사람을 받아들일 것이다. [44] 너
희가 서로에게서 영광을 받고 한 분이신 하
나님에게서 오는 영광을 찾지 않는데 어떻
게 믿을 수 있느냐? [45] 내가 너희를 아버지
께 고소할 것이라고 생각하지 마라. 너희를
고소하는 사람은 너희가 희망을 걸어온 모
세이다. [46] 너희가 모세를 믿었다면 나를 믿
었을 것이다. 그가 나에 관하여 썼기 때문
이다. [47] 그러나 너희가 그의 글들을 믿지
않는데 어떻게 나의 말들을 믿겠느냐?"

146 Ⅳ **6** [1] 이 일들 후에 예수께서 갈릴
리 바다 곧 디베랴 (바다)의
건너편으로 가셨는데 [2] 많은
무리가 그를 따랐다. 그가 병자들에게 하신
표적들을 보았기 때문이다. [3] 예수께서 산으
로 올라가셨고 그곳에 자기 제자들과 함께
앉으셨다. [4] 유대인의 명절인 유월절이 다가
오고 있었다. [5] 예수께서 눈을 들어 많은 무
리가 자기에게 오는 것을 보시고 빌립에게
말씀하셨다. "우리가 어디서 빵을 사서 이
사람들이 먹게 하겠느냐?" [6] 이것은 그를 시
험하시며 말씀하신 것이다. 왜냐하면 (예수
께서는) 자신이 무슨 일을 하실는지 친히
알고 계셨기 때문이다. [7] 빌립이 그에게 대
답하였다. "각자가 [무엇을] 조금씩 받게 하
더라도 이백 데나리온(어치)의 빵이 그들에
게 충분하지 않습니다." [8] 그의 제자들 중
하나, 곧 시몬 베드로의 형제인 안드레가
그에게 말하였다. [9] 여기 보리빵 다섯과 물
고기 둘을 가지고 있는 한 아이가 있습니
다. 하지만 이것들이 이 많은 사람들에게
무엇이겠습니까? [10] 예수께서 "사람들을 앉
게 하라"고 말씀하셨다. 그곳에 잔디가 많
이 있어 수가 약 오천이 되는 남자들이 앉
았다. [11] 그래서 예수께서 빵을 가지시고 감
사하신 후에 앉아 있는 사람들에게 그들이
원하는 만큼 나누어 주셨고 물고기도 똑같
이 하셨다. [12] 그들이 배부르게 되자 (예수께
서) 자기 제자들에게 말씀하셨다. "버려지는
것이 없도록 남은 부스러기를 모아라." [13] 그
래서 그들은 보리빵 다섯으로 사람들이 먹
고 남은 부스러기를 모아서 열두 바구니를
채웠다. [14] 사람들이 그가 행하신 표적을 보
고 "이분은 참으로 세상에 오시는 그 선지
자이시다"라고 말하였다. [15] 사람들이 와서
자신을 붙들어 왕으로 삼으려 할 것을 예수
께서 아시고 자기 혼자 다시 산으로 떠나가
셨다.

147 Ⅲ눅 [16] 저녁이 되었을 때 그의 제자들이 바다로
내려가서 [17] 배를 타고 바다 건너편 가버나
움으로 갔다. 이미 어두워졌지만 예수께서
는 아직 그들에게 오지 않으셨다. [18] 강한
바람이 불어서 바다가 출렁거렸다. [19] 그들
이 ※십오 리쯤 노를 젓다가 예수께서 바다
위를 걸어서 배에 가까워지시는 것을 보고
무서워하였다. [20] 예수께서 그들에게 말씀하
셨다. "나다. 무서워하지 마라." [21] 그들은 기
꺼이 그를 배로 모셔들였고 배는 곧바로 그
들이 가고 있었던 땅에 이르렀다.

148 Ⅲ눅 [22] 이튿날, 바다 건너편에 서 있던 무리가
그곳에 배 한 척 말고는 다른 배가 없었고
예수께서는 자기 제자들과 함께 그 배를 타
지 않으셨으며 그의 제자들만 가는 것을 보
았었는데 [23] 디베랴에서 배들이 주님께서 감
사하신 후에 사람들이 빵을 먹었던 곳에 가
까이 왔다. [24] 무리가 거기에 예수도 안 계
시고 그의 제자들도 없는 것을 보고 그들
자신이 배에 올라 예수를 찾으면서 가버나

19 ※25 또는 30 스타디온쯤

움으로 갔다. 25 그들이 바다 건너편에서 그
를 발견하고 그에게 말하였다. "랍비여, 언
제 여기로 (오게) 되셨습니까?"
149 I 26 예수께서 그들에게 대답하셨다. "진실로
진실로 내가 너희에게 말하는데, 너희는 표
적을 본 것 때문이 아니라 빵을 먹고 배부
르게 된 것 때문에 나를 찾고 있다. 27 없어
지는 양식이 아니라 영원한 생명에 (이르도
록) 남아 있는 양식을 위하여 일하라. 이것
은 인자가 너희에게 줄 것이다. 그를 아버
지 하나님께서 날인하셨기 때문이다." 28 그
러자 그들이 그에게 말하였다. "우리가 하나
님의 일을 하려면 무엇을 할까요?" 29 예수
께서 그들에게 대답하셨다. "이것, 곧 그가
보낸 사람을 믿는 것이 하나님의 일이다."
30 그들이 그에게 말했다. "우리가 보고 당신
을 믿도록 당신이 무슨 표적을 행하십니까?
무슨 일을 하십니까? 31 우리 ※조상들은 황
야에서 만나를 먹었습니다. '그가 하늘로부
터 빵을 그들에게 먹도록 주셨다' 라고 적혀
있는 것처럼 말입니다." 32 그러자 예수께서
그들에게 말씀하셨다. "진실로 진실로 내가
너희에게 말하는데, 모세가 하늘로부터 너
희에게 빵을 준 것이 아니다. 내 아버지께
서 하늘로부터 너희에게 참된 빵을 주신다.
33 하나님의 빵은 하늘에서 내려와서 세상에
생명을 주는 것이기 때문이다." 34 그들이 그
에게 말하였다. "주님, 이 빵을 항상 우리에
게 주십시오." 35 예수께서 그들에게 말씀하
셨다. "내가 생명의 빵이다. 내게로 오는 사
람은 결코 주리지 아니할 것이요 나를 믿는
사람은 언제라도 결코 목마르지 아니할 것
이다. 36 그러나 나는 너희에게 너희가 [나
를] 보고도 믿지 아니한다고 말하였다. 37 아
버지께서 나에게 주시는 사람은 모두 내게
올 것이요 내게 오는 사람을 나는 결코 밖
에 내쫓지 아니할 것이다. 38 나는 내 뜻을
행하려고 (오지) 않고 나를 보내신 분의 뜻
을 (행하려고) 하늘로부터 내려왔기 때문이
다. 39 이것이 나를 보내신 분의 뜻이다. 곧
그분이 나에게 주신 것은 모두, 내가 그 중
에서 (하나도) 잃지 아니하고 마지막 날에
그것을 살리는 것이다. 40 이것, 곧 아들을
보고 그를 믿는 사람은 모두 영원한 생명을
가지고 마지막 날에 내가 그를 살리는 것이
내 아버지의 뜻이기 때문이다." 41 (예수께
서) "나는 하늘에서 내려온 빵이다" 라고 말
씀하셨기 때문에 유대인들이 그에 관하여
수군거리며 42 말하였다. "이 사람은 요셉의
아들 예수가 아니냐? 우리가 그의 아버지와
어머니를 알고 있는데 그가 어떻게 하늘에
서 내려왔다고 지금 말하는가?" 43 예수께서
그들에게 대답하셨다. "너희는 서로 수군거
리지 마라. 44 나를 보내신 아버지께서 끌어
오지 아니하시면 아무도 나에게 올 수 없다.
나는 그를 마지막 날에 살릴 것이다. 45 '모
든 사람이 하나님께 가르침을 받을 것이다'
라고 선지자들(의 글)에 기록되어 있다. 아
버지께 듣고 배운 사람은 모두 나에게 온
다. 46 하나님에게서 온 사람 말고 누가 아
버지를 보았다는 것이 아니고 이 사람이 아
버지를 보았다는 (것이다.) 47 진실로 진실로
내가 너희에게 말하는데 믿는 사람은 영원
한 생명을 가지고 있다. 48 나는 생명의 빵
이다. 49 너희 ※조상들은 황야에서 만나를 먹
었고 죽었다. 50 하늘에서 내려오는 빵은 이

31 ※아버지들은

49 ※아버지들은

런 것, 곧 누가 그것을 먹고 죽지 않는 것
이다. 51 나는 하늘에서 내려온 살아 있는
빵이다. 누가 이 빵을 먹으면 영원히 살 것
이다. 내가 줄 빵은 세상의 생명을 위한 내
살이다." 52 그러자 유대인들이 서로 다투며
말하였다. "이 사람이 어떻게 우리에게 [자
기] 살을 먹도록 줄 수 있겠느냐?" 53 그래
서 예수께서 그들에게 말씀하셨다. "진실로
진실로 내가 너희에게 말하는데, 너희가 인
자의 살을 먹지 아니하고 그의 피를 마시지
아니하면 너희 자신 안에 생명이 없다. 54 나
의 살을 먹고 나의 피를 마시는 사람은 영
원한 생명을 가지고 있고 내가 그를 마지막
날에 살릴 것이다. 55 나의 살은 참된 양식
이요 나의 피는 참된 음료이기 때문이다.
56 나의 살을 먹고 나의 피를 마시는 사람은
내 안에 머물고 나도 그 안에 (머문다.) 57 살
아 계신 아버지께서 나를 보내셔서 내가 아
버지로 말미암아 사는 것처럼 나를 먹는 자,
그 사람도 나로 말미암아 살 것이다. 58 이
것이 하늘에서 내려온 빵이다. ※조상들이
먹고도 죽은 것과 같지 않게 이 빵을 먹는
사람은 영원히 살 것이다." 59 이런 것을 그
는 가버나움 회당에서 가르치실 때에 말씀
하셨다.
157 I 60 그의 제자들 중에서 많은 사람이 듣고 말
하였다. "이 말씀은 어렵소. 누가 그것을 들
을 수 있겠소?" 61 예수께서 자기 제자들이
이 (말씀)에 관하여 수군거리고 있다는 것
을 스스로 아시고 그들에게 말씀하셨다. "이
것이 ※너희에게 걸리느냐? 62 인자가 먼저
있던 곳에 올라가는 것을 너희가 보면 (어
떻겠느냐?) 63 영은 살리는 것이다. 육은 아
무 데도 쓸모 없다. 내가 너희에게 한 말들
은 영이고 생명이다. 64 그러나 너희 가운데
믿지 않는 사람들이 몇 있다." 예수께서는
처음부터 누가 믿지 않는 사람들인지, 또
누가 자신을 넘겨 줄 사람인지 아셨기 때문
이다. 65 또 말씀하셨다. "이러므로 내가 너
희에게 '아버지로부터 그에게 주어진 것이
아니라면 아무도 나에게 올 수 없다'고 말
했다." 66 이 후에 그의 제자들 [중에서] 많
은 사람이 뒤로 물러갔고 더 이상 그와 함
께 다니지 않았다.
158 IV 67 그래서 예수께서 열두 명에게 말씀하셨
다. "너희도 가려느냐?" 68 시몬 베드로가 그
에게 대답하였다. "주님, 저희가 누구에게로
가겠습니까? 당신은 영원한 생명의 말씀을
가지고 계십니다. 69 우리는 당신이 하나님
의 거룩하신 분임을 믿었고 알았습니다."
70 예수께서 그들에게 대답하셨다. "내가 너
희 열두 명을 뽑지 않았느냐? 그래도 너희
들 중에서 하나는 마귀다." 71 그는 시몬 가
룟의 아들 유다를 (두고) 말씀하셨다. 이 사
람은 열둘 가운데 하나이고 그를 넘겨줄 사
람이었다.

238 I **7** 1 이 일들 후에 예수께서 갈릴
리에서 다니셨고 유대에서 다
니려 하지 않으셨다. 유대인들
이 그를 죽이려고 찾고 있었기 때문이다.
2 유대인의 명절인 초막절이 다가오고 있었
다. 3 그러자 그의 형제들이 그에게 말하였
다. "여기서 떠나서 유대로 가십시오. 당신
의 제자들도 당신이 하시는 일들을 보도록
말입니다. 4 아무도 자신이 알려지기를 애쓰
면서 숨어서 무엇을 하지 않습니다. 당신이
이런 일들을 행하시려면 당신 자신을 세상
에 드러내십시오." 5 그의 형제들은 그를 믿

58 ※ 아버지들이
61 ※ 너희를 넘어지게 하느냐?

지 않았기 때문이다. 6 예수께서 그들에게
말씀하셨다. "아직 내 때가 오지 않았다. 그
러나 너희의 때는 항상 준비되어 있다. 7 세
상은 너희를 미워할 수 없지만 나를 미워한
다. 내가 그에 관하여 그 일들이 악하다고
증언하기 때문이다. 8 너희는 명절에 올라가
라. 나는 이 명절에 올라가지 않겠다. 내 때
가 아직 차지 않았기 때문이다." 9 그는 이
렇게 말씀하시고 나서 갈릴리에 머무셨다.
239 I 10 그의 형제들이 명절에 올라가자 그때 그
자신도 올라가셨는데 공공연히 하지 않으시
고 비밀히 하셨다. 11 유대인들이 명절에 그
를 찾으며 말하였다. "그 사람이 어디에 있
는가?" 12 또 무리들 사이에 그에 관하여 많
은 수군거림이 있었다. 어떤 사람들은 그는
선한 사람이라고 말했고 다른 사람들은 "아
니, 백성을 미혹한다"고 말했다. 13 그러나
유대인들을 무서워한 까닭에 아무도 그에
관하여 공공연하게 말하지 못하였다.
240 I 14 이미 명절의 중간이 (되었을 때) 예수께
서 성전에 올라가서 가르치셨다. 15 그러자
유대인들이 놀라며 말하였다. "이 사람은 배
우지 않았는데 어떻게 글을 아는가?" 16 예
수께서 그들에게 대답하셨다. "나의 가르침
은 나의 것이 아니고 나를 보내신 분의 것
이다. 17 누가 그분의 뜻을 행하려고 하면
(이) 가르침에 관하여 이것이 하나님에게서
나온 것인지 내가 내 스스로 말하는 것인지
를 알 것이다. 18 스스로 말하는 사람은 자
신의 영광을 추구하지만 자기를 보내신 분
의 영광을 추구하는 사람, 이 사람은 참되
고 그 안에 불의가 있지 않다. 19 모세가 너
희에게 율법을 주지 않았느냐? 그러나 너희
들 중에 아무도 율법을 지키지 않는다. 왜
너희는 나를 죽일 (길)을 찾느냐?" 20 무리
가 대답하였다. "당신은 귀신이 들렸소. 누
가 당신을 죽일 (길을) 찾고 있소?" 21 예수
께서 그들에게 대답하셨다. "내가 한 일을
행하자 너희 모두가 놀라고 있다. 22 이런
까닭에서다. 모세가 너희에게 할례를 주었
다. 이것은 모세에게서가 아니라 조상들에
게서 난 것인데, 너희는 안식일에도 사람에
게 할례를 행한다. 23 모세의 법이 깨어지지
않게 하려고 사람이 안식일에 할례를 받는
다면, 내가 안식일에 어떤 사람 전체를 건
강하게 만들었다고 너희가 나에게 화를 내
느냐? 24 너희는 겉모습을 따라 판단하지 말
고 올바른 판단을 내려라." 25 예루살렘 사람
들 가운데서 어떤 사람들이 말하였다. "그들
이 죽이려고 찾고 있는 사람이 이 사람 아
닌가? 26 보라. 그가 공공연히 말하는데 그
들은 그에게 아무 말도 하지 않는다. 당국
자들은 참으로 이 사람이 그리스도인 줄로
알고 있는가? 27 그러나 우리는 이 사람이
어디서 왔는지 알고 있다. 그렇지만 그리스
도, 그가 올 때는 어디서 오는지 아무도 알
지 못한다." 28 그러자 예수께서 성전 안에서
외치며 가르치셨다. "너희는 나를 알고 내
가 어디서 왔는지도 알고 있다. 나는 스스
로 오지 않았다. 나를 보내신 분은 참되신
데 너희는 그를 알지 못한다. 29 나는 그를
알고 있다. 내가 그에게서 왔고 그분이 나
를 보내셨기 때문이다." 30 그러자 그들이 그
를 잡으려고 노력하였지만 아무도 그에게
손을 대지 못하였다. 아직 그의 때가 오지
않았기 때문이다. 31 그러나 무리 중에서 많
은 사람이 그를 믿고 말하였다. "그리스도,
그가 오실 때 이 사람이 행한 것보다 더 많
은 표적을 행하시겠는가?" 32 무리가 그에
관하여 이런 것들을 수군거리고 있을 때 바

리새인들이 들었다. 그리고 대제사장들과
바리새인들이 그를 붙잡으려고 하인들을 보
냈다. 33 그러자 예수께서 말씀하셨다. "나는
아직 잠시 동안 너희와 함께 있다가 나를
보내신 분에게로 간다. 34 너희가 나를 찾겠
지만 [나를] 발견하지 못할 것이다. 내가 있
는 곳에 너희는 올 수 없다." 35 유대인들이
자기들끼리 말하였다. "우리가 그를 발견하
지 못하도록 이 사람이 어디로 가려는가?
헬라인들의 거주지로 가서 헬라인들을 가르
치려고 하는가? 36 '너희가 나를 찾겠지만
[나를] 발견하지 못할 것이다. 내가 있는 곳
에 너희는 올 수 없다' 고 그가 한 이 말이
무슨 뜻인가?" 37 명절의 큰 (날), 곧 마지막
날에 예수께서 일어서서 외치며 말씀하셨다.
"누가 목마르거든 내게로 와서 마셔라. 38 나
를 믿는 사람은 성경이 말한 것처럼 그의
배에서 살아 있는 물의 강이 흘러나올 것이
다." 39 이것은 그를 믿은 사람들이 받을 성
령에 관하여 말씀하신 것이다. 예수께서 아
직 영광을 받지 않으셔서 성령이 아직 계시
지 않았기 때문이다.

241 I 40 무리 중에서 이 말씀들을 들은 사람들이
말하였다. "이 분은 참으로 그 선지자이시
다." 41 다른 사람들이 말하였다. "이 분은
그리스도이시다." 그러나 어떤 사람들은 말
하였다. "그리스도가 갈릴리에서 나오느냐?
42 성경은 그리스도가 다윗의 후손 중에서,
또 다윗이 있던 마을 베들레헴에서 나온다
고 말하지 않았는가?" 43 이리하여 무리 가
운데 그로 말미암아 분열이 발생하였다.
44 그들 가운데 어떤 사람들은 그를 잡고 싶
어했지만 아무도 그에게 손을 대지 못하였
다. 45 하인들이 대제사장들과 바리새인들에
게 가자 그들이 (하인들에게) 말하였다. "왜
그를 데려오지 않았느냐?" 46 하인들이 대답
하였다. "어떤 사람도 이렇게 말한 적이 없
습니다." 47 바리새인들이 그들에게 대답하였
다. "너희도 미혹된 것은 아니지? 48 당국자
들이나 바리새인들 중에서 누가 그를 믿었
느냐? 49 율법을 알지 못하는 이 무리는 저
주받은 (사람들)이다." 50 그들 가운데 한 사
람으로서 전에 그에게 왔던 니고데모가 그
들에게 말하였다. 51 "우리 율법은 그에게 먼
저 듣고 그가 무엇을 했는지 알아보는 것도
없이 사람을 심판하오?" 52 그들이 그에게
대답하였다. "당신도 갈릴리 출신이오? 갈릴
리에서는 선지자가 일어날 수 없다는 것을
연구하고 알아두시오."

242 I 53 [그들은 각자 자기 집으로 갔고

8

1 예수께서는 감람산으로 가셨
다. 2 그가 이른 아침에 다시
성전에 들어가시자 모든 백성
이 그에게로 왔다. 그는 앉으셔서 그들을
가르치셨다. 3 율법학자들과 바리새인들이
간음 중에 잡힌 어떤 여자를 데리고 와서
그 여자를 가운데 세우고 4 그에게 말하였
다. "선생님, 이 여자가 간음을 하다가 범행
중에 잡혔습니다. 5 모세는 율법에 이러한
여자들을 돌로 치도록 우리에게 명령했습니
다. 그런데 당신은 뭐라고 말씀하시겠습니
까?" 6 그들은 그를 고소할 (구실을) 얻으려
고 그를 시험하며 이렇게 말한 것이다. 그
러나 예수께서는 밑으로 몸을 굽히시고 손
가락으로 땅에다가 (글을) 쓰고 계셨다. 7 그
들이 그에게 묻기를 계속하자 그는 몸을 일
으키셔서 그들에게 말씀하셨다. "너희들 중
에서 죄가 없는 사람이 먼저 그 여자에게
돌을 던져라." 8 그리고 그는 다시 밑으로
몸을 굽혀서 땅에 쓰고 계셨다. 9 (이것을)

들은 사람들이 나이 많은 사람들로부터 시
작하여 하나하나 빠져나갔고 그만 혼자 남
았으며 여자가 그 가운데 있었다. 10 예수께
서 몸을 일으키시고 그 여자에게 말씀하셨
다. "여자여, 그들이 어디 있느냐? 아무도
너를 정죄하지 않았느냐?" 11 그 여자가 말
하였다. "아무도 없습니다. 주님." 예수께서
말씀하셨다. "나도 너를 정죄하지 않는다.
가라. 지금부터 더 이상 죄를 짓지 마라."]
243 I 12 예수께서 다시 그들에게 말씀하셨다. "나
는 세상의 빛이다. 나를 따르는 사람은 결
코 어둠 속을 걷지 않고 생명의 빛을 가질
것이다." 13 그러자 바리새인들이 그에게 말
하였다. "당신이 당신 자신에 관하여 증언하
므로 당신의 증언은 참되지 않소." 14 예수께
서 그들에게 대답하셨다. "내가 내 자신에
관하여 증언하더라도 내 증언은 참되다. 나
는 내가 어디서 왔고 어디로 가는지 알고
있기 때문이다. 그러나 너희는 내가 어디서
오고 어디로 가는지 알지 못한다. 15 너희는
육체를 따라서 판단하지만 나는 아무도 판
단하지 않는다. 16 내가 판단하더라도 나의
판단은 참되다. 나는 혼자 있지 않고 나와
나를 보내신 아버지가 (함께 있기) 때문이
다. 17 너희 율법에도 두 사람의 증언이 참
되다고 기록되어 있다. 18 내가 나 자신에
관하여 증언하는 사람이다. 또 나를 보내신
아버지께서 나에 관하여 증언하신다." 19 그
러자 그들이 그에게 말하였다. "당신의 아버
지가 어디 계시오?" 예수께서 대답하셨다.
"너희는 나도 나의 아버지도 알지 못한다.
만약 너희가 나를 알았다면 내 아버지도 알
았을 것이다." 20 그는 성전에서 가르치시면
서 헌금함이 있는 방에서 이 말씀들을 하셨
다. 그러나 아무도 그를 붙잡지 않았다. 아
직 그의 때가 오지 않았기 때문이다.
244 I 21 그가 다시 그들에게 말씀하셨다. "나는 떠
나간다. 너희는 나를 찾다가 너희 죄 가운
데서 죽을 것이다. 내가 떠나가는 곳에 너
희는 올 수 없다." 22 그러자 유대인들이 말
하였다. "그는 '내가 떠나가는 곳에 너희는
올 수 없다' 고 말하는데 자살을 하려는 것
일까?" 23 그가 그들에게 말씀하셨다. "너희
는 아래서 났고 나는 위에서 났다. 너희는
이 세상에 속하지만 나는 이 세상에 속하지
않았다. 24 그래서 내가 너희에게 '너희는 너
희 죄 가운데서 죽을 것이다' 라고 말하였다.
내가 (그인) 것을 믿지 않으면 너희가 너희
죄 가운데서 죽을 것이기 때문이다." 25 그러
자 그들이 그에게 말하였다. "당신은 누구
요?" 예수께서 그들에게 말씀하셨다. "(내
가) 무엇인지는 너희에게도 처음부터 말하
고 있다. 26 내가 너희에 관하여 말하고 판
단할 것이 많지만 나를 보내신 분이 참되셔
서 나는 그분에게 들은 것, 이것들을 세상
에 말한다." 27 그들은 그가 아버지를 두고
자신들에게 말씀하고 계셨다는 것을 알지
못하였다. 28 그러므로 예수께서 [그들에게]
말씀하셨다. "너희가 인자를 들어올릴 때,
그때 너희는 내가 (그)라는 것과 스스로는
아무 것도 하지 않고 아버지께서 나에게 가
르치신 대로 이것들을 말하는 줄 알 것이
다. 29 나를 보내신 분이 나와 함께 계신다.
그분은 나를 홀로 버려두지 않으셨다. 나는
항상 그분을 기쁘게 하는 일들을 하기 때문
이다."
245 I 30 그가 이런 것들을 말씀하실 때에 많은 사
람이 그를 믿었다. 31 그러므로 예수께서 자
신을 믿은 유대인들에게 말씀하셨다. "너희
가 나의 말 안에 머물면 진실로 나의 제자

들이다. 32 너희가 진리를 알 것이고 진리가
너희를 자유롭게 할 것이다." 33 그들이 그에
게 대답하였다. "우리는 아브라함의 ※자손이
고 아무에게도 종이 된 적이 없소. 당신이
어떻게 너희가 자유롭게 될 것이라고 말하
시오?" 34 예수께서 그들에게 대답하셨다.
"진실로 진실로 내가 너희에게 말하는데 죄
를 짓는 사람은 모두 죄의 종이다. 35 종은
집에 영원히 머물지 못하지만 아들은 영원
246 I 히 머문다. 36 그러므로 아들이 너희를 자유
롭게 하면 너희가 참으로 자유로울 것이다.
37 나는 너희가 아브라함의 ※자손인 것을
알고 있다. 그런데 너희는 나를 죽일 (방법
을) 찾고 있다. 내 말이 너희 안에 자리 잡
지 못하기 때문이다. 38 나는 (내) 아버지에
게서 본 것들을 말하고 너희는 (너희) 아버
지에게 들은 것들을 행한다." 39 그들이 그에
게 대답하였다. "우리 아버지는 아브라함이
오." 예수께서 그들에게 말씀하셨다. "만약
너희가 아브라함의 자녀들이라면 아브라함
의 일들을 하였을 것이다. 40 그러나 지금
너희는 하나님에게 들은 진리를 너희에게
말한 사람인 나를 죽일 (방법을) 찾고 있다.
아브라함은 이런 일을 하지 않았다. 41 너희
는 너희 아버지의 일들을 행한다." [그러자]
그들이 그에게 말하였다. "우리는 음행에서
태어나지 않았소. 우리는 한 아버지 곧 하
나님이 있소." 42 예수께서 그들에게 말씀하
셨다. "하나님이 너희 아버지였다면 나를 사
랑하였을 것이다. 내가 하나님에게서 나왔
고 (여기) 있기 때문이다. 또 내가 스스로
오지 않았고 그분이 나를 보내셨기 때문이
다. 43 왜 내 말들을 깨닫지 못하느냐? 너희

33 ※씨이고
37 ※씨인

가 내 말을 들을 수 없기 때문이다. 44 너희
는 아버지 곧 마귀에게서 나서 너희 아버지
의 욕망을 행하려고 한다. 그는 처음부터
살인자였고 진리 안에 서 있지 않았다. 그
안에 진리가 없기 때문이다. 그가 거짓을
말할 때는 자신의 (본성)에서 말한다. 그는
거짓말쟁이요 거짓의 아비(이기) 때문이다.
45 그러나 나는 진리를 말하므로 너희가 나
를 믿지 않는다. 46 너희 가운데 누가 나를
죄 있다고 입증하겠느냐? 내가 진리를 말하
면 왜 너희가 나를 믿지 않느냐? 47 하나님
에게서 난 사람은 하나님의 말씀들을 듣는
다. 그러므로 너희가 듣지 않는 것은 하나
님에게서 나지 않았기 때문이다."
247 I 48 유대인들이 그에게 대답하였다. "우리가
당신은 사마리아인이고 귀신이 들렸다고 말
하는 것이 옳지 않소?" 49 예수께서 대답하
셨다. "나는 귀신 들리지 않았다. 다만 내
아버지를 존경하는데 너희가 나를 모욕한다.
50 나는 내 영광을 찾지 않지만 찾고 판단하
시는 분이 계신다. 51 진실로 진실로 내가 너
희에게 말하는데 누가 나의 말을 지키면 결
코 죽음을 영원히 보지 않을 것이다." 52 [그
러자] 유대인들이 그에게 말하였다. "당신이
귀신 들린 것을 우리가 지금 알았소. 아브
라함이 죽고 예언자들도 (죽었는데) 당신은
누가 내 말을 지키면 결코 죽음을 영원히
맛보지 않을 것이라고 말하고 있소. 53 당신
이 죽은 우리 ※조상 아브라함보다 더 크단
말이오? 예언자들도 죽었소. 당신은 자신을
누구라고 하시오?" 54 예수께서 대답하셨다.
"내가 나 자신을 영광스럽게 하면 내 영광
은 아무 것도 아니다. 나를 영광스럽게 하

53 ※아버지

시는 분은 내 아버지이시다. 그분을 너희는
'그분은 우리 하나님이시다'라고 말한다.
[55] 너희는 그분을 알지 못했다. 그러나 나는
그분을 알고 있다. 내가 그분을 알지 못한
다고 하면 나도 너희와 같은 거짓말쟁이일
것이다. 그렇지만 나는 그분을 알고 있고
그분의 말씀을 지키고 있다. [56] 너희 ※조상
아브라함은 즐거워하며 나의 날을 보고 싶
어하다가 보고 기뻐하였다." [57] 그러자 유대
인들이 그에게 말하였다. "당신이 아직 쉰
살도 먹지 않았는데 아브라함을 보았소?"
[58] 예수께서 그들에게 말씀하셨다. "진실로
진실로 내가 너희에게 말하는데 아브라함이
나기 전부터 내가 있다." [59] 그러자 그들이
그에게 던지려고 돌을 들었다. 그러나 예수
께서는 피하여 성전 밖으로 나가셨다.

248 I **9** [1] (예수께서) 가시다가 날 때부
터 소경인 어떤 사람을 보셨
다. [2] 그의 제자들이 그에게 질
문하였다. "랍비여, 누가 죄를 지어서 이 사
람이 소경으로 태어났습니까? 이 사람입니
까? 그의 부모입니까?" [3] 예수께서 대답하셨
다. "이 사람도 그의 부모도 죄를 짓지 않았
다. 그에게서 하나님의 일들이 나타나게 하
려는 것이다. [4] 아직 낮일 때 나를 보내신
분의 일들을 우리가 하여야 한다. 아무도
일할 수 없는 밤이 오고 있다. [5] 내가 세상
에 있는 동안 나는 세상의 빛이다." [6] 그는
이렇게 말씀하시고 땅에 침을 뱉으셨고 침
으로 흙을 이겨 그 흙을 그의 눈에 바르셨
다. [7] 그리고 그에게 말씀하셨다. "실로암의
연못에 가서 씻어라." 이것은 보내졌다는 뜻
이다. 그래서 그가 가서 씻었고 보면서 왔
다. [8] 이웃사람들과 이전에 거지였던 그를
본 사람들이 말하였다. "이 사람은 앉아서
구걸하던 사람이 아니오?" [9] 어떤 사람들은
이 사람이 (그)라고 말하였고 다른 사람들
은 "아니오, 다만 그와 비슷한 사람이오"라
고 말하였다. 그 사람은 "내가 (그 사람)이
오"라고 말하였다. [10] 그러자 사람들이 그에
게 말하였다. "[그러면] 어떻게 당신의 눈이
뜨였소?" [11] 그 사람이 대답하였다. "예수라
고 불리는 사람이 흙을 이겨서 내 눈에 바
르고 나에게 실로암에 가서 씻어라고 말하
였소. 그래서 내가 가서 씻고 보게 되었소."
[12] 사람들이 그에게 말했다. "그 사람이 어디
있소?" 그는 "모르오"라고 말하였다. [13] 사람
들이 전에 소경(이었던) 그를 바리새인들에
게 데려갔다. [14] 예수께서 흙을 이겨 그의
눈을 뜨게 하신 날은 안식일이었다. [15] 그러
므로 바리새인들도 그가 어떻게 보게 되었
는지 다시 그에게 물었다. 그가 그들에게
말하였다. "그분이 흙을 내 눈 위에 붙이셨
고 내가 씻고 보오." [16] 그래서 바리새인들
중 어떤 사람들이 말하였다. "이 사람은 하
나님에게서 오지 않았소. 안식일을 지키지
않기 때문이오." 그러나 다른 사람들은 말하
였다. "사람이 죄인으로서 어떻게 이와 같은
표적을 행할 수 있겠소?" 그리하여 그들 가
운데 분열이 생겼다. [17] 그러자 그들이 그
소경에게 다시 말하였다. "그가 당신의 눈을
뜨게 하였으므로 당신은 그에 관하여 무슨
말을 하겠소?" 그는 그가 선지자라고 말하
였다. [18] 유대인들은 그에 관하여 그가 소경
이었고 다시 보게 되었다는 것을 믿지 않았
고 결국 다시 보게 된 그 사람의 부모를 불
러서 [19] 그들에게 물었다. "이 사람이 소
경으로 태어났다고 당신들이 말하는 당신네

56 ※ 아버지

아들이오? 그러면 지금은 어떻게 그가 보고
있소?" 20 그의 부모가 대답하였다. "이 사람
이 우리 아들이고 소경으로 태어난 것은 우
리가 알지만 21 그가 지금은 어떻게 보는지
알지 못하오. 또 누가 그의 눈을 뜨게 하였
는지도 알지 못하오. 그에게 물어 보시오.
나이가 찼으니 그가 자신에 관하여 말할 것
이오." 22 그의 부모는 유대인들을 두려워하
여서 이렇게 말하였다. 누가 그를 그리스도
라고 고백하면 회당에서 쫓아내기로 유대인
들이 이미 결정해 두었기 때문이다. 23 그래
서 그의 부모가 "나이가 찼으니 그에게 물
어보시오"라고 말한 것이다. 24 그러므로 그
들이 소경이었던 그 사람을 두 번째로 불러
서 그에게 말하였다. "영광을 하나님께 돌리
시오. 우리는 이 사람이 죄인임을 알고 있
소." 25 그러자 그 사람이 대답하였다. "그분
이 죄인인지 나는 알지 못하오. 그러나 하
나는 알고 있소. 곧 내가 소경이면서 지금
은 본다는 것이오." 26 그들이 그에게 말하였
다. "그가 당신에게 무슨 일을 하였소? 그가
어떻게 당신의 눈을 뜨게 하였소?" 27 그가
그들에게 대답하였다. "내가 이미 당신들에
게 말하였지만 당신들이 듣지 않았소. 어째
서 다시 듣고 싶어하시오? 여러분도 그의
제자가 되고 싶은 것은 아니지요?" 28 그들
은 그에게 욕하며 말하였다. "당신은 그 사
람의 제자이지만 우리는 모세의 제자들이오.
29 우리는 하나님이 모세에게 말씀하신 것은
알고 있지만 이 사람은 어디서 왔는지 알지
못하오." 30 그 사람이 대답하며 그들에게 말
하였다. "그분이 내 눈을 뜨게 하셨는데 당
신들은 그가 어디서 왔는지 알지 못하니 이
건 이상한 일이오. 31 하나님은 죄인들(의
말)을 듣지 않으시지만 누가 경건하고 자신
의 뜻을 행하면 이 사람(의 말)은 들으신다
는 것을 우리는 알고 있소. 32 세상이 (생긴)
후에 누가 소경으로 태어난 사람의 눈을 뜨
게 하였다는 (말을) 들어본 적이 없소. 33 이
사람이 하나님에게서 오지 않았다면 아무
것도 할 수 없었을 것이오." 34 그들이 그에
게 대답하였다. "당신이 전적으로 죄 가운데
태어났으면서 우리를 가르치는 거요?" 그리
고 그를 밖으로 내쫓았다. 35 그들이 그를
밖으로 내쫓았다는 것을 예수께서 들으셨다
가 그를 발견하자 말씀하셨다. "너는 인자를
믿느냐?" 36 그 사람이 대답하였다. "그분이
누구입니까? 주님! 그분을 믿겠습니다."
37 예수께서 그에게 말씀하셨다. "네가 그를
보았다. 너와 얘기하는 사람이 그 사람이다."
38 그가 말하였다. "제가 믿습니다. 주님!" 그
리고 그는 (예수께) 절하였다. 39 예수께서
또 말씀하셨다. "나는 심판하려고 이 세상에
왔다. 보지 못하는 사람들이 보고, 보는 사
람들이 소경이 되게 하려는 것이다." 40 바리
새인들 중에서 그와 함께 있던 사람들이 이
말씀들을 듣고 그에게 말하였다. "우리도 소
경이라구요?" 41 예수께서 그들에게 말씀하
셨다. "너희가 소경이었다면 죄가 없었을 것
이다. 그러나 너희가 본다고 지금 말하니
너희 죄가 남아 있다.

249 I **10** 1 진실로 진실로 내가 너희에
게 말하는데 양의 우리에 문으
로 들어가지 않고 다른 곳으로
넘어가는 사람, 그 사람은 도둑이요 강도지
만 2 문으로 들어가는 사람은 양들의 목자
다. 3 이 사람에게 문지기는 (문을) 열고 양
들은 그의 음성을 들으며 그는 자기 양들의
이름을 불러서 그것들을 이끌고 나온다. 4 자
기 양들을 다 내놓은 후에 그는 양들을 앞

서 가는데 양들이 그의 음성을 알고 있어서
그를 따라간다. [5]양들은 낯선 사람은 결코
따라가지 않고 오히려 그로부터 도망칠 것
이다. 그 낯선 사람의 음성을 알지 못하기
때문이다." [6]예수께서 이 비유를 그들에게
말씀하셨지만 그들은 자기들에게 하시는 말
씀이 무슨 (뜻)인지를 깨닫지 못하였다. [7]그
러므로 예수께서 다시 말씀하셨다. "진실로
진실로 내가 너희에게 말하는데 나는 양들
의 문이다. [8][내 앞에] 온 사람들은 모두
도둑이요 강도다. 그래서 양들이 그들(의
말)을 듣지 않았다. [9]내가 문이다. 누가 나
를 통하여 들어오면 구원될 것이고 들어오
며 나가며 풀밭을 발견할 것이다. [10]도적은
훔치고 죽이고 부수는 것 이외의 목적으로
오지 않는다. 나는 (양들이) 생명을 가지게
하고 풍성히 가지게 하려고 왔다. [11]나는
좋은 목자다. 좋은 목자는 양들을 위하여
자기 목숨을 내어 놓는다. [12]삯꾼은 목자도
아니요 양도 자기 양이 아니어서 이리가 오
는 것을 보고 양들을 버리고 달아난다. 그
러면 이리가 그것들을 움키고 흩어 버린다.
[13]그는 삯꾼이어서 양들에 관하여 걱정하지
않기 때문이다. [14]나는 좋은 목자다. 나는
내 양들을 알고 내 양들은 나를 안다. [15]아
버지께서 나를 아시고 내가 아버지를 아는
것과 같다. 나는 양들을 위하여 내 목숨을
내어 놓는다. [16]나는 이 우리에 속하지 않
은 다른 양들이 있는데 내가 그 양들도 이
끌어야 하고 그 양들도 내 음성을 들을 것
이다. 그들은 한 무리가 될 것이고 (나는)
한 목자가 (될 것이다.) [17]이것 때문에, 곧
내가 내 목숨을 다시 얻기 위하여 그것을
내어 놓기 때문에 아버지께서 나를 사랑하
신다. [18]아무도 그것을 내게서 빼앗아 가지
않지만 내가 스스로 그것을 내어 놓는다.
나는 목숨을 내어 놓을 권세도 있고 목숨을
다시 얻을 권세도 있다. 이 계명을 나는 내
아버지에게 받았다."
250 I [19]이 말씀들 때문에 유대인들 가운데 다시
분열이 일어났다. [20]그들 중에서 많은 사람
이 말하였다. "그는 귀신이 들렸고 미쳤소.
왜 그의 (말을) 듣고 있소." [21]다른 사람들
은 말하였다. "이 말들은 귀신 들린 사람의
(말이) 아니오. 귀신이 소경들의 눈을 뜨게
할 수 있소?"
257 I [22]그때 예루살렘에 수전절 행사가 있었다.
겨울이었다. [23]예수께서 성전에서 솔로몬
행각 안을 걷고 계셨다. [24]그러자 유대인들
이 그를 둘러싸고 그에게 말하였다. "언제까
지 당신이 우리 마음을 졸이게 하겠소? 당
신이 그리스도이시면 우리에게 명백히 말해
주시오." [25]예수께서 그들에게 대답하셨다.
"내가 너희에게 말하였지만 너희가 믿지 않
는다. 내가 내 아버지의 이름으로 하는 일
들, 이것들이 나에 관하여 증언하고 있다.
[26]그러나 너희는 내 양에 속하지 않아서 믿
지 않는다. [27]내 양들은 내 음성을 듣는다.
나는 그들을 알고 그들은 나를 따른다. [28]나
는 그들에게 영원한 생명을 준다. 그래서
그들은 결코 영원히 멸망하지 않을 것이다.
또 누가 그들을 내 손에서 빼앗지 못할 것
이다. [29]「내 아버지, 그가 내게 주신 것은
모든 것보다 더 크다. 그래서 아무도 (그것
을) 아버지의 손에서 빼앗을 수 없다.」 [30]나
와 아버지, 우리는 하나다." [31]유대인들이
다시 돌을 집어서 그를 치려고 하였다. [32]예

29 「(그들을) 내게 주신 내 아버지는 모든 것보다 더 크시다. 그래서 아무도 (그들을) 아버지의 손에서 빼앗을 수 없다.

수께서 그들에게 대답하셨다. "내가 아버지
에게서 (오는) 좋은 일들을 많이 너희에게
보여 주었다. 그 중에서 어떤 일 때문에 나
를 돌로 치려 하느냐?" [33] 유대인들이 그에
게 대답하였다. "우리가 좋은 일에 관하여
당신을 돌로 치려는 것이 아니오. 다만 모
독에 관한 것이오. 당신이 사람인데 당신
자신을 하나님이라 하기 때문이오." [34] 예수
께서 그들에게 대답하셨다. "'내가 너희는
신들이라고 말하였다' 고 너희의 율법에 기
록되어 있지 않느냐? [35] 성경은 폐지될 수
없다. 하나님의 말씀이 전해진 그 사람들을
그가 신들이라고 하셨다면 [36] 아버지께서 거
룩하게 하셔서 세상에 보내신 사람인 내가
'나는 하나님의 아들이다' 라고 말한 것을 너
희가 '당신이 하나님을 모독하고 있소' 라고
말하느냐? [37] 내가 내 아버지의 일들을 하지
않으면 나를 믿지 마라. [38] 그러나 내가 행
하면 나를 믿지 않아도 그 일들은 믿어라.
아버지께서 내 안에 (계시고) 내가 아버지
안에 (있다는) 것을 너희가 깨달아 알게 될
것이다." [39] [그러자] 그들이 다시 그를 붙잡
으려 하였다. 그러나 그는 그들의 손아귀에
서 빠져 나가셨다.
258 I [40] 그는 다시 요단 강 건너편, 곧 요한이 처
음에 세례를 주던 곳으로 가셔서 거기 머무
셨다. [41] 많은 사람이 그에게 와서 말하였다.
"요한은 아무 표적도 행하지 않았지만 요한
이 이 사람에 관하여 한 모든 (말은) 사실
이었다." [42] 거기서 많은 사람이 그를 믿었
다.

259 I **11** [1] 어떤 병든 사람이 있었다. 마
리아와 그녀의 자매 마르다의
마을 베다니 출신인 나사로였
다. [2] 마리아는 주님께 향유를 바르고 자기
머리털로 그의 발을 닦은 여자였는데 그녀
의 형제 나사로가 병이 든 것이다. [3] 그래서
자매들이 그에게 사람을 보내어 말하였다.
"주님, 보십시오. 당신이 사랑하시는 사람이
병이 들었습니다." [4] 그러나 예수께서 듣고
말씀하셨다. "이 병은 죽음에 (이르지) 않고
하나님의 영광을 (드러낼 것이다.) 곧 하나
님의 아들이 이(것)을 통하여 영광을 받게
하려는 것이다." [5] 예수께서 마르다와 그녀
의 자매와 나사로를 사랑하셨는데 [6] 그가 병
들었다는 것을 들으셨을 때, 그때는 그가
계셨던 곳에 이틀을 더 머무셨다. [7] 그렇지
만 그 후에 그는 제자들에게 말씀하셨다. "
다시 유대로 가자." [8] 제자들이 그에게 말하
였다. "랍비여, 유대인들이 방금 당신을
돌로 치려고 하였는데 다시 거기로 가십니
까?" [9] 예수께서 대답하셨다. "낮에는 열두
시간이 있지 않느냐? 누가 낮에 걸으면 이
세상의 빛을 보기 때문에 걸려 넘어지지 않
는다. [10] 그러나 누가 밤에 걸으면 그 안에
빛이 없기 때문에 걸려서 넘어진다." [11] 그가
이렇게 말씀하신 후에 또 그들에게 말씀하
셨다. "우리 친구 나사로가 잠들었다. 그러
나 내가 그를 깨우러 간다." [12] 그러자 제자
들이 그에게 말하였다. "주님, 그가 잠들었
다면 ※일어날 것입니다." [13] 예수께서는 그
의 죽음에 관해 말씀하셨지만 그들은 그가
잠들어 쉬는 것에 관해 말씀하시는 줄로 생
각하였다. [14] 그래서 그때 예수께서 그들에
게 명백하게 말씀하셨다. "나사로가 죽었다.
[15] 내가 거기 있지 않았던 것을 너희를 위하
여 기뻐한다. 너희가 믿게 하려는 것이다.
그에게로 가자." [16] 그러자 디두모라고 하는

12 ※구원될

도마가 동료 제자들에게 말하였다. "우리도
그와 함께 죽으러 가세." [17] 예수께서 가서 그
를 찾으셨을 때 그는 이미 나흘을 무덤 속
에 있었다. [18] 베다니는 예루살렘 가까이 약
※5리 떨어진 곳에 있었다. [19] 유대인 가운데
서 많은 사람이 마르다와 마리아에게 와 있
었다. 그 형제에 관하여 그들을 위로하려는
것이었다. [20] 마르다는 예수께서 오신다는
(말을) 듣자 그를 마중하러 나갔지만 마리
아는 집에 앉아 있었다. [21] 마르다가 예수께
말하였다. "주님, 당신이 여기 계셨으면 제
형제가 죽지 않았을 것입니다. [22] 그러나 지
금이라도 당신이 하나님께 청하는 것은 무
엇이든지 하나님께서 당신에게 주실 것을
저는 압니다." [23] 예수께서 그 여자에게 말씀
하셨다. "네 형제가 다시 살아날 것이다."
[24] 마르다가 그에게 말하였다. "마지막 날 부
활에 그가 다시 살아날 것을 저는 압니다."
[25] 예수께서 그 여자에게 말씀하셨다. "나는
부활이요 생명이다. 나를 믿는 사람은 죽어
도 살 것이다. [26] 또 살아서 나를 믿는 사람
마다 결코 영원히 죽지 않을 것이다. 네가
이것을 믿느냐?" [27] 그 여자가 그에게 말하
였다. "예, 주님. 당신은 그리스도, 세상에
오시는 하나님의 아들이심을 제가 믿어 왔
습니다." [28] 그 여자는 이렇게 말하고 가서
자기 자매 마리아를 불러 조용히 말하였다.
"선생님께서 오셔서 너를 부르신다." [29] 그
여자는 (이 말을) 듣자 급히 일어났고 그에
게로 갔다. [30] 예수께서는 아직 마을 안으로
들어오지 않으셨고 마르다가 그를 마중하던
그 곳에 여태 계셨다. [31] 마리아와 함께 집
에 있으면서 그 여자를 위로하던 유대인들
은 마리아가 급히 일어나서 나가는 것을 보
고 그 여자가 울기 위해 무덤에 가는 것으
로 생각하고 그 여자를 따랐다. [32] 마리아는
예수께서 계시던 곳에 와서 그를 보고 그의
발 앞에 엎드려 말하였다. "주님, 당신이 여
기 계셨으면 제 형제가 죽지 않았을 것입니
다." [33] 예수께서 그 여자가 우는 것과 그
여자와 함께 온 유대인들이 우는 것을 보시
고 속으로 언짢아하셨고 괴로워하시며 [34] 말
씀하셨다. "어디에 그를 두었느냐?" 그들이
그에게 말하였다. "주님, 와서 보십시오." [35] 예
수께서 눈물을 흘리셨다. [36] 그러자 유대인
들이 말하였다. "보시오, 그가 나사로를 얼
마나 사랑하셨는가!" [37] 그들 중에서 어떤
사람들이 말하였다. "소경의 눈을 뜨게 한
이 사람이 이 사람은 죽지 않게 할 수 없었
는가?" [38] 예수께서 속으로 다시 언짢아하시
면서 무덤으로 가셨다. 무덤은 동굴이었고
그 앞에 바위가 놓여 있었다. [39] 예수께서
말씀하셨다. "바위를 치워라." 죽은 사람의
자매 마르다가 그에게 말하였다. "주님, 나
흘째여서 이미 냄새가 납니다." [40] 예수께서
그 여자에게 말씀하셨다. "네가 믿으면 네가
하나님의 영광을 볼 것이라고 네게 말하지
않았느냐?" [41] 그래서 사람들이 바위를 치웠
다. 그러자 예수께서 눈을 위로 들고 말씀
하셨다. "아버지여, 내 (말)을 들으신 것을
당신께 감사합니다. [42] 나는 당신이 언제나
내 (말)을 들으시는 줄로 알았습니다. 그러
나 둘러 서 있는 무리를 위하여 말했습니
다. 당신이 나를 보내셨다는 것을 그들이
260 I 믿게 하려는 것입니다." [43] 이렇게 말씀하신
후에 큰 소리로 외치셨다. "나사로야, 밖으
로 나오너라." [44] 죽은 사람이 나왔는데 발과
손은 천으로 묶여 있었고 그의 얼굴은 수건

18 ※15스타디온

으로 싸매여 있었다. 예수께서 그들에게 말
씀하셨다. "그를 풀어 주고 그가 가도록 놓
아두어라."
260 I [45]마리아에게 왔다가 그가 한 일들을 본 유
대인들 중에서 많은 사람이 그를 믿었다.
[46]그들 가운데서 어떤 사람들이 바리새인들
에게 가서 예수께서 행하신 일들을 그들에
게 말하였다. [47]그러자 대제사장들과 바리
새인들이 공회를 소집하고 말하였다. "이 사
람이 많은 표적을 행하는데 어떻게 할까요?
[48]이 사람을 이렇게 놓아두면 모든 사람이
그를 믿을 것이고 로마인들이 와서 우리 땅
도 민족도 빼앗을 것이오." [49]그들 중에서
한 어떤 사람, 곧 그 해의 대제사장인 가야
바가 그들에게 말하였다. "여러분은 아무 것
도 알지 못하오. [50]여러분은 한 사람이 백
성을 위하여 죽고 온 민족이 망하지 않는
것이 여러분에게 유익하다는 것을 계산하지
않고 있소." [51]그는 이것을 스스로 말하지
않았다. 그 해의 대제사장이어서 예수께서
민족을 위하여 죽으실 것을 예언한 것이다.
[52]또 그 민족을 위할 뿐만 아니라 흩어져
있는 하나님의 자녀들을 하나로 모으실 것
도 (예언한 것이다.) [53]그래서 그날부터 그
들은 그를 죽이려고 계획하였다.
261 I [54]그러므로 예수께서 유대에서는 더 이상
공공연하게 걸어다니지 아니하시고 그곳을
떠나 황야에 가까운 지방, 곧 에브라임이라
고 불리는 성으로 가서 거기 제자들과 함께
머무셨다. [55]유대인들의 유월절이 가까워지
자 그 지방에서 많은 사람이 자신들을 성결
케 하려고 유월절 전에 예루살렘으로 올라
갔다. [56]그들은 예수를 찾으며 성전 안에
서서 서로 말하였다. "당신들은 어떻게 생각
하시오? 그가 명절에 와야 하지 않을까요?"
[57]대제사장들과 바리새인들은 그가 어디 있
는지 누가 알면 알려서 그를 붙잡게 하라고
명령을 내려 두었다.
267 IV (306, 114) 12 [1]유월절 엿새 전에 예수께서
나사로가 있던 베다니로 가셨
다. 그는 예수께서 죽은 사람
들 가운데서 살리신 사람이다. [2]그들이 그
를 위하여 거기서 잔치를 베풀었는데 마르
다는 시중을 들었고 나사로는 그와 함께 식
탁에 앉은 자들 중 하나로 있었다. [3]마리아
가 값비싼 순 나드 향유 한 근을 가져 (와
서) 예수의 발에 발랐고 자기의 머리카락으
로 그의 발을 닦았다. 그 집이 향유 냄새로
가득 채워졌다. [4]그의 제자들 가운데 하나
로 그를 넘겨줄 가룟 유다가 말하였다. [5]"
어째서 이 향유를 삼백 데나리온에 팔아 가
난한 사람들에게 주지 않았소?" [6]그가 이렇
게 말한 것은 가난한 사람들을 배려했기 때
문이 아니라 그는 도둑이었고 돈자루를 맡
았다가 들어 있는 것들을 꺼내가곤 했기 때
문이다. [7]그러자 예수께서 말씀하셨다. "나
의 장사 날을 위하여 그것을 계속하도록 그
여자를 놓아 두어라. [8]너희가 가난한 사람
들은 늘 너희 자신 곁에서 만나지만 나를
늘 만나지는 않기 때문이다."
268 I [9]유대인들 중에서 큰 무리가 (예수께서) 거
기 계신 것을 알고 왔다. 예수 때문만이 아
니라 그가 죽은 사람들 가운데서 살리신 나
사로도 보기 위해서였다. [10]그러나 대제사장
들은 나사로도 죽이려고 계획하였다. [11]유
대인들 중에서 많은 사람이 그로 말미암아
가서 예수를 믿었기 때문이다.
269 IV [12]이튿날, 명절을 지키러 온 큰 무리가 예수
께서 예루살렘에 오신다는 것을 듣고 [13]종
려나무 가지들을 가지고 그를 맞이하러 나

가서 소리쳤다. "호산나, 주님의 이름으로
오시는 분, 곧 이스라엘의 왕은 복되시다."
14 예수께서 한 작은 나귀를 발견하시고 그
위에 앉으셨다. (이렇게) 기록되어 있는 것
과 같다. 15 "무서워하지 마라. 시온의 딸아.
보라, 네 왕이 오신다. 그는 당나귀 새끼 위
에 앉으셨다." 16 그의 제자들은 처음에는 이
것들을 깨닫지 못하였지만 예수께서 영광을
받으셨을 때, 그때 이 글들이 그를 두고 기
록되어 있는 것과 이것을 사람들이 그에게
행했다는 것을 기억하였다. 17 그가 나사로
를 무덤 밖으로 부르셔서 그를 죽은 사람들
가운데서 살리셨을 때 그와 함께 있던 무리
가 증언하였다. 18 무리는 이것 때문에, 즉
그가 행하신 이 표적을 듣고 그를 맞이했
다. 19 그래서 바리새인들은 서로에게 말했
다. "보시오. 당신들은 아무 것도 얻지 못하
고 있소. 보시오, 세상이 그를 뒤따라 갔소."
302 20 명절에 예배하려고 올라온 사람들 가운데
I 어떤 헬라인들이 있었다. 21 이 사람들이 갈
릴리 벳새다 출신인 빌립에게 다가가서 그
에게 청하였다. "주님, 예수님을 뵙고 싶습
니다." 22 빌립이 가서 안드레에게 말하고 안
드레와 빌립이 예수께 가서 말하였다. 23 그
러자 예수께서 그들에게 대답하셨다. "인자
가 영광을 받을 때가 왔다. 24 진실로 진실
로 내가 너희에게 말하는데 밀알이 땅에 떨
어져 죽지 않으면 그것만 남지만 죽으면 많
(160 IV) 은 열매를 맺는다. 25 자기 목숨을 사랑하는
(103) 사람은 그것을 잃고 이 세상에서 자기 목숨
을 미워하는 사람은 영원한 생명에 (이르도
(198 록) 그것을 유지할 것이다. 26 누가 나를 섬
IV) 기면 나를 따라라. 내가 있는 곳, 거기에 나
를 섬기는 사람도 있을 것이다. 누가 나를
섬기면 아버지께서 그를 존중할 것이다.
27 지금 내 마음이 괴로운데 무슨 말을 할
까? 아버지여, 이 시간에서 저를 건져주십
시오. 하지만 이것을 위하여 제가 이 때에
왔습니다. 28 아버지여, 아버지의 이름을 영
광스럽게 하십시오." 그러자 하늘로부터 소
리가 났다. "영광스럽게 하였고 또 다시 영
광스럽게 할 것이다." 29 그러나 서서 들은
무리는 천둥이 울렸다고 말하였고 다른 사
람들은 천사가 그에게 얘기하였다고 하였다.
30 예수께서 대답하셨다. "이 소리는 나를 위
해서가 아니라 너희를 위해서 난 것이다.
31 이제 이 세상의 심판이다. 이제 이 세상
의 통치자가 밖에 내쫓길 것이다. 32 내가
땅에서 올려지면 모든 사람을 내 자신에게
로 이끌 것이다." 33 그는 자신이 어떤 죽음
으로 죽을 것인가를 암시하시며 이것을 말
씀하셨다. 34 그러자 무리가 그에게 대답하
였다. "우리는 율법에서 그리스도가 영원히
머무신다고 들었소. 그런데 당신은 어떻게
인자가 올려져야 한다고 말하시오? 이 인자
는 누구요?" 35 그러자 예수께서 그들에게
말씀하셨다. "아직 잠깐 너희들 가운데 빛이
있다. 어두움이 너희를 덮치지 못하도록, 빛
을 가지고 있는 동안 걸어라. 어둠 속을 걷
는 사람은 어디로 가는지 알지 못한다. 36 빛
을 가지고 있을 때 빛의 ※자녀들이 되도록
빛을 믿어라." 예수께서 이렇게 말씀하셨고
그들에게서 떠나서 숨으셨다.
303 37 그가 그들 앞에서 이렇게 많은 표적을 행
I 하셨지만 그들은 그를 믿지 않았다. 38 (이
렇게) 말한 선지자 이사야의 말이 이루어지
게 하려는 것이다. "주님, 우리에게 들은 것
을 누가 믿었고 주님의 팔이 누구에게 나타

36 ※아들들이

났습니까?" 39 이 때문에 그들은 믿을 수 없
었다. 이사야가 다시 말하였기 때문이다.
40 "그가 그들의 눈을 멀게 하셨고 그들의
마음을 굳히셨다. 그들이 눈으로 보고 마음
으로 깨닫고 돌이키지 못하고, 내가 그들을
고치지 못하게 하려는 것이다." 41 이사야는
그의 영광을 보았고 그에 관하여 말하였기
때문에 이렇게 말하였다. 42 그렇지만 통치
자들 가운데서도 많은 사람이 그를 믿었다.
그러나 바리새인들 때문에 공공연히 말하지
는 못하였다. 회당에서 쫓겨나지 않으려는
것이었다. 43 그들은 하나님의 영광보다 사
람들의 영광을 더 사랑하였기 때문이다.
304 I 44 예수께서 소리쳐 말씀하셨다. "나를 믿는
사람은 나를 믿는 것이 아니요 나를 보내신
분을 믿는 것이다. 45 또 나를 보는 사람은
나를 보내신 분을 보는 것이다. 46 나는 세
상에 빛으로 왔다. 나를 믿는 사람은 모두
어두움에 머물지 않게 하려는 것이다. 47 누
가 내 말들을 듣고 지키지 않아도 나는 그
를 심판하지 않는다. 나는 세상을 심판하러
가 아니라 세상을 건지러 왔기 때문이다.
48 나를 거부하고 나의 말들을 받지 않는 사
람은 자신을 심판할 것을 가지고 있다. 내
가 한 말, 그것이 마지막 날에 그를 심판할
것이다. 49 내가 스스로 말하지 않았고 나를
보내신 아버지 자신이 무엇을 말하고 무엇
을 이야기할지 나에게 명령해 주셨기 때문
이다. 50 나는 그의 명령이 영원한 생명인
줄을 알고 있다. 그러므로 내가 말하는 것
들은 아버지께서 나에게 말씀하신 대로, 그
렇게 말하는 것이다."

13

309 I 1 유월절 명절 전에 예수께서
이 세상으로부터 아버지께로
떠나가실, 자신의 때가 왔다는
것을 아시고 세상에 있는 자기 사람들을 사
랑하시고 그들을 끝까지 사랑하셨다. 2 저녁
식사 (시간이) 되었는데 이미 마귀가 시몬
가룟의 아들 유다의 마음 속에 그를 넘겨
줄 (생각을) 넣었다. 3 (예수께서는) 아버지
께서 모든 것을 자신의 손에 주셨다는 것과
자신이 하나님께로부터 나오셨고 하나님께
로 가신다는 것을 아시고 4 식사 자리에서
일어나셔서 겉옷을 벗으시고 수건을 가져다
자신의 허리에 두르셨다. 5 그리고는 대야에
물을 담아서 제자들의 발을 씻기고 허리에
두르고 계셨던 수건으로 닦아 주기 시작하
셨다. 6 그런데 시몬 베드로에게 오시자 그
가 (예수께) 말하였다. "주님, 당신이 제 발
을 씻기십니까?" 7 예수께서 그에게 대답하
셨다. "내가 하는 일을 네가 지금은 알지 못
하지만 나중에는 알게 될 것이다." 8 베드로
가 그에게 말하였다. "제 발을 결코, 영원히
씻기지 못하실 것입니다." 예수께서 그에게
대답하셨다. "내가 너를 씻기지 않으면 너는
나와는 상관이 없다." 9 시몬 베드로가 그에
게 말하였다. "주님, 제 발만이 아니라 손과
머리도 씻겨 주십시오." 10 예수께서 그에게
말씀하셨다. "목욕한 사람은 발 말고는 씻을
필요가 없다. 온 (몸이) 깨끗하다. 너희가
깨끗하지만 모두는 아니다." 11 그는 자신을
넘겨줄 사람을 아셨기 때문이다. 그러므로
너희 모두가 깨끗하지는 않다고 말씀하셨다.
12 그가 그들의 발을 씻기신 후에 자기 겉옷
을 입으시고 다시 자리에 앉으셔서 그들에
게 말씀하셨다. "내가 너희에게 무엇을 했는
지를 알겠느냐? 13 너희는 나를 선생님, 그
리고 주님이라고 부른다. 바로 말하는 것이
다. 내가 그렇기 때문이다. 14 주님과 선생인
내가 너희 발을 씻겼다면 너희도 서로의 발

을 씻겨야 한다. 15 내가 너희에게 한 것처
럼 너희도 하도록 너희에게 모범을 보여주
었다. 16 진실로 진실로 내가 너희에게 말하
는데 종은 자기 주인보다 크지 않고 보내진
사람은 자기를 보낸 사람보다 크지 않다.
17 너희가 이것을 알고 있다면, 이것을 ※행
할 때〉 너희는 복되다. 18 나는 너희 모두에
관하여 말하고 있지 않다. 나는 내가 누구
를 택하였는지 알고 있다. 그러나 내 빵을
씹는 사람이 ※내 발꿈치를 물었다는〉 성경
이 이루어질 것이다. 19 일이 벌어지기 전에
지금부터 너희에게 말하는 것은 일이 벌어
질 때 내가 (그임을) 너희가 믿게 하려는
(104) 것이다. 20 진실루 진실루 내가 너희에게 말
하는데 내가 보내는 사람이 누구든지 그를
맞아들이는 사람은 나를 맞아들이는 것이고,
나를 맞아들이는 사람은 나를 보내신 분을
맞아들이는 것이다."
310 21 예수께서 이것들을 말씀하시고는 심령에
312 IV 괴로워하시며 공개적으로 말씀하셨다. "진실
로 진실로 너희에게 말하는데 너희 가운데
하나가 나를 넘겨줄 것이다." 22 제자들은 그
가 누구에 관해 말씀하시는지 의아해 하면
서 서로 쳐다보았다. 23 예수의 제자들 가운
데 한 사람이 그의 품에 기대고 앉아 있었
는데 그는 예수께서 사랑하시던 사람이었다.
24 시몬 베드로가 이 사람에게 고개를 끄덕
여 (예수께서) 말씀하신 사람이 누구일는지
알아보게 하였다. 25 그는 예수의 가슴에
(더) 기대며 그에게 말하였다. "주님, 그가
누구입니까?" 26 예수께서 대답하셨다. "내가
빵조각을 적셔다가 그에게 줄 바로 그 사람
이다." 그리고 빵조각을 적신 다음 [가져다
가] 시몬 가룟의 아들 유다에게 주셨다.
27 (그가) 빵조각을 (받은) 후에, 그때 사탄
이 그에게로 들어갔다. 그러자 예수께서 그
에게 말씀하셨다. "네가 하는 일을 빨리 하
여라." 28 [그러나] (예수께서) 그에게 무슨
뜻으로 말씀하셨는지 앉아 있는 사람들 가
운데 아무도 이것을 알지 못했다. 29 어떤
사람들은 유다가 돈자루를 가지고 있었기
때문에 예수께서 그에게 "명절에 우리에게
필요한 것들을 사라"고 하셨거나 "가난한 사
람들에게 무엇을 주라"고 말씀하셨다고 생
각하였다. 30 그는 빵조각을 받고나서 곧바
로 나갔는데 밤이었다.
314 I 31 그가 나가자 예수께서 말씀하셨다. "인자
가 지금 영광스럽게 되었고 하나님께서 인
자 안에서 영광스럽게 되셨다. 32 [하나님께
서 그 안에서 영광스럽게 되셨다면] 하나님
께서도 자신 안에서 그를 영광스럽게 하실
것인데 즉시 그를 영광스럽게 하실 것이다.
33 아이들아, 내가 아직 잠시 동안 너희와
함께 있다. 너희가 나를 찾을 텐데 '내가 가
는 곳에 너희는 올 수 없다' 고 유대인들에
게 말한 것처럼 이제 너희에게도 말한다.
34 너희에게 새 계명을 준다. 서로 사랑하라
는 것이다. 내가 너희를 사랑한 것처럼 너
희도 서로 사랑하라는 것이다. 35 너희가 서
로에게 사랑을 가지면, 이로써 모든 사람이
너희가 내 제자인 줄을 알 것이다."
315 IV 36 시몬 베드로가 그에게 말하였다. "주님,
어디로 가십니까?" 예수께서 [그에게] 대답
하셨다. "내가 가는 곳에 네가 지금은 나를
따라올 수 없지만 나중에는 따라올 것이다."
37 베드로가 그에게 말하였다. "주님, 어째서
지금은 당신을 따라갈 수 없습니까? 당신을
위하여 제 목숨을 내어 놓겠습니다." 38 예수

17 ※행한다면
18 ※자기 발꿈치로 나를 찼다는

께서 대답하셨다. "네가 나를 위하여 네 목
숨을 내어 놓겠느냐? 진실로 진실로 내가
네게 말하는데 네가 세 번 나를 부인하기까
지 닭이 결코 울지 않을 것이다.

14

317 I 1 너희 마음에 근심하지 마라.
하나님을 믿어라. 또 나를 믿
어라. 2 내 아버지의 집에는 많
은 방들이 있다. 그렇지 않다면 내가 너희
를 위하여 장소를 준비하러 간다고 너희에
게 ※말했겠느냐? 3 가서 너희를 위하여 장
소를 준비하면 다시 와서 너희를 내 자신에
게로 받아들여서 내가 있는 곳에 너희도 있
게 할 것이다. 4 [내가] 어디로 가는지, 너희
는 그 길을 알고 있다." 5 도마가 그에게 말
하였다. "주님, 저희는 당신이 어디로 가시
는지를 알지 못하는데 어떻게 그 길을 알
수 있습니까?" 6 예수께서 그에게 말씀하셨
다. "내가 그 길이고 진리고 생명이다. 나로
말미암지 않으면 아무도 아버지께로 가지
못한다. 7 너희가 나를 알았다면 내 아버지
도 알 것이다. 이제부터 너희는 그를 알고
있고 그를 보았다." 8 빌립이 그에게 말하였
다. "주님, 저희에게 아버지를 보여 주십시
오. 그것이 저희에게 좋습니다." 9 예수께서
그에게 말씀하셨다. "빌립아, 내가 이렇게
오랫동안 너희와 함께 있는데 네가 나를 알
지 못하였느냐? 나를 본 사람은 아버지를
보았는데 어떻게 너는 '저희에게 아버지를
보여주십시오'라고 말하느냐? 10 내가 아버
지 안에 있고 아버지께서 내 안에 계시다는
것을 네가 믿지 않느냐? 내가 너희에게 하
는 말들은 내 스스로 말하는 것이 아니라
아버지께서 내 안에 머무시면서 자신의 일
들을 하시는 것이다. 11 나를 믿어라. 나는
아버지 안에 있고 아버지는 내 안에 계신다
는 것을 (믿어라.) 그렇지 않으면, 그 일들
자체로 말미암아 믿어라. 12 진실로 진실로
내가 너희에게 말하는데 나를 믿는 사람은
내가 하는 일들을 저도 할 것이요 이것들보
다 더 큰 일들도 할 것이다. 내가 아버지께
로 가기 때문이다. 13 너희가 내 이름으로
구하는 것은 무엇이든지 내가 이것을 하여
아버지께서 아들 안에서 영광을 받으시게
할 것이다. 14 내 이름으로 내게 무엇을 구
하면 내가 할 것이다.
318 I 15 너희가 나를 사랑하면 내 계명들을 지킬
것이다. 16 나는 아버지께 청할 것이고 그는
너희에게 다른 보혜사를 주셔서 영원히 너
희와 함께 있게 하실 것이다. 17 그는 진리
의 영이시다. 세상은 그를 받을 수 없다.
(세상은) 그를 보지도 못하고 알지도 못하
기 때문이다. 너희는 그를 안다. 그가 너희
곁에 머무시고 너희 안에 계실 것이기 때문
이다. 18 나는 너희를 고아로 버려두지 않고
너희에게 올 것이다. 19 아직 시간이 조금
(있지만) 세상은 나를 더 이상 보지 못한다.
그러나 너희는 나를 본다. 내가 살아 있고
너희도 살 것이기 때문이다. 20 그날에는 내
가 내 아버지 안에, 너희가 내 안에, 내가
너희 안에 (있다는) 것을 너희가 알 것이다.
21 내 계명들을 가지고 있고 그것들을 지키
는 사람, 그 사람이 나를 사랑하는 사람이
다. 나를 사랑하는 사람은 내 아버지에게
사랑을 받을 것이요 나도 그를 사랑하여 그
에게 내 자신을 나타낼 것이다." 22 가룟이
아닌 유다가 그에게 말하였다. "주님, 당신
자신을 우리에게는 나타내려 하시고 세상에
는 (그렇게) 하지 않으시려는 것이 어떻게

2 ※말했을 것이다.

된 입니까?" 23 예수께서 그에게 대답하셨다.
"누가 나를 사랑하면 내 말을 지킬 것이요,
내 아버지께서 그를 사랑하시고 우리가 그
에게 와서 그의 곁에 살 곳을 마련할 것이
다. 24 나를 사랑하지 않는 사람은 내 말들
을 지키지 않는데 너희가 듣는 말은 내 말
이 아니요 나를 보내신 아버지의 말씀이다.
25 내가 너희 곁에 머물면서 너희에게 이것
들을 말했지만 26 보혜사 곧 아버지께서 내
이름으로 보내실 성령, 그가 너희에게 모든
것을 가르치시고 내가 너희에게 말한 모든
것이 너희에게 생각나게 하실 것이다.
319 I 27 평화를 너희에게 남긴다. 나의 평화를 너
희에게 준다. 세상이 주는 것과는 같지 않
은 (평화를) 내가 너희에게 준다. 너희 마음
에 근심하지도 말고 무서워하지도 마라. 28
내가 너희에게 '내가 가고 너희에게로 온다'
고 말한 것을 너희는 들었다. 너희가 나를
사랑했으면 내가 아버지께로 가는 것을 기
뻐했을 것이다. 아버지는 나보다 더 크시기
때문이다. 29 나는 지금 일이 일어나기 전에
너희에게 말하였다. 일이 일어날 때 너희가
믿게 하려는 것이다. 30 나는 너희와 함께
더 이상 많은 것을 이야기하지 않을 것이
다. 세상의 통치자가 오기 때문이다. 그는
내게 아무 (권한이) 없다. 31 다만 내가 아버
지를 사랑한다는 것을 세상이 알게 하려고
아버지께서 내게 명령하신 것처럼 이렇게
한다. 일어나라 여기서 떠나자.

15

320 I 1 나는 참 포도나무요 내 아버
지는 농부이시다. 2 내게서 열
매를 맺지 않는 가지는 그가
모두 없애시고 열매를 맺는 가지는 더 많은
열매를 맺도록 그가 모두 깨끗이 하신다.
3 너희는 내가 너희에게 한 말로 말미암아
이미 깨끗하다. 4 내 안에 머물러라. 나도
너희 안에 (있겠다.) 가지가 포도나무에 붙
어 있지 않으면 제 스스로는 열매를 맺을
수 없는 것처럼 너희가 내 안에 머물지 않
으면 너희도 이렇게 (열매를 맺을 수) 없다.
5 나는 포도나무요 너희는 가지들이다. 내
안에 머물고 내가 그 안에 머무는 이 사람
은 열매를 많이 맺는다. 내가 없이는 너희
가 아무 것도 할 수 없기 때문이다. 6 누가
내 안에 머물지 않으면 가지처럼 밖에 내던
져져 마르게 되고 사람들이 그것들을 모아
다가 불에 던져 넣어서 불타버린다. 7 너희
가 내 안에 머물고 내 말들이 너희 안에 머
물면 원하는 것은 무엇이나 구하라 그러면
너희에게 이루어질 것이다. 8 너희가 많은
열매를 맺고 내 제자가 되면 이로 말미암아
내 아버지께서 영광을 받으신다.
321 I 9 아버지께서 나를 사랑하신 것처럼 나도 너
희를 사랑하였다. 나의 사랑 안에 머물러라.
10 내가 내 아버지의 계명들을 지키고 그의
사랑 안에 머무르는 것과 같이 너희가 내
계명들을 지키면 내 사랑 안에 머물 것이
다. 11 내 기쁨이 너희 안에 있고 너희 기쁨
이 채워지게 하려고 이것들을 너희에게 말
하였다. 12 내가 너희를 사랑한 것처럼 너희
가 서로 사랑하는 것, 이것이 내 계명이다.
13 누가 자기 친구들을 위하여 자기 목숨을
내어 놓는 이것보다 더 큰 사랑은 아무도
가지지 못한다. 14 내가 너희에게 명령한 것
들을 행하면 너희는 내 친구들이다. 15 나는
너희를 더 이상 종이라고 하지 않는다. 종
은 자기 주인이 무엇을 하는지 알지 못하기
때문이다. 그러나 나는 너희를 친구들이라
고 하였다. 내 아버지께 들은 것을 모두 너
희에게 알렸기 때문이다. 16 너희가 나를 택

하지 않고 내가 너희를 택하였고 너희를 세
웠다. 너희가 가서 열매를 맺게 하고 너희
열매가 머물게 하며 너희가 내 이름으로 아
버지께 구하는 것은 무엇이나 아버지께서
너희에게 주시게 하려는 것이다. 17 너희가
서로 사랑하도록 이것을 너희에게 명령한다.
322 I 18 세상이 너희를 미워하면 너희보다 나를
먼저 미워하였다는 것을 알아라. 19 너희가
세상에 속하였으면 세상이 자기 것을 사랑
하였을 것이다. 그러나 너희가 세상에 속하
여 있지 않고 내가 세상에서 너희를 택하였
기 때문에, 이런 이유로 세상이 너희를 미
워한다. 20 내가 너희에게 '종은 자기 주인보
다 더 크지 않다' 고 한 말을 기억하여라.
사람들이 나를 박해하였으면 너희도 박해할
것이다. 그들이 내 말을 지켰으면 너희들의
(말)도 지킬 것이다. 21 그러나 그들은 이 모
든 일을 내 이름 때문에 너희에게 행할 것
이다. 그들은 나를 보내신 분을 알지 못하
기 때문이다. 22 내가 와서 그들에게 말하지
않았으면 죄가 없었겠지만 지금은 그들의
죄에 관한 핑계거리가 없다. 23 나를 미워하
는 사람은 내 아버지도 미워한다. 24 다른
아무도 하지 못한 일들을 그들 가운데서 내
가 하지 않았으면 그들이 죄가 없었겠지만
지금은 그들이 보았고 나와 내 아버지를 미
워하였다. 25 그러나 이것은 그들의 율법에
'그들이 그냥 나를 미워하였다' 고 기록되어
있는 말씀이 이루어지게 하려는 것이다.
323 I 26 내가 아버지로부터 너희에게 보낼 보혜
사, 곧 아버지로부터 나오는 진리의 영이
오실 때 그가 나에 관하여 증언하실 것이
다. 27 너희도 처음부터 나와 함께 있었으므
로 증언할 것이다.

324 I **16** 1 나는 너희가 걸려 넘어지지
않게 하려고 너희에게 이런 것
을 말하였다. 2 사람들이 너희
를 회당에서 쫓아낼 것이다. 그러나 너희를
죽이는 사람들 모두가 (이것이) 하나님을
섬기는 일이라고 생각할 때가 온다. 3 그들
은 아버지와 나를 알지 못하기 때문에 이런
일들을 행할 것이다. 4 내가 너희에게 이것
을 말한 것은 그들의 시간이 올 때 내가 그
들을 두고 너희에게 말했다는 것을 너희가
기억하게 하려는 것이다. 이것을 처음부터
너희에게 말하지 않은 것은 내가 너희와 같
이 있었기 때문이다.
325 I 5 지금 내가 나를 보내신 분에게로 가는데
너희 가운데서 아무도 '어디로 가십니까?'
하고 나에게 묻지 않고 6 오히려 너희에게
이것들을 말함으로써 근심이 너희 마음을
채웠다. 7 그러나 내가 진실을 너희에게 말
하는데 내가 떠나가는 것이 너희에게 좋다.
내가 떠나가지 않으면 보혜사가 너희에게
오시지 않을 것이기 때문이다. 내가 가면
그를 너희에게 보낼 것이다. 8 그는 와서 죄
에 관하여, 의에 관하여, 그리고 심판에 관
하여 세상을 꾸짖을 것이다. 9 죄에 관하여
라고 하는 것은 그들이 나를 믿지 않기 때
문이다. 10 의에 관하여 라고 하는 것은 내
가 아버지께로 가고 너희가 더 이상 나를
보지 못하기 때문이다. 11 심판에 관하여 라
고 하는 것은 이 세상의 통치자가 심판을
받았기 때문이다. 12 내가 너희에게 말할 것
이 아직 많이 있지만 지금은 너희가 감당할
수 없다. 13 그러나 진리의 영, 그가 오실
때, 그가 너희를 모든 진리 안으로 인도하
실 것이다. 그는 스스로 말하지 않고 들을
것들을 말할 것이요 오는 일들을 너희에게

전할 것이기 때문이다. [14] 그는 나를 영광스럽게 할 것이다. 나에게 받아서 너희에게 알릴 것이기 때문이다. [15] 아버지께서 가지신 것들은 모두 나의 것이다. 그래서 그가 나에게 받아서 너희에게 전할 것이라고 말하였다.

326 I [16] 조금 (지나면) 너희가 더 이상 나를 보지 못하고 다시 조금 (지나면) 너희가 나를 볼 것이다." [17] 그러자 그의 제자들 중에서 (몇이) 서로에게 말하였다. "그가 우리에게 '조금 (지나면) 너희가 나를 보지 못하고 다시 조금 (지나면) 너희가 나를 볼 것이다' 또 '아버지께 간다' 라고 말씀하신 이것이 무슨 뜻일까?" [18] 그러므로 그들이 말하였다. "그가 '조금 (지나면)' 이라고 [말씀하신] 이것이 무슨 뜻일까? 그가 무엇을 말씀하시는지 우리가 알 수 없구나!" [19] 예수께서는 그들이 자기에게 물어보려고 하는 것을 아시고 그들에게 말씀하셨다. "내가 '조금 (지나면) 너희가 나를 보지 못하고 다시 조금 (지나면) 너희가 나를 볼 것이다' 라고 말한 이것에 관해 서로 의논하느냐? [20] 진실로 진실로 내가 너희에게 말하는데 너희는 울고 슬퍼하지만 세상은 기뻐할 것이다. 너희가 근심에 잠기겠지만 너희 근심은 기쁨이 될 것이다. [21] 여자가 해산하는 때는 ※진통할 시간이 와서 근심하지만 아이를 낳았을 때는 세상에 사람이 태어난 기쁨으로 인하여 더 이상 고통을 기억하지 않는다. [22] 너희도 지금 근심을 가지고 있지만 내가 다시 너희를 볼 것이요 너희 마음이 기뻐할 것인데 아무도 너희 기쁨을 너희에게서 앗아가지 못할 것이다.

327 I [23] 그날에는 너희가 나에게 아무 것도 묻지 않을 것이다. 진실로 진실로 내가 너희에게 말하는데 내 이름으로 너희가 아버지에게 무엇이든지 구하면 그가 너희에게 주실 것이다. [24] 이제까지 내 이름으로 아무 것도 구하지 않았지만 구하여라 그러면 너희 기쁨이 채워지도록 너희가 받을 것이다. [25] 이것들을 너희에게 비유로 말하였는데 더 이상 너희에게 비유로 말하지 않고 너희에게 아버지에 관하여 명백하게 알려줄 때가 온다. [26] 그날에 너희가 내 이름으로 구할 것이다. 내가 너희에 관하여 아버지께 구할 것이라고 너희에게 말하지 않는다. [27] 왜냐하면 너희가 나를 사랑했고 내가 하나님께로부터 나왔다는 것을 믿은 까닭에 아버지께서 친히 너희를 사랑하시기 때문이다. [28] 나는 아버지로부터 나와서 세상에 왔고 다시 세상을 떠나서 아버지께 간다."

328 I [29] 그의 제자들이 말하였다. "보십시오. 지금은 명백히 말씀하시고 어느 하나도 비유로 말씀하지 않으십니다. [30] 지금 저희는 당신이 모든 것을 아시고 누가 당신에게 물을 필요도 없다는 것을 압니다. 이로써 저희는 당신이 하나님에게서 나오셨음을 믿습니다." [31] 예수께서 그들에게 대답하셨다. "이제 너희가 믿느냐? [32] 보라 너희 각자가 자기 곳으로 흩어지고 나를 혼자 남겨둘 때가 오는데 벌써 왔다. 아버지께서 나와 함께 계시므로 나는 홀로 있지 않다. [33] 이것을 너희에게 말한 것은 너희가 내 안에서 평화를 가지게 하려는 것이다. 너희가 세상에서 환난을 당하지만 용기를 내어라 내가 세상을 이겼다."

21 ※자기의

329 I **17** 1 예수께서 이 말씀들을 하시고 자기 눈을 들어 하늘을 (우러러보시며) 말씀하셨다. "아버지, 때가 왔습니다. 아들이 아버지를 영광스럽게 하도록 아버지의 아들을 영광스럽게 해 주십시오. 2 아버지께서 제게 주신 사람들, 그들 모두에게 영원한 생명을 주시려고 제게 모든 육체를 (다스리는) 권세를 주신 것처럼 (말입니다.) 3 아버지, 곧 한 분이시고 참되신 하나님과 아버지께서 보내신 분 예수 그리스도를 사람들이 아는 것, 이것이 영원한 생명입니다. 4 저는 아버지께서 제게 행하도록 주신 일을 끝마치고 땅 위에서 아버지를 영광스럽게 하였습니다. 5 아버지, 세상이 있기 전에 아버지와 함께 가졌던 그 영광으로 이제 아버지께서 아버지 자신 앞에서 저를 영광스럽게 해 주십시오. 6 저는 세상에서 제게 주신 사람들에게 아버지의 이름을 나타내었습니다. 아버지의 것이었는데 그들을 제게 주셨고 그들은 아버지의 말씀을 지켰습니다. 7 지금 그들은 아버지께서 제게 주신 모든 것들이 아버지에게서 온 줄 알고 있습니다. 8 제게 주신 말씀들을 그들에게 주었고 그들이 받았기 때문입니다. 그들은 제가 아버지에게서 나온 줄을 참으로 알고 있고 아버지께서 저를 보내신 줄을 믿었습니다. 9 제가 그들을 위하여 구합니다. 세상을 위해서가 아니라 제게 주신 사람들을 위하여 구합니다. 그들은 아버지의 것이기 때문입니다. 10 제 것들은 모두 아버지의 것이고 아버지 것들은 제 것입니다. 저는 그들 안에서 영광을 받았습니다. 11 저는 세상에 더 이상 있지 않지만 그들은 세상에 있고 저는 아버지께로 갑니다. 거룩하신 아버지, 우리처럼 그들도 하나가 되도록, 제게 주신 아버지의 이름으로 그들을 지켜 주십시오. 12 그들과 함께 있을 때 저는 제게 주신 아버지의 이름으로 그들을 지켰고 보호했습니다. 성경이 이루어지도록 멸망의 ※자식이 (망한 것을) 빼고는 그들 가운데서 아무도 망하지 않았습니다. 13 제가 지금 아버지께 가는데 세상에서 이것을 말하는 것은 그들이 제 기쁨을 그들 자신 속에 가득 차게 가지도록 하려는 것입니다. 14 저는 그들에게 아버지의 말씀을 주었는데 세상이 그들을 미워했습니다. 제가 세상에 속하지 않은 것처럼 그들이 세상에 속하지 않은 까닭입니다. 15 그들을 세상에서 데려가시기를 구하는 것이 아니라 악한 자에게서 그들을 지켜주시기를 (구하는 것입니다.) 16 제가 세상에 속하지 않은 것처럼 그들은 세상에 속해 있지 않습니다. 17 그들을 진리로 거룩하게 하십시오. 아버지의 말씀은 진리입니다. 18 아버지께서 저를 세상에 보내신 것처럼 저도 그들을 세상에 보내었습니다. 19 그리고 그들을 위하여 저는 제 자신을 거룩하게 합니다. 그들도 진리 안에서 거룩하게 되도록 하려는 것입니다. 20 그러나 저는 이 사람들만을 위하여 빌지 않고 그들의 말로 말미암아 저를 믿을 사람들을 위해서도 (빕니다.) 21 아버지, 그들 모두가 하나가 되어, 아버지께서 제 안에 (있고) 제가 아버지 안에 (있는) 것처럼, 그들도 우리 안에 있어서 아버지께서 저를 보냈다는 것을 세상이 믿게 하여 주십시오. 22 우리가 하나인 것처럼 그들도 하나가 되도록 제게 주신 영광을 저도 그들에게 주었습니다. 23 저는 그들 안에 (있고) 아버지는 제 안에 계십니다. 그들이

12 ※아들이

완전해져서 하나가 되게 하려는 것입니다.
또 세상으로 하여금 아버지께서 저를 보내
신 것과 아버지께서 저를 사랑하신 것처럼
그들을 사랑하셨다는 것을 알게 하려는 것
입니다. [24] 아버지, 제가 원하는 것은 아버지
께서 제게 주신 자, 그들도 제가 있는 곳에
저와 함께 있어서, 아버지께서 창세 전에
저를 사랑하셔서 제게 주신 제 영광을 보게
하는 것입니다. [25] 의로우신 아버지, 세상은
아버지를 알지 못하지만 저는 아버지를 알
고, 이 사람들은 아버지께서 저를 보내신
것을 압니다. [26] 저를 사랑하신 그 사랑이
그들 안에 있고 저도 그들 안에 (있도록)
저는 그들에게 아버지의 이름을 알렸으며
또 알릴 것입니다."

18

330 IV [1] 예수께서 이렇게 말씀하신
후에 자기 제자들과 함께 기드
론 골짜기 건너편으로 나가셨
다. 그곳에 동산이 있었는데 그와 그의 제
자들이 그 안으로 들어갔다.
331 IV [2] 예수께서 자기 제자들과 함께 자주 거기
모이셨기 때문에 그를 넘겨주는 유다도 그
곳을 알고 있었다. [3] 그래서 유다가 병사부
대와 대제사장들과 바리새인들이 보낸 하인
들을 데리고 그곳으로 왔다. 그들은 등과
횃불과 무기를 가지고 (있었다.) [4] 예수께서
자신에게 일어날 일들을 다 아시고 앞으로
나서서 그들에게 말씀하셨다. "너희가 누굴
찾느냐?" [5] 그들이 그에게 대답하였다. "나사
렛 사람 예수요." 그가 그들에게 말씀하셨다.
"나다." 그를 넘겨주는 유다도 그들과 함께
서 있었다. [6] 그가 그들에게 "나다" 라고 말
씀하셨을 때 그들은 뒤로 물러섰고 땅에
넘어졌다. [7] 그러자 다시 그들에게 물으셨다.
"너희가 누굴 찾느냐?" 그들이 말하였다.
"나사렛 사람 예수요." [8] 예수께서 대답하셨
다. "내가 너희에게 나다 라고 말하였다. 그
러므로 나를 찾으면 이 사람들은 가도록 놓
아두어라." [9] 이것은 그가 "나에게 주신 사람
들을, 그들 중에서 아무도 잃지 않았습니다"
라고 하신 말씀이 이루어지게 하려는 것이
다. [10] 시몬 베드로가 칼을 가지고 있다가
그것을 빼어 대제사장의 종을 쳐서 그의 오
른쪽 귀를 잘랐다. 그 종의 이름은 말고였
다. [11] 그러자 예수께서 베드로에게 말씀하
셨다. "칼을 칼집에 꽂아라. 아버지께서 나
에게 주신 잔, 그것을 내가 마셔야 하지 않
겠느냐?" [12] 병사부대와 천부장과 유대인들
의 하인들이 예수를 붙잡고 그를 묶어서
332 IV [13] 먼저 안나스에게 끌고 갔다. 그는 그 해
의 대제사장이었던 가야바의 장인이었기 때
문이다. [14] 가야바는 유대인들에게 한 사람
이 백성을 위하여 죽는 것이 유익하다고 충
고한 사람이었다. [15] 시몬 베드로와 다른 한
제자가 예수를 따라갔는데 그 제자는 대제
사장과 아는 사람이어서 예수와 함께 대제
사장의 (집) 안뜰에 들어갔지만 [16] 베드로는
대문 밖에 서 있었다. 그래서 대제사장을
아는 그 다른 제자가 나와서 문지기 여자에
게 말하고 베드로를 데리고 들어갔다. [17] 그
런데 그 문지기 하녀가 베드로에게 말하였
다. "당신도 이 사람의 제자들 중에 들어 있
지 않지요?" 그는 "나는 아니오" 하고 말하
였다. [18] 추웠기 때문에 종들과 하인들이 숯
불을 피워 놓고 서서 불을 쬐고 있었는데
베드로도 그들과 함께 서서 불을 쬐고 있었
다. [19] 대제사장이 예수께 그의 제자들에 관
하여, 또 그의 교훈에 관하여 물었다. [20] 예
수께서 그에게 대답하셨다. "나는 세상에 공
공연히 말하였다. 나는 항상 모든 유대인이

모이는 회당과 성전에서 가르쳤고 숨어서는
아무 것도 말하지 않았다. 21 왜 네가 나에
게 묻느냐? 그들에게 내가 무엇을 말했는지
들은 사람들에게 물어라. 보라, 이 사람들이
내가 말한 것들을 알고 있다." 22 그가 이렇
게 말씀하실 때 하인들 중에서 옆에 서 있
던 한 사람이 "대제사장에게 이따위로 대답
하느냐?" 라고 말하고 손바닥으로 예수를 때
렸다. 23 예수께서 그에게 대답하셨다. "내가
잘못 말했으면 그 잘못에 대하여 증언해라.
그러나 바로 말했으면 왜 나를 때리느냐?"
24 안나스가 그를 묶은 채로 대제사장 가야
바에게 보냈다.

333 Ⅳ 25 시몬 베드로는 서서 불을 쬐고 있었다.
그런데 사람들이 그에게 물었다. "당신도 그
의 제자들 중에 들어 있지 않지요?" 그가
부인하며 말하였다. "나는 아니오." 26 대제
사장의 종들 중 하나, 곧 베드로가 그 귀를
잘랐던 사람의 친척이 말하였다. "내가 동산
에서 그와 함께 당신을 보지 않았소?" 27 그
러자 베드로가 다시 부인하였다. 그리고 곧
바로 닭이 울었다.

334 Ⅳ 28 사람들이 예수를 가야바에게서 총독 공관
으로 끌고 갔는데 새벽이었다. 그들은 더러
워지지 않고 유월절 식사를 하려고 공관 안
에 들어가지 않았다.

336 Ⅳ 29 그래서 빌라도가 밖으로 그들에게 나와서
말하였다. "이 사람에 [대하여] 무슨 고소거
리를 가져오는거요?" 30 그들이 그에게 대답
하였다. "이 사람이 나쁜 일을 하는 사람이
아니었다면 그를 당신에게 넘기지 않았을
것입니다." 31 그러자 빌라도가 그들에게 말
하였다. "여러분이 그를 데려다가 여러분의
율법에 따라 그를 재판하시오." 유대인들이
그에게 말하였다. "아무라도 죽이는 것은 우
리에게 허용되어 있지 않습니다." 32 이것은
어떤 죽음으로 죽을 것인지를 암시하신 예
수의 말씀이 이루어지게 하려는 것이다.
33 빌라도가 다시 공관 안으로 들어가서 예
수를 불렀고 그에게 말하였다. "당신이 유대
인의 왕이오?" 34 예수께서 대답하셨다. "당
신은 스스로 이 말을 하시오 아니면 다른
사람들이 나에 관하여 당신에게 말해 주었
소?" 35 빌라도가 대답하였다. "내가 유대인
이오? 당신 민족과 대제사장들이 당신을 나
에게 넘겼는데 무슨 짓을 하였소?" 36 예수
께서 대답하셨다. "내 나라는 이 세상에 속
해 있지 않소. 내 나라가 이 세상에 속했다
면 내가 유대인들에게 넘겨지지 않도록 내
하인들이 싸웠을 것이오. 지금 내 나라는
여기에 속해 있지 않소." 37 빌라도가 그에게
말하였다. "그러면 당신은 왕이지 않소?" 예
수께서 대답하셨다. "내가 왕이라고 당신이
말하고 있소. 나는 이것을 위해 태어났고
이것을 위해 세상에 왔소. 진리를 증언하려
는 것이오. 진리에 속한 사람은 모두 나의
음성을 듣소." 38 빌라도가 그에게 말하였다.
"진리가 무엇이오?" 그는 이렇게 말하고 나
서 다시 유대인들에게 나가서 그들에게 말
하였다. "나는 이 사람에게서 아무 죄목도
못 찾겠소.

339 Ⅳ 39 유월절에 여러분에게 한 사람을 풀어주는
관습이 여러분에게 있소. 그러면 유대인의
왕을 여러분에게 풀어주기를 원하시오?"
40 그러자 그들은 다시 소리치며 말하였다.
"이 사람이 아니요. 바라바요." 바라바는 강
도였다.

340 III눅 (342) **19** 1 그래서 그때 빌라도가 예수
를 데려다가 채찍질하였고 2 병
사들이 가시나무를 (잘라) 관

을 엮어서 그의 머리에 올려놓고 자주색 겉
옷을 그에게 입혔으며 [3]그에게 다가 와서
말하였다. "안녕하시오! 유대인의 임금님!"
그리고 그를 손바닥으로 때렸다. [4]빌라도가
다시 밖으로 나와서 그들에게 말하였다. "보
시오, 그를 밖으로 여러분에게 데려오겠소.
그에게서 아무런 죄목도 못 찾았다는 것을
여러분이 알게 하려는 것이오." [5]그래서 예
수께서 가시관을 쓰시고 자주색의 겉옷을
(입으신) 채 밖으로 나오셨다. (빌라도가)
그들에게 말하였다. "보시오, (이) 사람이오."
[6]대제사장들과 하인들은 그를 보자 소리치
며 말하였다. "십자가에 못 박으십시오. 십
자가에 못 박으십시오." 빌라도가 그들에게
말하였다. "여러분이 그를 데려다가 십자가
에 못 박으시오. 나는 그에게서 죄목을 찾
지 못했기 때문이오." [7]유대인들이 그에게
대답하였다. "우리는 율법을 가지고 있는데
그 율법을 따르면 그는 죽어야만 합니다.
자신을 하나님의 아들로 만들었기 때문입니
다." [8]빌라도가 이 말을 듣자 더욱 두려워
하였고 [9]다시 공관 안으로 들어가서 예수께
말하였다. "당신은 어디서 왔소?" 그러나 예
수께서는 그에게 대답을 주지 않으셨다. [10]그
래서 빌라도가 그에게 말하였다. "나에게 말
을 안하시오? 내가 당신을 풀어줄 권한도
가지고 있고 당신을 십자가에 못 박을 권한
도 가지고 있다는 것을 알지 못하시오?" [11]
예수께서 [그에게] 대답하셨다. "위로부터
당신에게 주어지지 않았다면 당신은 내게
대하여 아무 권한도 가지지 못했을 것이오.
그러므로 나를 당신에게 넘겨준 사람은 더
큰 죄가 있소." [12]이 때문에 빌라도는 그를
풀어주려고 노력하였다. 그러나 유대인들이
소리치며 말하였다. "이 사람을 풀어주면 당
신은 황제의 친구가 아닙니다. 자신을 왕으
로 만드는 사람은 모두 황제를 대항하는 것
입니다." [13]그러자 빌라도가 이 말들을 듣고
예수를 밖으로 데려나와서 히브리 말로 가
바다, 곧 돌을 깐 자리라고 하는 곳에서 재
판석에 앉았는데 [14]유월절의 예비일이었고
시각은 여섯시쯤이었다. 그가 유대인들에게
말하였다. "보시오, 여러분의 왕이오." [15]그
러자 그들이 소리쳤다. "없애십시오! 없애십
시오! 그를 십자가에 못 박으십시오!" 빌라
도가 그들에게 말하였다. "여러분의 왕을 내
가 십자가에 못 박을까요?" 대제사장들이
대답하였다. "우리는 황제 말고는 왕이 없습
니다."
341 IV [16]그래서 그때 그는 (예수께서) 십자가에
못 박히도록 그를 그들에게 넘겨주었고
343 IV 그들이 예수를 넘겨받았다. [17](예수께서) 몸
소 십자가를 지시고
344 IV 해골의 자리라고 하는 곳, 곧 히브리 말로
골고다라고 하는 곳으로 나가셨다. [18]그들
은 그곳에서 그를 십자가에 못 박았고 그와
함께 다른 두 사람을 예수를 가운데 (두고)
이편과 저편에 (못 박았다.) [19]빌라도는 또
명패를 써서 십자가에 붙였는데 "나사렛 사
람 예수 유대인의 왕"이라고 쓰여 있었다.
[20]예수께서 십자가에 못 박히신 곳이 성에
가까워서 유대인들 중 많은 사람들이 이 명
패를 읽었는데 히브리 말과 로마 말과 그리
스 말로 쓰여 있었다. [21]그래서 유대인의
대제사장들이 빌라도에게 말하였다. "'유대
인의 왕'이라고 쓰지 마시고 '이 사람이 나
는 유대인의 왕이다 라고 말했다'고 (쓰십
시오.") [22]빌라도가 대답하였다. "내가 쓸 것
을 썼소." [23]병사들이 예수를 십자가에 못
박고 그의 겉옷을 가져다가 네 쪽으로 나누

어 각 병사가 한 쪽씩 가졌고 속옷도 (나누
었다.) 그런데 속옷은 잇대어 깁지 않고 위
(348) 에서부터 통째 짠 것이어서 24 그들은 서로
에게 말하였다. "그것은 찢지 말고 누구의
것이 될지 그것을 두고 추첨을 하자." 이것
은 "그들이 자신들을 위해 내 겉옷을 나누
었고 내 옷을 두고 제비를 던졌다" 라고 [말
하는] 성경이 이루어지게 하려는 것이었다.
그래서 병사들이 이런 일을 한 것이다. 25 예
수의 십자가 곁에 그의 어머니와 그의 어머
니의 자매와 글로바의 아내 마리아와 막달
라 마리아가 서 있었다. 26 예수께서 어머니
와 곁에 서 있는, 자신이 사랑하신 제자를
보시고 어머니에게 말씀하셨다. "여자여, 보
십시오, 당신의 아들입니다." 27 그 나음에
그 제자에게 말씀하셨다. "보아라, 네 어머
니시다." 그 시각부터 그 제자는 그 여자를
자기 집에 모셨다.
347 IV 28 이일 후에 예수께서는 모든 일이 이미
※이루어진 것을 아시고 성경이 이루어지도
록 "목이 마르다" 라고 말씀하셨다. 29 신 포
도주가 가득한 그릇이 놓여 있었는데 그들
이 그 신 포도주를 가득 적신 해면을 우슬
초 가지에 둘러 매달아서 그의 입으로 가져
갔다. 30 예수께서 신 포도주를 받으셨을 때
"이루어졌다" 고 말씀하셨으며 머리를 떨어
뜨리시고 영혼을 넘겨주셨다.
349 I 31 그날은 예비일이었는데 그 안식일의 그날
이 큰 날이었기 때문에 유대인들은 안식일
에 시체들이 십자가에 남아 있지 않게 하려
고 빌라도에게 그들의 다리를 부러뜨려 치
워줄 것을 요청하였다. 32 그리하여 병사들
이 가서 (예수와) 함께 십자가에 못 박혔던
첫 사람과 다른 사람의 다리를 부러뜨렸지
만 33 예수께 와서는 그가 이미 죽어 있는
것을 보고 그의 다리를 부러뜨리지 않았다.
34 그러나 병사들 중 하나가 창으로 그의 옆
구리를 찔러서 곧바로 피와 물이 흘러 나왔
다. 35 본 사람이 증언하였는데 그의 증언은
참되다. 또 그 사람은 너희도 믿게 하려고
진실을 말한다는 것을 알고 있었다. 36 이런
일들이 일어난 것은 "그의 뼈가 부숴지지
않을 것이다" 라는 성경이 이루어지게 하려
는 것이었기 때문이다. 37 다른 성경은 다시
말한다. "그들은 자신들이 꿰찌른 사람을 볼
것이다."
350 IV 38 이 일들 후에 아리마대 출신 요셉이 빌라
도에게 예수의 시신을 가져가겠다고 요청하
였다. 그는 예수의 제자지만 유대인들을 무
서워하여 숨기고 있었는데 빌라도가 허락하
므로 가서 그의 시신을 가져갔다. 39 밤에 처
음으로 그에게 왔던 니고데모도 몰약과 침
향을 섞은 것을 백 근쯤 가지고 왔다. 40 그
리하여 그들은 예수의 시신을 가져다가 유
대인이 장례를 지낼 때 하던 풍습을 따라서
그것을 향료와 함께 아마포로 감았다. 41 그
가 십자가에 못 박히신 곳에 동산이 있었고
그 동산에 아직 아무도 안치된 적이 없는
새 무덤이 있었다. 42 유대인의 준비일이었
고 무덤이 가까웠기 때문에 그들은 예수를
거기 두었다.

20

352 IV 1 안식일 (후) 첫째 날 일찍,
아직 어두울 때에 막달라 마리
아가 무덤으로 가서 돌이 무덤
에서 치워져 있는 것을 보았다. 2 그래서 그
여자는 달려서 시몬 베드로와 예수께서 사
랑하신 다른 제자에게 갔고 그들에게 말하
였다. "사람들이 무덤에서 주님을 치웠는데

28 ※끝난

어디에 그를 두었는지 우리가 알지 못합니
다." 3 그러자 베드로와 그 다른 제자가 나
와서 무덤으로 갔다. 4 둘이 같이 달렸지만
그 다른 제자가 베드로보다 앞으로 빨리 달
려서 무덤에 먼저 도착하였다. 5 그는 몸을
구부려서 천이 놓여 있는 것을 보았지만 들
어가지는 않았다. 6 시몬 베드로도 그를 뒤
따라 왔는데 그는 무덤 안으로 들어가서 천
이 놓여 있는 것을 보았다. 7 (예수의) 머리
위에 있던 수건은 천과 함께 놓여 있지 않
고 한 곳에 따로 개켜 있었다. 8 그제야 먼
저 온 다른 제자도 무덤에 들어가서 보고
믿었다. 9 그들은 그가 죽은 사람들 가운데
서 살아나야만 한다는 성경을 아직 알지 못
하였기 때문이다. 10 제자들은 다시 그들에
게 돌아갔다. 11 그러나 마리아는 무덤 밖에
울며 서 있었다. 그러다 울면서 무덤 안으
로 몸을 구부렸다가 12 두 천사가 흰 (옷을
입고) 예수의 시신이 놓여 있던 곳에, 하나
는 머리 쪽, 하나는 발 쪽에 앉아 있는 것
을 보았다. 13 그들이 그 여자에게 말하였다.
"여자여, 왜 우느냐?" 그 여자가 그들에게
말하였다. "사람들이 내 주님을 치웠는데 그
를 어디에 두었는지 알지 못합니다."
353 14 이렇게 말하고 나서 뒤로 돌이켰다가 예
IV 수께서 서 계신 것을 보았지만 그가 예수이
신 것을 알지 못하였다. 15 예수께서 그 여
자에게 말씀하셨다. "여자여, 왜 우느냐? 누
구를 찾느냐?" 그 여자는 그가 동산지기인
줄로 생각하며 그에게 말하였다. "주여, 당
신이 그를 지고 갔으면 그를 어디에 두었는
지 나에게 말해 주십시오. 그러면 내가 그
를 가져가겠습니다." 16 예수께서 그 여자에
게 말씀하셨다. "마리아야!" 그 여자가 돌아
서서 히브리 말로 그에게 "랍오니!" 하고 말
하였다. 이것은 '선생님!'을 뜻한다. 17 예수
께서 그 여자에게 말씀하셨다. "나를 만지지
마라. 내가 아직 아버지께로 올라가지 못하
였기 때문이다. 그러나 내 형제들에게로 가
라. 그리고 그들에게 "내가 내 아버지 곧 너
희 아버지, 내 하나님 곧 너희 하나님께로
올라간다"고 말하여라." 18 막달라 마리아가
가서 제자들에게 "내가 주님을 보았습니다"
하고 전하였고 또 자기에게 이런 것들을 말
씀하셨다고 말하였다.
356 19 그 날 곧 안식일 (후) 첫날 저녁이 되었
II눅 을 때 유대인들로 (인한) 두려움 때문에 제
자들이 있던 곳의 문들이 잠겨 있었는데 예
수께서 오셔서 가운데 서셨고 그들에게 말
씀하셨다. "너희에게 평화가 있어라." 20 이
렇게 말씀하시고 그들에게 손과 옆구리를
보여 주셨다. 그러자 제자들이 주님을 보고
기뻐하였다. 21 [예수께서] 다시 그들에게 말
씀하셨다. "너희에게 평화가 있어라. 아버지
께서 나를 보내신 것처럼 나도 너희를 보낸
다." 22 이렇게 말씀하시고 숨을 내쉬시며 그
(170 들에게 말씀하셨다. "성령을 받아라. 23 너희
III막) 가 누구의 죄든지 용서하면 그것이 그들에
게 용서될 것이요 누구의 (죄든지) 붙잡고
있으면 그것이 붙잡혀 있을 것이다."
357 24 열둘 가운데 하나, 곧 디두모라고 하는
I 도마는 예수께서 오셨을 때 그들과 함께 있
지 않았다. 25 그러므로 다른 제자들이 그에
게 "우리가 주님을 보았소"라고 말하자 그
는 그들에게 "내가 그의 손에 있는 못자국
을 보고 내 손가락을 그 못자국에 넣어보고
내 손을 그의 옆구리에 넣어보지 않는다면
절대로 믿지 않을 것이오"라고 말했다. 26 여
드레 뒤에 그의 제자들이 다시 실내에 있었
고 도마도 그들과 함께 (있었다.) 문들이 잠

겨 있을 때 예수께서 오셔서 가운데 서셨고
말씀하셨다. "너희에게 평화가 있어라." [27] 그
런 다음 도마에게 말씀하셨다. "네 손가락을
여기로 가져오너라. 내 손을 보고 네 손을
내밀어 내 옆구리에 넣어 보아라. 그리고
믿지 못하는 자가 되지 말고 믿는 자가 (되
어라.)" [28] 도마가 그에게 대답하였다. "나의
주님이요 나의 하나님이십니다." [29] 예수께서
그에게 말씀하셨다. "너는 나를 보았기 때문
에 믿었느냐? (나를) 보지 않고 믿은 사람
들은 복이 있다."

366 I [30] 예수께서는 [자기] 제자들 앞에서 이 책
에 기록되어 있지 않은 다른 표적도 많이
행하셨다. [31] 그러나 이것들만 기록한 것은
예수께서 그리스도, 곧 하나님의 아들이심
을 너희가 믿게 하고 믿으면서 그의 이름으
로 영생을 얻게 하려는 것이다.

367 I (360) **21** [1] 이 일 뒤에 예수께서 디베랴
바다에서 제자들에게 자신을
나타내셨는데 이렇게 나타내셨
다. [2] 시몬 베드로와 디두모라 하는 도마와
갈릴리 가나 출신 나다나엘과 세베데의 아
들들과 그의 제자들 중 다른 두 명이 같이
있었다. [3] 시몬 베드로가 그들에게 말하였다.
"나는 고기 잡으러 가오." 그들이 그에게 말
하였다. "우리도 당신과 함께 가겠소." 그들
은 나가서 배에 올랐으나 그 밤에 아무 것
도 잡지 못하였다. [4] 이윽고 새벽이 되었을
때 예수께서 해변에 서셨지만 제자들은 그
가 예수이신 줄 알지 못하였다. [5] 그런데 예
수께서 그들에게 말씀하셨다. "얘들아, 뭐
먹을 것이 없지?" 그들이 그에게 대답하였
다. "없습니다." [6] 그가 그들에게 말씀하셨다.
"그물을 배 오른 쪽으로 던져라. 그러면 잡
을 것이다." 그들은 그렇게 (그물을) 던졌는
데 물고기들이 많아서 (그물을) 더 이상 끌
어올릴 수가 없었다. [7] 그러자 예수께서 사
랑하신 그 제자가 베드로에게 말하였다. "주
님이시오." 시몬 베드로는 주님이시라는 (말
을) 듣고 벗고 있다가 겉옷을 걸치고 바다
로 뛰어내렸다. [8] 그러나 다른 제자들은 (배
가) 땅에서 멀지 않게, 약 ※90미터쯤 (떨
어져 있었기) 때문에 배를 (타고) 물고기가
(든) 그물을 끌면서 왔다. [9] 그들이 뭍으로
올라갔을 때 숯불이 놓여 있고 물고기와 빵
이 얹혀 있는 것을 보았다. [10] 예수께서 그
들에게 말씀하셨다. "방금 잡은 물고기를
(좀) 가져오너라." [11] 그러자 시몬 베드로가
올라가서 그물을 땅으로 끌어내렸는데 (그
물은) 큰 물고기 153마리로 가득 차 있었
다. 이렇게 많았지만 그물이 찢어지지 않았
다. [12] 예수께서 그들에게 말씀하셨다. "와서
아침을 먹어라." 그가 주님이신 줄 알았기
때문에 제자들 중에서 아무도 그에게 "당신
은 누구십니까?" 하고 감히 묻지 못하였다.
[13] 예수께서 가서 빵을 가져다가 그들에게
주셨고 물고기도 그렇게 (하셨다.) [14] 이것은
예수께서 죽은 자들 가운데서 살아나신 후
에 제자들에게 벌써 세 번째 나타나신 것이
다. [15] 아침을 먹었을 때 예수께서 시몬 베
드로에게 말씀하셨다. "요한의 아들 시몬아,
이 사람들보다 네가 나를 더 사랑하느냐?"
그가 (예수께) 말하였다. "예, 주님. 제가 당
신을 사랑하는 것을 당신이 아십니다." (예
수께서) 그에게 말씀하셨다. "내 어린 양들
을 먹여라." [16] (예수께서) 다시 그에게 두
번째로 말씀하셨다. "요한의 아들 시몬아,
네가 나를 사랑하느냐?" 그가 (예수께) 말하

8 ※200 규빗쯤

였다. "예, 주님. 제가 당신을 사랑하는 것
을 당신이 아십니다." (예수께서) 그에게 말
씀하셨다. "내 양들을 길러라." 17 예수께서
그에게 세 번째로 말씀하셨다. "요한의 아들
시몬아, 네가 나를 사랑하느냐?" (예수께서)
그에게 세 번째 "네가 나를 사랑하느냐?" 라
고 말씀하신 까닭에 베드로가 슬퍼하며 그
에게 말하였다. "주님, 당신은 모든 것을 아
십니다. 제가 당신을 사랑하는 것을 당신이
알고 계십니다." [예수께서] 그에게 말씀하
셨다. "내 양들을 먹여라. 18 진실로 진실로
내가 네게 말하는데 네가 젊었을 때는 스스
로 허리띠를 매고 네가 원하는 곳으로 다녔
지만 늙어서는 네 손을 뻗고 다른 사람이
네게 허리띠를 매어 주고 네가 원하지 않는
곳으로 데려갈 것이다." 19 이것은 그가 어떤
죽음으로 하나님께 영광을 돌릴는지를 보이
시며 말씀하신 것이다. 이렇게 말씀하신 후
에 그에게 말씀하셨다. "나를 따라라." 20 베
드로가 돌아서서 예수께서 사랑하신 그 제
자가 따르는 것을 보았다. 그는 또 식사 때
(예수의) 가슴에 기대며 "주님, 당신을 넘겨
주는 자가 누구입니까?" 하고 말하였던 사
람이다. 21 베드로가 이 사람을 보고 예수께
말하였다. "주님, 이 사람은 어떻겠습니까?"
22 예수께서 그에게 말씀하셨다. "내가 올 때
까지 그를 머물러 있게 하려 한다면 (이것
이) 너에게 무슨 (상관이) 있느냐? 너는 나
를 따라라." 23 그런데 이 말씀이 형제들에게
그 제자는 죽지 않을 것이라는 식으로 (퍼
져) 나갔는데 예수께서는 그에게 죽지 않을
것이라고 말씀하시지 않고 내가 올 때까지
그를 머물러 있게 하려 한다면 [(이것이) 너
에게 무슨 (상관이) 있느냐?] 라고 (하셨다.)
24 이 사람이 이 일들에 관하여 증언하고 이
것들을 기록한 그 제자이다. 우리는 그의
증언이 참되다는 것을 알고 있다. 25 예수께
서 하신 다른 일들이 또 많은데, 만약 어떤
것이든지 낱낱이 기록된다면 나는 이 세상
이 기록된 책들을 담을 수 있다고 생각하지
않는다.

정훈택 교수는

1952년에 태어나
총신대학교 신학과, 신학대학원에서 공부하고
네덜란드 깜뻰신학대학교에서 신학박사학위를 받고
1989년 이후 총신대학교 신학대학원에 신약신학 교수로 재직중이며
실천처장, 교무처장, 도서관장, 대학부총장, 신대원장, 총장대행을 역임하였습니다.

저서

열매로 알리라
신약적 도약
쉬운 마태복음 주석
천국은 어떻게 오는가
신약개론
21세기의 그리스도인
복음을 따라서
산상설교
헤르만 리덜보스

완벽한 비교를 위해 새로 번역한

사복음서

펴 낸 날	2013년 3월 1일 초판 1쇄
지 은 이	정훈택
펴 낸 이	김정식
펴 낸 곳	민영사
주 소	서울시 마포구 염리동 36-249 (201호)
전 화	(02) 711-1224~5
팩 스	(02) 711-1226
등 록	1990년 5월 7일 제1-1050호
메 일	myspub@hanmail.net
홈페이지	www.minyoungsa.com

ISBN 978-89-8134-144-2 정 가 12,000원